L'EUROPE DES MEDIAS

MEDIAS ** PAYS DE L'UNION EUROPEENNE

Directeur de la collection
« Communication »
Gabriel Thoveron

Publié avec le soutien du ministère de l'Education,
de la Recherche et de la Formation de la Communauté française

François Heinderyckx

L'EUROPE DES MEDIAS

Préface de Gabriel Thoveron

Institut de Sociologie
Communication
Editions de l'Université de Bruxelles

ISBN 2-8004-1193-7
D/1998/0171/8

Avenue Paul Héger 26 - 1000 Bruxelles (Belgique)
Imprimé en Belgique

Préface

L'ouvrage de François Heinderyckx, adapté d'une thèse brillante dont il a mis les chiffres à jour, se distingue par son originalité, et particulièrement la multiplication de ses approches. On y trouvera, à côté d'une importante investigation bibliographique, aussi bien analyses de contenu qu'études de publics, autant aspects théoriques que perspectives pratiques, enfin une remarquable volonté de dépasser les frontières linguistiques. Les journaux imprimés ou télévisés étudiés viennent de neuf pays, et s'adressent à leurs publics, selon le cas, en français, anglais, allemand, espagnol ou néerlandais, et les recherches sur les audiences prennent en compte l'ensemble de l'Europe des quinze. L'auteur a parfaitement dominé le large terrain qu'il avait choisi.

On a l'impression que la matière traitée aurait pu faire l'objet de plusieurs livres, mais que François Heinderyckx, peut-être, a craint de voir l'ouvrage trop vite dépassé, tant évoluent rapidement les contextes politiques et médiatiques. Le sujet est heureusement d'une actualité aussi constante que brûlante : les débats entre les tenants de médias nationaux, européens ou transnationaux sur la mondialisation de la culture, sur « l'exception culturelle », ne sont pas près d'être clos.

Nous vivons l'extraordinaire accélération d'un phénomène qui, certes, n'est pas récent. Dès les débuts du XVIIe siècle, les Hollandais ont compris que l'information était une marchandise et publié des feuilles d'information, en anglais comme en français, destinées à l'exportation : le premier hebdomadaire en langue française est probablement né à Amsterdam, sans doute dès 1620, c'était le *Courant d'Italie & d'Almaigne*, traduit le samedi du *Corante uyt Italien & Duytslandt* publié le vendredi par Caspar Van Hilten. Le premier quotidien ayant paru sur le territoire de l'actuelle Belgique est, en 1777, dans la Principauté de Liège, *La Feuille sans titre*, édition du *Journal de Paris*. Entre deux grandes villes francophones, Paris et Bruxelles, de telles expériences se multiplièrent dans la seconde moitié du XIXe siècle, comme le montra John Bartier dans sa biographie d'*Odilon Delimal*.

C'est évidemment au cours du présent siècle que le phénomène d'internationalisation put prendre toute son ampleur, et d'abord grâce à l'apparition de techniques nouvelles. Le cinéma muet parle un langage universel. La radio ne connaît pas de frontières, et son miracle est mis en évidence lors de grandes émissions internationales : dès 1928, trente stations diffusent *La Fiancée vendue* de Smetana, simultanément en Tchécoslovaquie, Autriche, Pologne et France ; en 1930, ce sont 242 stations, dont 125 hors d'Europe, qui diffusent le discours prononcé par George V à l'ouverture de la conférence navale de Londres. Les émissions de propagande à destination de l'étranger jouent un rôle important dans la préparation de la dernière guerre mondiale (elles conduisent, en Autriche, le chancelier Dollfuss, pour se prémunir de la propagande nazie, à mettre au point, en vain hélas ! le système du brouillage), puis au cours de celle-ci (le rôle de la BBC fut primordial), enfin dans la « guerre froide », comme le montre Jacques Semelin dans *La Liberté au bout des ondes*.

Les Etats-Unis prirent vite conscience de l'intérêt que présentaient les médias pour le développement de leur économie, et le comprirent d'abord avec le cinéma, réalisant que, contrairement à ce qu'ils prétendent toujours dans les négociations sur le libre-échange international, la culture n'est pas un produit comme un autre. « La marchandise suit le film ; partout où pénètre le film américain, nous vendons davantage de produits américains », dira Will H. Hays, président de la *MPEAA*, association des exportateurs de films hollywoodiens. Le reste devait suivre assez vite. Jusqu'aux années trente, les agences *Associated Press*, *United Press*, *International News Service* ne participaient guère aux marchés étrangers : depuis sa fondation en 1848, *AP* n'était qu'en agence nationale ! Si elle voulut prendre rang à côté des grandes internationales, *Havas* et *Reuter*, c'est beaucoup, sans doute, parce que la concurrence que les agences d'Amérique du Nord faisaient sur leur marché intérieur les poussait à s'étendre, mais le clairvoyant Dr Ludi, de l'Agence Télégraphique Suisse, déclarait déjà qu'il ne s'agissait pas d'une simple question de marchés, et que, « du succès remporté par ces agences, résulte une propagande encore plus intensive de l'américanisme en Europe sous toutes ses formes et avec toutes les suites qu'il entraîne... ». Le *King Features Syndicate* de *citizen* Hearst s'étendit sur le monde et sa filiale *Opera Mundi*, là où elle avait du mal à vendre ses produits, créa des médias : en France, une presse pour jeunes (*Mickey* en 1934, *Robinson*...) ou pour femmes (*Confidences* en 1938). Le *Reader's Digest* développa une édition anglaise dès 1938, et en 1940, mexicaine en espagnol. Le phénomène ne fit que s'amplifier après la dernière guerre. L'Angleterre, particulièrement, ne bénéficie pas d'une barrière linguistique, et les Press Lords ont cédé la place aux gestionnaires cosmopolites, tel Murdoch, qui a fait sa fortune dans les médias australiens et... américains. L'avènement de la télévision, objet de nombreux échanges, où les images circulent presque, malheureusement, à sens unique, a contribué à faire que l'« entertainment » est devenu à l'économie des Etats-Unis ce que le pétrole est à celle des émirats du Golfe.

Les Etats-Unis vont donc se préoccuper simultanément de fermer leur marché à la concurrence étrangère et de faire que partout s'ouvrent les portes à leurs marchandises culturelles.

Ces entreprises impérialistes doivent beaucoup au dynamisme *yankee*, mais elles furent aussi favorisées par les conflits ravageant l'Europe. Avant 1914, la très grande majorité des films distribués dans le monde étaient français ; depuis 1918, ils sont américains. En 1939, il y avait près de 25 000 téléspectateurs en Grande-Bretagne, alors qu'en 1941, on n'en comptait guère plus de 5 000 aux Etats-Unis ; après 1945, ceux-ci prennent largement la tête...

Un nouveau conflit s'engage par-dessus l'Atlantique, cette fois commercial et culturel.

L'Europe unie et pacifiée peut-elle encore gagner des batailles ? Sans doute, mais les conditions sont difficiles, les analyses réalisées et les conclusions tirées par François Heinderyckx dans les domaines qui ont fait l'objet de son étude le montrent bien. Les clivages nord-sud, le partage entre langues latines et germaniques, la diversité comme le poids des cultures nationales permettent-ils de construire un grand marché culturel européen, capable de rayonner, d'exporter ses valeurs et ses rêves ? Pour quels types d'informations un marché intégré est-il concevable ? Les médias transnationaux peuvent-ils être généralistes ou doivent-ils se cantonner dans une spécialisation très pointue ? Ou se contenter d'être transrégionaux ?

A ces questions, ce livre apporte ses réponses. Nul doute qu'elles seront discutées. Mais elles se présentent avec beaucoup de force, parce qu'elles s'appuient solidement sur des faits, sur des données nouvelles, fruits d'études originales : là sans doute se manifeste le mieux l'intérêt majeur de cet ouvrage qu'il n'est plus possible de négliger dans les débats sur la construction de l'Europe et sur les échanges internationaux.

Gabriel THOVERON
Professeur émérite de l'ULB

Introduction

L'ampleur et la fréquence des mutations que connaissent les médias sont à la mesure du rythme vertigineux des développements techniques qui les sous-tendent. Ces bouleversements constituent le socle d'une réorganisation structurelle de la diffusion médiatique et de la géopolitique de l'information qui entraîne dans son sillage une restructuration des modes de consommation (lecture) et de production (écriture) des messages médiatiques dont on mesure encore mal la portée.

A y bien songer, le contexte de cette métamorphose en cours est assez inhabituel. Traditionnellement, l'innovation technologique constitue la réponse à un besoin, le comblement d'une lacune. Pourtant, dans certains domaines, les progrès sont si spectaculaires de vitesse et d'ampleur que l'on assiste à des situations paradoxales : disposant d'une technologie donnée, nous sommes amenés à envisager *a posteriori* l'utilisation qui peut en être faite. L'expression du besoin est postérieure à l'invention qui va le satisfaire. On parle dans ce cas de *solution sans problème* alors qu'on est plutôt habitué aux problèmes sans solution.

La communication médiatisée compte parmi les domaines confrontés à cette logique contre nature. Parmi les innovations concernées, le développement des satellites de télécommunication occupe une place déterminante. Les premiers assuraient les transmissions *point à point* et permettaient déjà la diffusion transnationale voire mondiale (*mondovision*) en alimentant les émetteurs nationaux et régionaux. Toujours plus puissants, certains satellites (*Direct Broadcasting Satellites*) ont rapidement permis la réception directe d'émissions de radiotélévision par le consommateur individuel disposant de l'équipement *ad hoc*. Bientôt, la compression numérique permettra, à l'aide d'une simple antenne parabolique, de recevoir des centaines de chaînes de télévision, un nombre plus grand encore de radios, sans parler des médias dérivés (télétexte) ou hybrides (Internet et le World Wide Web en tête). La presse écrite n'est pas en reste puisque certains journaux à diffusion transnationale sont déjà imprimés simultanément aux quatre coins du monde grâce au relais des satellites, et que l'*internaute* peut, depuis son ordinateur (et même son téléviseur), accéder à l'édition du jour ou aux archives de bien des journaux.

A la base de notre réflexion, une question : l'évolution du paysage médiatique annonce-t-elle la dépréciation voire la disparition des médias nationaux, ou les médias transnationaux ne seront-ils jamais plus que des ghettos thématiques ? Autrement dit, l'apparition de nouveaux modes de diffusion constitue-t-elle l'amorce d'un bouleversement de l'articulation entre médias et espaces nationaux ou ne s'agit-il, au stade actuel, que d'une tendance marginale, d'un épiphénomène de l'évolution technique du champ des télécommunications ?

Derrière cette interrogation élémentaire se cachent des enjeux considérables et souvent contradictoires. Il est, par exemple, remarquable que l'industrie médiatique connaisse d'importants mouvements de concentration motivés par une logique de rentabilité et de rationalisation des coûts alors que, parallèlement, bien des annonceurs, ceux-là même qui assurent l'essentiel des revenus des supports médiatiques, manifestent un intérêt certain pour des supports locaux ou ciblés, de proximité, permettant une communication différenciée et adaptée, quasi intime.

Au-delà des aspects économiques, toute altération de l'alchimie médiatique se trouve légitimement suspectée d'engendrer (ou peut-être de refléter) quelque modification des fondements intimes des sociétés et particulièrement des identités culturelles. On observe d'ailleurs que l'intense débat entourant actuellement les phénomènes de *dynamique culturelle* souligne fréquemment l'importance du *rôle des médias* et les conséquences observables au niveau des *identités*.

Un consensus semble se dégager autour du fait que les médias occupent une position déterminante dans les processus de contamination ou de fécondation des groupes culturels entre eux. Les théories divergent par contre considérablement quant à l'ampleur, au sens, aux conséquences et à l'instrumentalité qui sous-tendent cette position.

Dès les années soixante, Abraham Moles voyait la culture comme le résultat des « moyens de communication de masse au sens large, y compris l'éducation et les rapports interhumains » [1]. Edward Hall va plus loin et souligne que « la culture joue le rôle d'un écran extrêmement sélectif entre l'homme et le monde extérieur. Dans ses nombreux aspects, la culture définit donc les champs d'attention et les champs d'ignorance » [2]. Transposées à la communication médiatisée, les réflexions de Hall semblent indiquer que la culture constitue l'un des rouages essentiels des processus de sélection de l'actualité dans la démarche journalistique.

Or, les sociétés modernes se caractérisent, précisément en vertu du développement des moyens de transport et de télécommunication, par une ouverture marquée sur l'extérieur et donc par une augmentation des interactions avec d'autres groupes, entraînant un affaiblissement de l'unité culturelle [3]. C'est tout le paradoxe de l'évolution que connaissent les moyens de communication : vecteurs de transmission des valeurs, ils renforcent l'identité des groupes et favorisent leur perpétuation, voire leur renforcement ; vecteurs d'ouverture vers les autres, ils multiplient les échanges et contagions entre groupes, constituant ainsi une menace pour l'unité culturelle.

L'ouverture favorise ainsi la diversité, tout en provoquant l'inquiétude quant à la pérennité des spécificités identitaires traditionnelles, sentiment qui légitime d'énergiques mesures de protection contre les influences culturelles extérieures. De tels dispositifs régulateurs doivent cependant être envisagés avec circonspection, car une communauté trop hermétiquement repliée sur elle-même serait vouée à la « stagnation culturelle » [4].

L'évolution des moyens de communication vers la diffusion de masse a engendré un mouvement centripète des composantes d'identité culturelle. Les nouvelles aires de diffusion médiatique ont engendré des *cultures de masse*. Claude Javeau relève d'ailleurs que notre entrée dans l'ère médiatique coïncide, historiquement, avec l'avènement du communisme et du fascisme, lesquels sont précisément fondés sur les phénomènes de masse [5].

L'étude de phénomènes liés à l'*identité culturelle* se heurtent inévitablement à la complexité polymorphique de ce concept. Malgré le caractère hautement enchevêtré et indissociable des différents ingrédients qui le composent, il apparaît souvent commode et parfois indispensable de le réduire en une série de composantes, de *dimensions*.

Les travaux s'appuyant sur la décomposition de la culture en dimensions démontrent une variété méthodologique considérable et à la mesure de la disparité de leurs résultats. Deux de ces *dimensions culturelles* suscitent pourtant un enthousiasme presque consensuel, si l'on en juge par leur omniprésence et l'importance qui leur est accordée dans les commentaires [6] : la *langue* et la *religion*. Avec la nationalité, elles sont identifiées comme dimensions culturelles particulièrement stables dans le temps [7] et présentent, il est vrai, bien des attraits.

La *dimension religieuse* intègre nombre de composantes de première importance telles que valeurs, pratiques, comportements et attitudes [8]. Cette convergence tient à la fonction normative des religions, qui entend s'exercer sur les aspects les plus variés de la vie des fidèles. La religion constitue, en quelque sorte, une dimension culturelle synthétique et, qui plus est, assez clairement identifiable, raisonnablement stable dans le temps, univoque dans sa définition et associée à des aires géographiques et à des processus historiques largement documentés. Fred Casmir n'hésite pas à qualifier la religion de composante culturelle la plus puissante [9]. Geert Hofstede présente une position plus mitigée en estimant que les changements au niveau religieux sont plus souvent la conséquence que la cause de bouleversements sociaux et culturels [10].

La *dimension langagière* présente un intérêt marqué dans les études relatives à la communication et retiendra dès lors particulièrement notre attention. Notons qu'à la différence de la religion, la langue s'apprend, et il est concevable d'en maîtriser plusieurs. Il est, en outre, conceptuellement plus difficile d'établir des liens clairs autres que purement corrélatifs entre la maîtrise d'une langue et les traits d'identité culturelle. Néanmoins, le succès de cette dimension tiendrait à un faisceau d'éléments socio-politico-historiques, dont la langue ne constituerait qu'une manifestation, mais d'une ampleur significative et associée à une série de valeurs, comportements, attitudes caractéristiques d'une culture. En simplifiant à l'extrême, on peut relever que les régions francophones du monde entier, par exemple, partagent un héritage historique lié à la France métropolitaine. Armand Mattelart évoque le projet français d'instaurer un « espace audiovisuel latin » associant notamment le Brésil, l'Espagne, la France, l'Italie, le Mexique et le Portugal, au nom d'un lien d'origine des langues vernaculaires de ces pays [11].

Outre cette fonction d'indicateur sociohistorique, mentionnons l'*hypothèse Whorf-Sapir* (ou *hypothèse whorfienne*), du nom de deux linguistes et anthropologues américains [12], une théorie prêtant à la langue des vertus d'infléchissement de la perception humaine. Étudiant les langues amérindiennes, ces chercheurs ont émis l'hypothèse selon laquelle la langue que nous parlons, sa structure, son vocabulaire et sa syntaxe, affectent directement notre façon de percevoir, de se représenter et de catégoriser la réalité [13]. Dans cette perspective, la langue constitue une composante culturelle unifiante entre les individus qui la parlent. Comme le résume Hall, « rien, dans l'expérience humaine n'échappe à l'influence profonde des formes linguistiques » [14].

La langue représente donc un facteur d'identification de groupe de tout premier ordre. De nombreux auteurs estiment d'ailleurs que la langue maternelle constitue le trait essentiel de l'identité culturelle [15], voire un facteur d'unification ou un lien primordial [16]. Pour Jonathan Friedman, la langue figure parmi les nouvelles bases de l'identité, aux côtés de l'appartenance ethnique, de la race, de la communauté locale, et au détriment de la *citoyenneté* et de sa base politico-territoriale [17]. Edgar Morin observe une relation étroite entre cultures nationales et langues nationales [18]. La langue constitue au demeurant un vecteur essentiel d'unification nationale, comme en attestent les exemples du français en France, du castillan en Espagne et de l'italien en Italie. Cette intégration langagière s'opère au départ du pouvoir (langue de la justice, de l'administration) et par l'intermédiaire des élites régionales qui valorisent leur position en assurant, dans un premier temps, le monopole de la médiation entre les instances nationales et les populations locales, jusqu'à ce que celles-ci adoptent la langue afin de s'affranchir de cet intermédiaire [19]. Notons que la presse jouera souvent un rôle aussi important que l'éducation dans ces processus [20].

Les affinités linguistiques et culturelles sont inextricablement liées et on observe par exemple une préférence marquée des spectateurs pour les fictions réalisées dans leur propre langue. Ce phénomène semble plus nettement prononcé pour les langues française et allemande [21], soit, ajouterons-nous, les langues *majeures*, c'est-à-dire celles dont le nombre de pratiquants justifie économiquement la production originale ou le doublage de qualité, là ou les langues mineures doivent se contenter d'un simple sous-titrage.

Dans le vaste paysage médiatique (sans doute devrait-on parler de *néo-médiatique*), les *médias d'information*, au sens des *nouvelles*, de l'actualité quotidienne, se distinguent par un certain nombre de caractéristiques de nature à retenir toute notre attention. D'abord, ils s'apparentent à de véritables instruments de pouvoir et constituent dès lors le cœur d'importants enjeux socio-économico-politiques. Ensuite, alors que leurs origines se confondent avec l'apparition des médias eux-mêmes, les médias d'information sont encore perçus comme un élément fondamental voire noble de la diffusion médiatique. De plus, à l'heure des grandes agences mondiales de presse et de l'internationalisation des structures, l'actualité régionale et locale rassemble un public en forte progression. Enfin, les études montrent que l'actualité représente un sujet particulièrement sensible aux variations culturelles et s'impose, à ce titre, comme terrain de choix pour l'étude de l'articulation entre espace national et diffusion médiatique.

Notons qu'historiquement, les premières initiatives de transmission collective de messages étaient essentiellement motivées par une ambition d'acheminer des *nouvelles* à un certain nombre d'individus que celles-ci pouvaient intéresser. La *presse*, appellation métonymique inspirée par les premières techniques de reproduction de textes imprimés, constituait, jusque très récemment, l'unique support de diffusion. La régularité de publication apparut, au XVIIe siècle, lorsque les informations contenues dans ce qui restait principalement des récits de guerre, intéressèrent suffisamment les lecteurs pour que ceux-ci en éprouvent un véritable besoin. La fonction divertissante de la presse n'apparut qu'au XIXe siècle [22], comme argument de vente afin d'élargir le public potentiel. Si bien que, jusque-là, parler de *presse d'information* aurait été pur pléonasme, au même titre que *presse écrite* ou *imprimée* avant l'introduction des techniques audiovisuelles.

Il en va tout autrement aujourd'hui. La prolifération des supports et des techniques de diffusion a entraîné une inflation démesurée des contenus. Paradoxalement, alors qu'on accuse les médias d'homogénéisation culturelle par diffusion de produits standardisés conçus pour plaire au plus grand nombre, on s'aperçoit que les effets combinés des progrès technologiques et de la baisse des coûts permettent, au contraire, une multiplication extraordinaire du nombre de supports exclusivement centrés sur des sujets parfois extrêmement pointus. Au début des années soixante-dix, Jean Cazeneuve entrevoyait déjà ce double mouvement d'homogénéisation et de fragmentation et insistait sur le fait qu'il n'était pas propre au domaine des médias [23].

Vue sous cet angle, l'information ne serait plus qu'un genre parmi d'autres. Mais pas pour autant *comme* les autres. La fonction d'information, et le genre journalistique qui lui est associé, jouissent aujourd'hui d'un prestige, d'une solennité, d'un crédit, qui lui confèrent une préséance voire une autorité sur les autres genres médiatiques, quand ce n'est pas plus largement sur les principaux rouages sociopolitiques des collectivités.

L'importance relative de ce registre varie amplement selon les catégories de supports. La plupart des titres de *presse quotidienne* peuvent être considérés comme médias d'information. En matière de radio et de télévision, l'orientation généraliste domine largement et les initiatives thématiques centrées exclusivement sur l'information demeurent marginales, même si elles se multiplient depuis peu. Il n'en reste pas moins que les segments d'information de la majorité des radios et télévisions généralistes constituent souvent le faire-valoir de l'ensemble des programmes, la carte de visite de la chaîne et comptent parmi les émissions les plus suivies, lors de tranches horaires déterminantes, véritables pivots de la programmation.

En *télévision*, à titre d'exemple, les téléspectateurs de Belgique francophone font généralement des deux journaux télévisés du soir (*RTL-TVi*, 19 heures et *RTBF*, 19 heures 30) les émissions les plus regardées (en nombre de téléspectateurs). Sans atteindre de tels sommets dans tous les pays, les journaux télévisés sont souvent considérés comme les *locomotives* censées capter les téléspectateurs à la mi-journée et en début de soirée [24], dans l'espoir qu'ils seront enclins à poursuivre la soirée sur la même chaîne. Si cette mécanique semble malmenée par la généralisation de la télécommande, les journaux télévisés bénéficient pourtant d'une attention et de moyens à la mesure des enjeux du marché.

En *radio*, les sommets d'audience sont observés en début de matinée. Le récepteur de radio, omniprésent de la table de nuit à la voiture en passant par la salle de bains et la cuisine, accompagne le plus grand nombre dès le réveil. L'hégémonie de la combinaison *musique et information* durant cette tranche horaire témoigne du succès de la formule et de l'importance de l'information radiophonique qui, sous forme de bulletins le plus souvent horaires, rythme la programmation.

Dans l'ensemble toutefois, la diversification et la multiplication des supports et des thèmes tendent à marginaliser le genre journalistique proprement dit dont le développement ne peut rivaliser avec l'explosion de l'offre des autres registres. Il existe même désormais des télévisions généralistes ne proposant que peu voire pas d'émissions d'actualité. Un nombre important de radios centrent exclusivement leur programmation sur le divertissement. Même la presse quotidienne, fer de lance des médias d'information, se voit souvent contrainte de concéder, particulièrement dans ses composantes dites *populaires*, une part toujours plus grande à l'amusant, au sensationnel. Enfin, on assiste, tous médias confondus, à des mouvements de contagion de l'information par d'autres genres (principalement divertissant), dans l'unique but de créer des *produits* susceptibles de fédérer un nombre croissant de consommateurs.

De nouveaux *médias d'information* (thématiquement spécialisés en actualité) ont néanmoins été récemment créés, particulièrement en radio et en télévision. Souvent très pointus, ils sont destinés aux franges de la population friandes, voire dépendantes d'informations rapides et de qualité (principalement les milieux économiques et financiers). Malheureusement, le fractionnement du paysage médiatique par le développement de ces médias thématiques, justifie ou légitime les carences que ceux-ci entendent combler. Comme ce fut le cas pour la culture (comprenez les beaux-arts), l'apparition de médias spécialisés sont autant d'alibis pour la réduction du genre dans les médias généralistes [25]. Au fond, on pourrait dire qu'*Euronews*, *La Chaîne d'Info* (LCI) ou *France Info* sont à l'information radiotélévisée ce que *France Culture*, *Musique 3* ou *Arte* sont aux beaux-arts en radio et en télévision.

Comme les journaux télévisés et parlés constituent des vecteurs d'information de première importance, il nous paraît approprié d'adopter une définition des médias d'information qui dépasse le sens restrictif des médias thématiques centrés sur ce sujet. Par *média d'information*, il conviendra donc d'entendre les médias consacrant une part ostensiblement prépondérante de leur contenu à l'actualité, ainsi que les portions de contenu d'autres médias, y compris généralistes, consacrées à l'actualité et présentées dans un style journalistique, à l'exclusion des portions mixtes contaminées par d'autres genres, notamment ludique ou divertissant. Nous parlerons de *média thématique d'information* lorsque nous voudrons référer au sens restrictif.

Il convient d'ailleurs de parler d'*industrie* de l'information médiatisée, tant il s'agit aujourd'hui d'un secteur d'activité économique à part entière, dans lequel les structures de collecte et de distribution de l'information (agences de presse, puis de photos et d'images) semblent avoir largement anticipé les mouvements de concentration observés plus récemment parmi les supports. En 1951, Roger Clausse s'inquiétait déjà de cette tendance lorsqu'il écrivait que « pour s'assurer une information vraie et complète, le moyen pratique réside dans la multiplication des organismes de « collectage » et de transmission » [26].

Mais, comme l'affirme Cohen, l'internationalisation des flux de nouvelles ne signifie nullement une uniformisation dans le chef des destinataires. Outre les nuances de perception attribuables à la variété culturelle, il insiste sur le fait que les images et dépêches uniformément diffusées à travers le monde font l'objet d'une sélection, mais surtout d'un traitement par les journalistes locaux [27]. Si bien que ces produits standardisés, aussi complets soient-ils, sont généralement ramenés au rang de matière première par les journalistes qui sauront conférer au produit fini une saveur adaptée à leur auditoire.

La concentration des acteurs constituant les sources d'information n'en demeure pas moins préoccupante. On parle aujourd'hui de « salle de rédaction globale » [28], tant le nombre d'individus effectivement impliqués dans les opérations de filtre des échanges et décidant ainsi globalement des sujets susceptibles ou non d'être diffusés, est limité. Michael Gurevitch et ses collègues ont entrepris une analyse de contenu de différents journaux télévisés afin d'étudier l'utilisation faite par les rédactions des images EVN, d'y déceler des traces de convergence ou de diversité et de mettre ainsi en évidence une éventuelle dépendance vis-à-vis de cette source d'images [29]. L'étude conclut que la convergence n'est observable que pour les événements *majeurs* et seulement partiellement [30]. Mais dans leurs conclusions, les auteurs estiment que « les journaux télévisés de différents pays, s'alimentant de façon toujours plus similaire (...), n'en parlent pas moins de nombreuses voix différentes » [31].

Même les théories dites de la *globalisation*, contrairement à une idée répandue parmi ceux qui perçoivent le terme de façon restrictive, ne prétendent pas que les peuples du monde entier tendent vers un modèle unique et deviendront, au bout du processus en cours, animés par une même culture. Jonathan Friedman, commentant les textes de Robertson, relève que ces théories observent plutôt un processus « d'universalisation du particularisme (...) et de particularisation de l'universalisme » [32]. En fait, elles identifient un phénomène de compression des sociétés de notre planète (réduction des distances, intensification des flux de marchandises, d'individus et de communication) augmentant sans cesse l'interdépendance [33] et la conscience par tous de cette interdépendance. Le monde se transforme en une unité, mais pas en une masse indifférenciée. Il ne faut pas confondre globalité et uniformité, globalisation et homogénéisation.

La globalisation ne semble, à ce stade, avérée qu'en termes d'infrastructures techniques et d'organisation industrielle et financière de la plupart des acteurs des différents échelons des processus de diffusion médiatique, à l'exclusion des structures de diffusion elles-mêmes (ordonnées par nations) ainsi que des comportements et des attitudes des publics récepteurs (encore très nettement différenciés notamment par nations et par régions).

De nombreuses études marquent le caractère ouvert, universel et polysémique des programmes mondialement diffusés et insistent sur le caractère actif et critique de la démarche de réception par les publics [34] ; ce que Mattelart qualifie de « retour à un « pratiquant » médiatique actif », dont il dénonce l'utilisation comme alibi de l'idéologie libre échangiste qui voudrait qu'on fasse confiance au bon sens des individus récepteurs [35]. Ce constat ne remet pas en cause la menace potentielle que fait peser sur les différentes cultures la pression des produits standardisés provenant d'un nombre limité de pays, mais il complique considérablement l'interprétation qui peut en être faite et affaiblit quelque peu les arguments de ceux qui dénoncent un complot capitaliste, tant la variété d'effets semble difficile à gérer dans le cadre réducteur d'un processus construit et intentionnel d'ingérence culturelle.

L'indéniable développement des flux de biens, de personnes et d'information conduit à diverses prophéties de convergence, notamment en termes de pratiques culturelles, laissant de prime abord augurer d'un avenir prometteur pour les supports diffusés à grande échelle, les médias transnationaux.

Or, en dépit de considérables mouvements de concentration structurelle des entreprises de gestion des différents échelons de l'information médiatisée, depuis les sources (agences de presse, d'images, etc.) jusqu'aux organes de diffusion, les supports de l'actualité et leur contenu ainsi que l'attitude des publics à leur encontre demeurent essentiellement agencés selon un système de référence articulé autour de l'Etat-nation. Cette persistance de la force structurante de l'Etat-nation condamne, pour l'heure, les supports transnationaux d'information à se positionner comme complémentaires (et non substituts) de leurs homologues nationaux ou régionaux (au sens *subnational*).

L'envergure des mutations du paysage médiatique et des pratiques culturelles qui y sont associées peut susciter quelque inquiétude tant les phénomènes en présence sont brutaux et les effets imprévisibles dans leur nature, bien qu'inévitablement spectaculaires dans leur ampleur. Aujourd'hui, comme dans les années cinquante lorsque les théories fonctionnalistes se développèrent pour éviter quelque interventionnisme régulateur face aux craintes qu'inspirait le développement de la radio et de la télévision, on reconnaît volontiers que les consommateurs ne sont ni aussi passifs ni aussi vulnérables face aux contenus qu'on ne pourrait le croire. Il convient cependant de ne pas exagérer les vertus des processus de réception et la maturité des publics afin de ne pas sombrer dans un optimisme démesuré qui, trop souvent, soulage les consciences des responsables institutionnels et constitue, dans une certaine mesure, la porte ouverte à tous les excès.

L'analyse qui suit se veut une modeste contribution à un effort encore embryonnaire qui aspire à développer au plus vite un arsenal approprié de recherches et d'analyses critiques afin de mesurer l'ampleur et l'incidence des mutations en cours et à venir. L'observation du paysage médiatique et du comportement des publics devrait permettre de dégager des tendances, des trajectoires d'évolution qui permettront ensuite d'orienter d'éventuelles mesures proactives destinées sinon à éviter le pire, au moins à nous y préparer.

Pratiquement, l'attention sera portée sur les supports les plus largement diffusés et constituant donc les principales sources d'information collective : la *presse quotidienne*, héritière directe des premiers médias d'information et qui, malgré les crises successives qu'elle traverse, demeure une source de référence ; les *journaux parlés*, omniprésents sur les antennes de la plupart des radios du monde et relais d'information le plus rapide ; les *journaux télévisés*, éléments-clés de la programmation et supports de masse par excellence.

Il s'agira d'étudier divers indices susceptibles de signaler d'éventuelles ressemblances et dissemblances dans la forme et le contenu des médias nationaux d'information en Europe (études des contenus) ainsi que dans le comportement des publics à leur égard (études des publics). Ce double regard devrait permettre de mesurer la réalité des frontières nationales comme limites discriminantes et, par extension, d'apprécier la pertinence de l'approche transnationale en matière de diffusion de contenus relatifs à l'actualité.

Notes

[1] Moles, 1967, p. 68.

[2] HALL, 1979, p. 87.

[3] LINTON, 1968, p. 132.

[4] MACBRIDE, 1981, p. 31 ; DE MARET, 1991, p. 19.

[5] JAVEAU, 1994, p. 73.

[6] Voir notamment TORDIÖRN, 1988, p. 174 ; PAPCKE, 1992, p. 69 ; SMOLICZ, 1988, p. 396 & 401.

[7] MCQUAIL, 1994, p. 117.

[8] KERKHOFS, 1991, p. 380.

[9] CASMIR, 1991, p. 230.

[10] HOFSTEDE, 1991, p. 16.

[11] MATTELART, DELCOURT & MATTELART, 1983, p. 9 & 10.

[12] Benjamin Lee Whorf (1897-1941) et Edward Sapir (1884-1939).

[13] WHORF, 1956, p. 134. Ce texte, intitulé « The relation of habitual thought and behavior to language » avait déjà été publié en 1941.

[14] HALL, 1979, p. 36.

[15] Notamment MACBRIDE, 1981, p. 50 ; Daniel KATZ, rapporté par Tafoya, 1983, p. 209 ; GILES & FRANKLYN-STOKES, 1989, p. 118 et suivantes ; GUDYKUNST & GUMBS, 1989, p. 208 ; GUDYKUNST, TING-TOOMEY, HALL & SCHMIDT, 1989, p. 145 et suivantes ; INGLEHART, 1991, p. 147 ; SCHNAPPER, 1994, p. 136.

[16] GUDYKUNST, TING-TOOMEY, HALL & SCHMIDT, 1989, p. 158 ; FRANKLIN & MACKIE, 1991, p. 249.

[17] FRIEDMAN, 1994, p. 86.

[18] MORIN, 1987, p. 66.

[19] DE SWAAN, 1991, p. 313-314 ; LABASSE, 1991, p. 87-88.

[20] LABASSE, 1991, p. 90.

[21] BILTEREYST, 1992, p. 533.

[22] THOVERON, 1980.

[23] CAZENEUVE, 1972, p. 45-51.

[24] En France, par exemple, on estime les parts de marché des journaux télévisés de 13 heures à 85 pour cent, et à 70 pour cent pour ceux de début de soirée (SELIGMANN, 1991, p. 49).

[25] Wolton parle de « télévision fragmentée » lorsqu'il évoque le développement de la télévision culturelle qui coïncide avec le recul de toute approche culturelle dans les télévisions généralistes, y compris de service public, au profit des émissions dites « grand public » (WOLTON, 1990, p. 103 et suivantes).

[26] CLAUSSE, 1951, p. 68.

[27] COHEN, 1992, p. 29-32.

[28] Notre traduction de « *global newsroom* », concept développé par Gurevitch, Levy et Roeh.

[29] GUREVITCH, LEVY & ROEH, 1991, p. 199.

[30] GUREVITCH, LEVY & ROEH, 1991, p. 201

[31] GUREVITCH, LEVY & ROEH, 1991, p. 214 & 215, notre traduction de « *Television news in different countries, feeding on an increasingly similar global diet (...) still speak in many different voices* ».

[32] FRIEDMAN, 1994, p. 198, notre traduction de « *the universalization of particularism (...) and the particularization of universalism* ».

[33] FRIEDMAN, 1994, p. 196.

[34] BILTEREYST, 1995, p. 257 & 258.

[35] MATTELART, 1994, p. 21-23.

CHAPITRE I

Les Européens face aux médias

La diversité des peuples européens est incontestable et largement immuable. Elle est pourtant perçue de façon très restrictive voire franchement erronée. Les clichés et stéréotypes associés aux citoyens de tel pays ou de telle région ont la vie dure et s'auto-entretiennent. Qu'il s'agisse d'habitudes alimentaires ou vestimentaires, de tempérament ou d'attitude, de religion ou de caractéristiques physiques, bien des attributs relèvent véritablement de l'inconscient collectif et affectent fondamentalement notre perception de l'autre.

Il existe des indicateurs plus ou moins objectifs permettant de confronter ces images mentales à la réalité. Il s'agit d'abord des grands repères statistiques économiques, sociaux et démographiques tels que la croissance, le produit national brut, l'inflation, le taux de chômage, la criminalité, la natalité, la morbidité, la mortalité, autant de paramètres mesurés par les pouvoirs publics, c'est-à-dire le plus souvent par des instituts nationaux, dans l'unique but de pouvoir décrire et donc jauger l'état de santé d'un pays et de sa population. Cet arsenal administratif offre l'avantage d'une certaine harmonisation internationale autorisant la comparaison. Mais le caractère rigide de ces instruments et la nature indiscutablement lacunaire du profil qu'ils décrivent en font un outil nettement insuffisant pour appréhender les comportements et les attitudes des populations concernées.

Ces lacunes sont en partie comblées par diverses initiatives plus ponctuelles au premier rang desquelles se situent les études de marché. Celles-ci entreprennent régulièrement de mesurer une série de paramètres corrélés voire prédictifs de telle attitude et, ultimement, de tel comportement de consommation d'une population ciblée. Ces évaluations sont le plus souvent organisées par sondages auprès d'échantillons estimés représentatifs de l'univers envisagé.

La consommation médiatique fait précisément l'objet de tels sondages. Qu'il s'agisse d'études périodiques ou ponctuelles, générales ou centrées sur un support particulier, les moyens développés pour optimiser l'adéquation entre attentes des publics et contenus des médias sont considérables. Les études audimétriques, estimant aujourd'hui en temps réel et en continu la consommation de télévision des individus, comptent parmi les plus ambitieuses et les plus complexes de ces initiatives.

Sachant l'intensité de la relation qui lie les identités nationales et les médias, on ne peut manquer de s'interroger sur l'attitude des Européens face aux médias et, plus spécifiquement, sur leurs habitudes de consommation en la matière. Malheureusement, à la différence des indicateurs officiels cités plus haut, les données relatives à ce paramètre ne jouissent pas encore d'une harmonisation permettant des comparaisons sereines, même si bien des efforts sont à présent développés en ce sens. Il faudra donc chercher ailleurs les bases de notre examen de ce qu'il convient de nommer *les publics européens*.

1. Publics européens

Identités régionales, nationales ou européenne et consommation médiatique sont liées par un jeu complexe d'interactions et d'effets réciproques. L'identité supposée d'un auditoire influence le contenu des médias, lequel agit à son tour sur ce public, ne serait-ce qu'au travers de l'expérience partagée. A la lumière de cette interdépendance et de la diversité avérée desdites identités, il serait insensé de parler d'*un* public européen des médias.

La diversité et la complexité du « sujet » affectent et limitent inévitablement les méthodes accessibles pour son appréhension. L'approche comparative qui s'impose doit notamment limiter son champ à des paramètres pointus et offrant suffisamment de garanties d'univocité conceptuelle et homogénéité méthodologique. Notre comparaison portera sur la consommation des grands médias d'information que sont la *presse quotidienne*, la *radio* et la *télévision*.

L'un des principaux écueils sur la route des études comparatives internationales provient de la difficulté de rassembler des corpus sous-tendus par des méthodes suffisamment homogènes pour permettre des comparaisons pertinentes et fiables. En pratique, travailler sur des statistiques provenant de différents pays, même dans un espace limité comme celui de l'Union européenne, suscite bien des interrogations quant à la nature même des données accessibles, à la signification qu'on peut leur attribuer et à l'esprit dans lequel elles ont été rassemblées. Ainsi, un indice statistique portant la même appellation peut donner l'illusion d'une cohérence de signification alors qu'un examen méthodologique révèle rapidement des divergences.

A titre d'exemple, les sondages portant sur la lecture d'un journal produisent des statistiques libellées en des termes évasifs qui expriment généralement un nombre de lecteurs ou des parts de marché. Or, la méthodologie d'enquête, la formulation des questions, l'importance de l'échantillon et même la définition de *lecteur* peuvent varier considérablement, au point de rendre hasardeuse toute comparaison internationale directe. En termes plus généraux, Alain Desrosières estime que des discordances peuvent apparaître en raison de la variété des usages statistiques des différents pays. Il juge, par exemple, la tradition britannique plutôt pragmatique, l'allemande juridique et la française cartésienne et illustre ce point de vue par une « boutade » : lors d'une réunion de statisticiens européens, l'Anglais se demande si cela va marcher, l'Allemand si c'est légal et le Français si c'est logique [1].

1. Source : l'Eurobaromètre

La Commission européenne constitue une source de choix en matière d'études pan-européennes. Les données rassemblées par l'office européen de statistiques (Eurostat) relèvent principalement d'indicateurs statistiques classiques (démographiques, macro-économiques, etc.) et pâtissent d'une inertie qui tient au retard induit par la collecte et l'homogénéisation des données recueillies auprès des différents organismes nationaux.

L'étude des publics des médias d'information relève plutôt d'études à caractère sociologique, lesquelles sont généralement organisées autour de *sondages d'opinion*. Au sein des institutions européennes, une unité de la direction générale X de la Commission européenne est précisément chargée de l'étude de l'opinion publique en Europe. Les instruments mis en œuvre présentent l'intérêt d'être administrés dans un souci permanent de cohérence pan-européenne et offrent de ce fait des garanties suffisantes en termes de comparabilité des données produites. Le plus ancien sondage périodique organisé dans ce cadre, l'*Eurobaromètre Standard* constitue une référence incontournable. Organisé au moins deux fois par an, ce sondage en « face à face » comporte un nombre important de questions relatives aux affaires européennes, mais également d'autres destinées à affiner le profil des personnes interrogées et permettant une analyse plus fine des résultats.

Le sondage Eurobaromètre effectué pendant l'hiver 1995-1996 représente une source particulièrement précieuse dans la perspective de l'étude des publics européens des médias d'information. D'une part, son questionnaire comporte trois questions interrogeant les répondants sur la fréquence avec laquelle ils regardent les journaux télévisés, écoutent les informations à la radio et lisent la presse quotidienne. Les réponses proposées sont « tous les jours », « plusieurs fois par semaine », « une ou deux fois par semaine », « moins souvent » et « jamais ». D'autre part, cette *vague* de l'Eurobaromètre présente la particularité d'avoir été administrée auprès d'un échantillon nettement plus important que d'ordinaire. Alors qu'on se contente généralement d'environ 16 000 personnes à travers l'Europe [2], la vague 44.2*bis* a interrogé plus de 65 000 personnes représentatives des Européens âgés de 15 ans et plus. Cet échantillon exceptionnel permet une réduction considérable des marges d'erreur, y compris lorsque les données sont envisagées suivant des sous-groupes sociodémographiques.

Les résultats de ces enquêtes constitueront la base de notre étude de l'attitude des publics européens vis-à-vis des médias d'information par l'examen de l'intensité avec laquelle ils déclarent les consommer. Prenons d'emblée conscience que cet aspect, pour essentiel qu'il soit, ne représente qu'un paramètre d'attitudes et de comportements par ailleurs multidimensionnels. La fréquence de consommation ne nous renseigne ni sur la façon de décoder ou d'assimiler, ni sur les goûts, ni sur la rétention qui en résulte, ni sur le recours à d'autres sources d'information. On peut cependant raisonnablement penser que ces données nous conduiront à des schémas montrant la propension de publics différenciés à recourir plus ou moins aux trois médias envisagés et révélant leurs préférences respectives pour l'un ou l'autre de ces médias.

Pour les besoins de notre analyse, nous avons créé une classe que nous avons intitulée *gros consommateurs*, qui correspond à la somme des effectifs des deux premières modalités de réponses (« tous les jours » et « plusieurs fois par semaine »). Ces gros consommateurs constitueront le groupe de référence de notre étude, non que les petits ou non-consommateurs ne soient pas intéressants, mais simplement parce que les groupes démontrant une forte concentration de gros consommateurs présentent, *de facto*, une faible proportion de petits et non-consommateurs et *vice-versa*.

Tableau 1
Agrégation des fréquences de consommation

Tous les jours	« Gros consommateurs »
Plusieurs fois par semaine	« Gros consommateurs »
Une ou deux fois par semaine	
Moins souvent	
Jamais	

Il convient de souligner que les sondages ne recueillent que des déclarations et non des comportements, si bien que l'on est en droit de suspecter une surévaluation de comportements « valorisants » tels que, par exemple, la lecture régulière de journaux. Dès lors, dans la suite de cette analyse comme dans toute discussion de résultats de sondages, lorsqu'on parle d'une proportion d'individus « adoptant tel comportement », il s'agit en toute rigueur de lire « déclarant adopter tel comportement ».

Dans un premier temps, nous envisagerons l'Europe dans son ensemble. Ensuite, nous nous attarderons sur chaque pays, avant d'examiner les données à l'échelle des régions. Après cette analyse sous l'angle géographique, nous analyserons les ventilations organisées autour des critères de différenciation sociodémographique afin de rechercher d'éventuels *groupes transversaux*, c'est-à-dire des familles d'individus présentant une cohérence d'attitude transcendant les aires géographiques.

Nous pourrons ainsi mesurer la pertinence du découpage des populations par nations et, plus généralement, selon les critères géographiques. Le cas échéant, nous mettrons en évidence l'un ou l'autre groupe qui, à travers l'Europe, présente suffisamment d'homogénéité dans ses habitudes de consommation des médias d'information pour constituer le public potentiel d'un support transnational d'information, pour autant que cette convergence soit, par ailleurs, avérée pour d'autres attitudes, intérêts, usages.

2. *Les Européens et la télévision*

La télévision semble à la hauteur de sa réputation de première source d'information dans nos contrées. 90 pour cent des Européens regardent un journal télévisé au moins plusieurs fois par semaine (voir graphique 1).

Graphique 1
Journaux télévisés : proportions de gros consommateurs

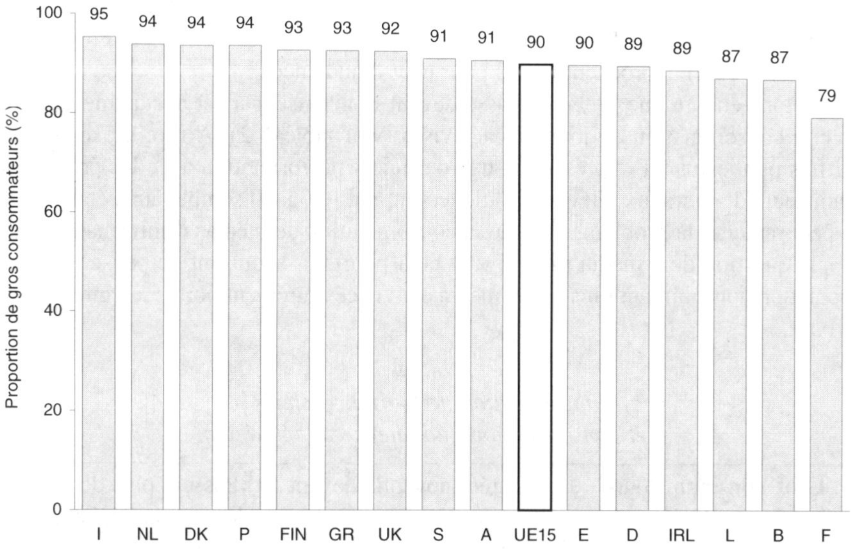

F. Heinderyckx, à partir du sondage Eurobaromètre 44.2*bis*, Commission européenne, 1996.

La visualisation graphique montre les écarts assez restreints entre pays. Afin de quantifier ce qu'il convient de qualifier « d'étalement des valeurs », nous aurons recours au *coefficient de variation* qui se calcule en divisant l'écart-type (indice d'étalement plus couramment utilisé) par la moyenne arithmétique. Le coefficient de variation présente ainsi l'avantage d'être sans unité (il s'exprime en pour cent) et de permettre de comparer directement l'étalement de séries, même si celles-ci ne sont pas du même ordre de grandeur ou si elles ne sont pas exprimées dans la même unité.

Dans le cas présent, ce coefficient indique une valeur de 4,3 pour cent, si bien que l'on peut considérer que l'ensemble des Européens présentent une propension importante à s'informer par les journaux télévisés.

Il est délicat de recouper ces chiffres avec les *scores d'audience* des journaux télévisés, d'abord parce que ceux-ci sont programmés sur des chaînes concurrentes à des heures parfois différentes. Il est alors difficile d'estimer fiablement le taux de redondance, à savoir le nombre d'individus qui regardent successivement plusieurs journaux télévisés. Ainsi, en Belgique francophone, le journal de 19 heures sur *RTL-TVi* fait état d'une audience de 17,9 pour cent et son concurrent, celui de 19 heures 30 sur la *RTBF*, de 17,6 pour cent [3], sans qu'il soit possible d'additionner ces deux valeurs sachant que nombre de téléspectateurs regardent successivement l'un et l'autre. De plus, il faut tenir compte de ceux qui regardent un journal télévisé de la mi-journée ou de fin de soirée, ou encore d'une chaîne néerlandophone ou étrangère.

Remarquons que ce type d'émission occupe la place enviée de programme le plus suivi sur les chaînes de Belgique francophone (*RTL-TVi* et *RTBF*). Dans le reste de l'Union européenne, ce n'est le cas qu'en Autriche et en Finlande. D'autres journaux télévisés affichent pourtant des scores d'audience bien supérieurs à ceux observés en Belgique francophone, mais toujours battus, au palmarès des plus fortes audiences, par d'autres programmes de la même chaîne (fictions, jeux, etc.). Les scores cumulés des journaux de *TF1* et *France 2* (on peut les additionner puisqu'ils sont programmés à la même heure) approchent les 30 pour cent d'audience.

Notons encore que le temps passé devant le téléviseur n'est aucunement corrélé avec la consommation de journaux télévisés (voir tableau 2). A titre d'exemple, les chiffres publiés par IP [4] présentent un coefficient de corrélation avec les proportions d'amateurs de journaux télévisés pratiquement nul (0,06). Il semble ainsi établi qu'on ne peut ramener la problématique de la consommation de médias d'information à une simple question de « média préféré ». Il était pourtant séduisant de penser que telle population consommant plus de tel média était nécessairement portée à s'informer par ce biais.

Tableau 2
Consommation de journaux télévisés
et consommation quotidienne de télévision

	Gros consommateurs journaux télévisés (1)	Durée moyenne devant la télévision (2)	Passent plus de 2h30 devant la télévision (3)
I	95 %	220 min	28 %
NL	94 %	153 min	45 %
DK	94 %	165 min	38 %
P	94 %	177 min	-
FIN	93 %	151 min	43 %
GR	93 %	194 min	44 %
UK	92 %	227 min	56 %
S	91 %	142 min	35 %
A	91 %	140 min	33 %
E	90 %	219 min	39 %
D	90 %	186 min	50 %
IRL	89 %	194 min	48 %
L	89 %	-	-
B	87 %	170 min	45 %
F	79 %	193 min	50 %

(1) F. Heinderyckx, à partir du sondage Eurobaromètre 44.2*bis*, Commission européenne, 1996.
(2) Par jour, selon IP, *European Key Facts — Television 1996*, p. 20.
(3) INRA *Global Survey* 1995.

Remarquons d'autre part que les chiffres fournis par une troisième enquête, effectuée en 1995 par INRA [5] et évaluant la proportion d'individus déclarant regarder la télévision plus de deux heures et demi par jour, ne concordent pas non plus avec les proportions de gros consommateurs de journaux télévisés, pas plus, d'ailleurs, qu'avec les données de *Médiamétrie/Eurodata*.

En envisageant les données à l'échelle européenne, on constate peu de différence entre hommes et femmes. De tous les facteurs de différenciation sociodémographique envisagés, c'est résolument l'âge qui s'impose comme le critère le plus discriminant (voir graphique 2).

Graphique 2
Journaux télévisés :
proportions de gros consommateurs en fonction de l'âge

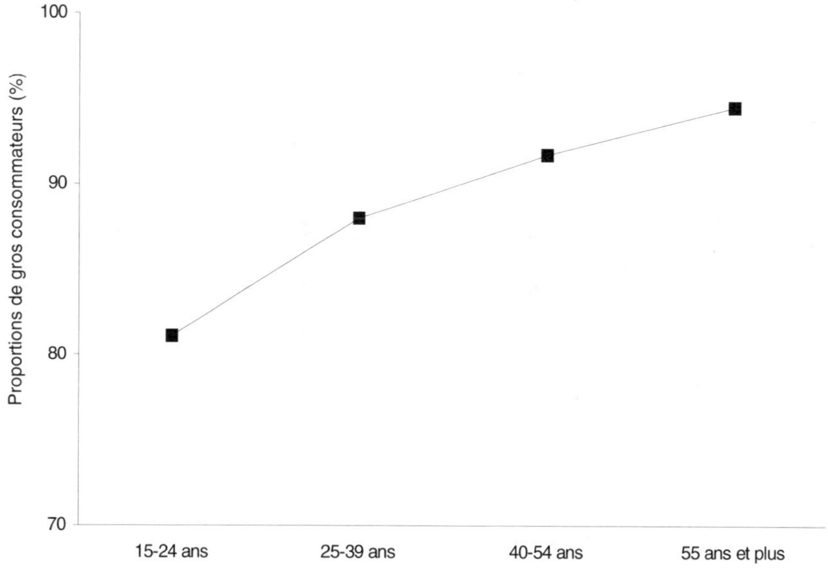

F. Heinderyckx, à partir du sondage Eurobaromètre 44.2*bis*, Commission européenne, 1996.

Cette tendance se retrouve dans presque tous les pays (à l'exception du Portugal). Le phénomène est particulièrement spectaculaire en France et en Irlande où l'écart dépasse les 20 points de pour cent entre les plus jeunes et les plus âgés. Au contraire, l'Espagne, l'Italie, les Pays-Bas et la Grèce se distinguent par un plus faible écart. Remarquons que les valeurs culminent à 97 voire 98 pour cent pour les 55 ans et plus habitant le Danemark, l'Italie, la Suède et le Royaume-Uni. Cet attrait croissant du média télévisuel ne s'explique pas par un rejet croissant des autres médias d'information, comme nous le verrons.

Les seniors sont les plus fidèles aux journaux télévisés, et ce de façon remarquablement homogène à travers l'Europe. En fait, alors que la proportion moyenne, nous l'avons vu, augmente avec l'âge, la dispersion entre pays par contre diminue. A tel point que les 55 ans et plus constituent le groupe d'amateurs de journaux télévisés le plus homogène à l'échelle européenne (écart le plus faible entre pays).

En termes de statut professionnel, on observe, en cohérence avec les données par âge, que les pensionnés sont les plus assidus, suivis des personnes au foyer et des cadres supérieurs (voir graphique 3).

Graphique 3
Journaux télévisés :
proportions de gros consommateurs
en fonction du statut professionnel

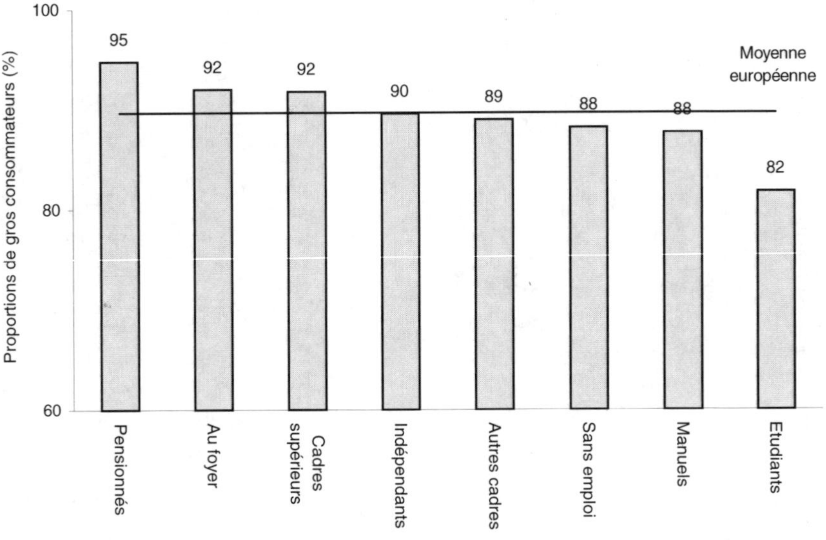

F. Heinderyckx, à partir du sondage Eurobaromètre 44.2*bis*, Commission européenne, 1996.

Très nettement détachés, les étudiants européens manifestent une désaffection marquée pour les journaux télévisés (tendance déjà observée chez les 15-24 ans), mais avec d'importantes variations entre pays (de 65 et 68 pour cent respectivement chez les Belges et les Irlandais jusqu'à 92 et 95 pour cent respectivement chez les Italiens et les Portugais).

Les revenus n'affectent que peu la consommation de journaux télévisés. On note néanmoins une baisse significative entre les 91 pour cent des revenus les plus aisés et quelque 88 pour cent des revenus les plus faibles. Ces valeurs moyennes cachent en fait une grande diversité de situations entre les différents pays : les nantis belges, luxembourgeois et autrichiens sont moins friands de journaux télévisés que leurs compatriotes, alors que la tendance est inverse au Danemark, en Finlande et en Italie.

De même, l'habitat ne semble guère influencer la consommation de journaux télévisés à l'échelle européenne (90 pour cent de gros consommateurs en milieu rural contre 88 pour cent dans les grandes villes), mais certains pays présentent, sur ce critère, des contrastes bien plus importants (en sens divers). Ainsi, les Portugais des grandes villes sont plus de 97 pour cent à regarder assidûment les journaux télévisés, alors que leurs voisins des campagnes ne sont que 90 pour cent.

3. *Les Européens et la radio*

Seulement 58 pour cent des Européens déclarent être de gros consommateurs d'informations radiophoniques. Cependant, contrairement aux données observées pour les journaux télévisés (succès quasi universel), les attitudes des Européens face aux journaux parlés se révèlent particulièrement contrastées. Cette variété apparaît d'abord lorsqu'on envisage les proportions de gros consommateurs par pays (voir graphique 4), comme en atteste un coefficient de variation de 26 pour cent (rappelons qu'il était de 4,3 pour cent pour les journaux télévisés).

Graphique 4
Journaux parlés : proportions de gros consommateurs

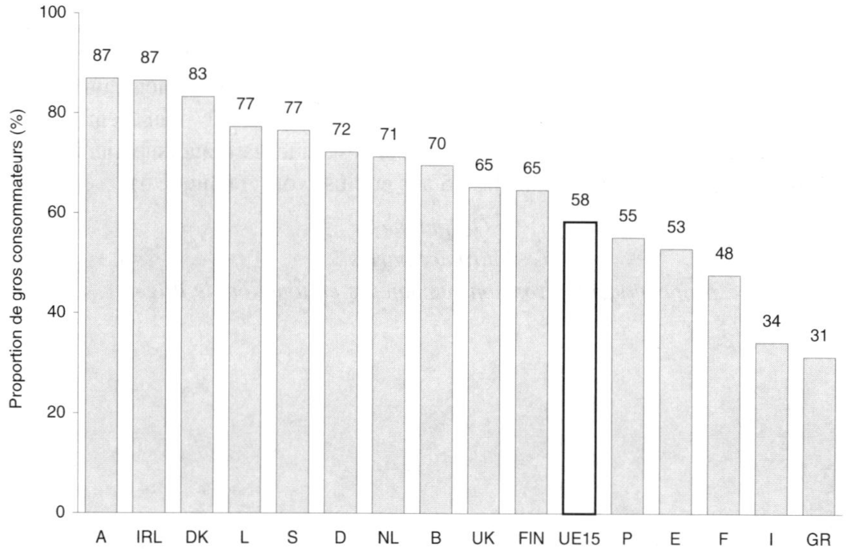

F. Heinderyckx, à partir du sondage Eurobaromètre 44.2*bis*, Commission européenne, 1996.
Coefficient de variation : 26 %

Moins d'un tiers des Grecs se déclarent auditeurs assidus des informations radiophoniques, contre près de 90 pour cent des Autrichiens et des Irlandais. Remarquons que la valeur moyenne pour l'Europe sépare clairement les pays du sud (Portugal, Espagne, France, Italie et Grèce) du reste de l'Union. Ce clivage observé dans les comportements des Européens face à la radio comme support d'information constitue la première d'une intéressante série de manifestations d'un axe de partage géographique discriminant.

Les valeurs de l'*Eurobaromètre* sont relativement cohérentes avec les chiffres avancés par *Euro Time Survey* concernant les taux de pénétration de la radio [6]. Italie, Grèce et Espagne y sont également en queue de peloton (40 pour cent et moins), alors que Allemagne, Danemark et Irlande occupent la tête avec 80 pour cent et plus [7]. Cette corrélation entre consommation de journaux parlés et de radio en général s'explique par le fait que les émissions de radio sont ponctuées de bulletins d'information (souvent toutes les heures, parfois plus) et que l'auditeur « consomme » donc des informations radiophoniques presque malgré lui. Là où le téléspectateur regarde un journal télévisé par choix délibéré et par préférence par rapport aux autres programmes, l'auditeur écoute (ou entend) un journal parlé, souvent plusieurs fois par jour, en attendant la suite du programme. Les journaux parlés étant souvent plus brefs que leurs homologues télévisés, l'auditeur est moins susceptible de s'en détourner. Contrairement à ce que nous avons observé pour la télévision, on peut ici avancer que consommations de radio et de journaux parlés sont liées.

Les chiffres de l'*Eurobaromètre* nous montrent encore que les hommes semblent légèrement plus friands que les femmes (61 contre 56 pour cent). Cette tendance est particulièrement marquée aux Pays-Bas, en Grèce et au Portugal, alors qu'en Autriche et au Luxembourg, aucune différence significative ne peut être observée.

Quant au facteur âge, il ne donne pas lieu à la progression linéaire que nous avions observée dans le cas des journaux télévisés. Il s'agit plutôt ici d'une rupture autour des 25 ans, puisque les 15-24 ans ne sont que 52 pour cent de gros consommateurs contre 60 à 62 pour cent pour les tranches d'âge supérieures, avec cependant un léger tassement chez les 55 ans et plus (voir graphique 5).

Graphique 5
Journaux parlés :
proportions de gros consommateurs en fonction de l'âge

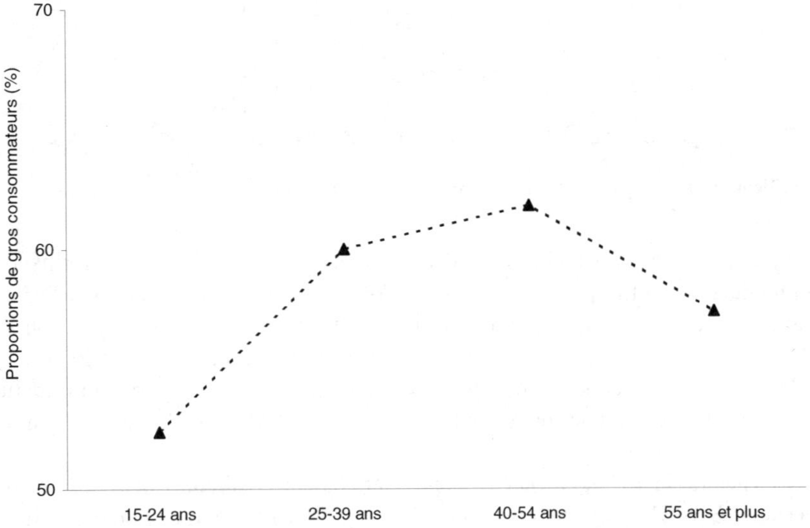

F. Heinderyckx, à partir du sondage Eurobaromètre 44.2*bis*, Commission européenne, 1996.

Ces valeurs moyennes cachent des situations très différentes selon le pays. L'Irlande se distingue par des écarts particulièrement importants entre les plus jeunes et les aînés (24 points de pour cent). Finlande, France, Irlande et Luxembourg présentent des proportions qui augmentent assez linéairement avec l'âge. Le Portugal montre singulièrement la tendance inverse : la proportion de gros consommateurs de journaux parlés diminue avec l'âge de 64 pour cent chez les 15-24 ans à 48 pour cent chez les 55 ans et plus.

Nous observions ci-dessus qu'en moyenne, les proportions de gros consommateurs de journaux parlés étaient proches de celles des consommateurs de radio. Or la faible assiduité aux journaux parlés décelée chez les jeunes ne cadre guère avec l'image qu'on se fait de leur consommation de radio en général. A titre de repère, l'étude de Bouillin-Dartevelle sur les loisirs des adolescents scolarisés en Belgique faisait déjà état, en 1974, de plus de 70 pour cent de jeunes âgés de 15 à 20 ans écoutant « quotidiennement ou presque » la radio [8]. Soit les jeunes ne prêtent pas attention aux bulletins d'information, soit, plus vraisemblablement, ils écoutent de préférence des stations dont la programmation centrée sur la musique fait peu de place aux journaux parlés.

Les cadres supérieurs sont les plus grands amateurs du genre (71 pour cent) alors que les étudiants, les sans emploi et les personnes au foyers apparaissent comme les moins assidus (entre 50 et 53 pour cent).

Plus déterminant semble être le facteur des revenus (voir graphique 6) [9].

Graphique 6
Journaux parlés : proportions de gros consommateurs en fonction des revenus

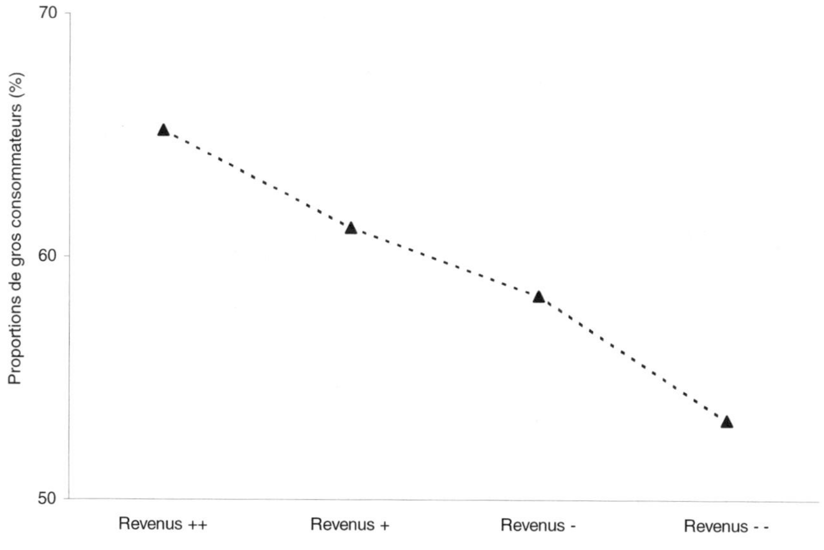

F. Heinderyckx, à partir du sondage Eurobaromètre 44.2*bis*, Commission européenne, 1996.

Malgré l'investissement modeste que représente l'acquisition d'un récepteur de radio par rapport, notamment, à une télévision, la consommation de journaux parlés augmente linéairement avec le niveau de revenus. Sans doute cette tendance (spécialement marquée en Grèce, en Espagne, en France, en Italie et au Portugal) est-elle simplement à attribuer à l'intérêt pour l'information.

La radio est un média particulièrement développé en milieu urbain, et ce depuis l'explosion des stations FM à grand confort d'écoute mais aux zones de diffusion restreintes aux villes et aux banlieues. Les moyennes européennes semblent, dans une certaine mesure, rendre compte de cette réalité puisque 57 pour cent des habitants de la campagne sont assidus des journaux parlés contre 61 pour cent des habitants des grandes villes. Ici encore, les choses diffèrent considérablement d'un pays à l'autre. On pourrait définir trois groupes. Conformes à la logique d'implantation des radios, Grecs, Espagnols, Italiens et Portugais des villes sont plus friands d'informations radiophoniques que leurs compatriotes des campagnes. Par contre, la tendance est nettement inverse au Danemark, en Finlande, au Luxembourg et aux Pays-Bas. Enfin, peu de différences sont observées entre villes et campagnes en Belgique, en Allemagne, en France, en Irlande, en Suède et au Royaume-Uni.

4. *Les Européens et la presse quotidienne*

La proportion moyenne de gros consommateurs de presse quotidienne est de 68 pour cent, c'est-à-dire sensiblement plus que pour les journaux parlés (voir graphique 7).

Graphique 7

Presse quotidienne : proportions de gros consommateurs

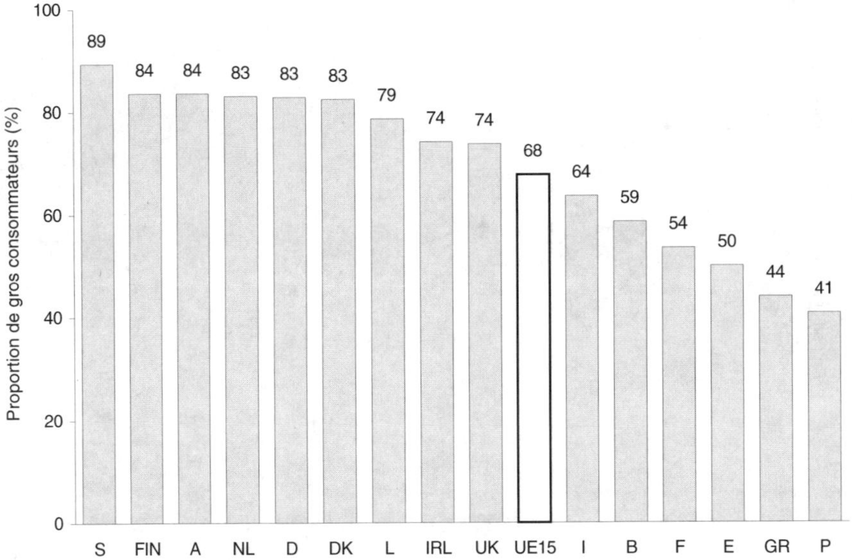

F. Heinderyckx, à partir du sondage Eurobaromètre 44.2*bis*, Commission européenne, 1996.

Coefficient de variation : 23 %

L'écart entre les pays est considérable mais inférieur à ce qu'il était pour la radio : le minimum est de 41 pour cent (au Portugal) et le maximum de 89 pour cent (en Suède), avec un coefficient de variation de 23 pour cent. Le clivage entre pays du nord et du sud de l'Europe est ici encore spectaculaire, même si la séparation entre ces deux zones passe dans ce cas au nord de la Belgique qui fait une intrusion dans le groupe de l'Europe méridionale.

La lecture régulière de la presse quotidienne se révèle très différenciée selon les critères sociodémographiques. Les hommes sont nettement plus assidus que les femmes (73 contre 63 pour cent en moyenne), tout particulièrement en Grèce, en Espagne, en Italie et au Portugal, c'est-à-dire une fois encore dans l'Europe méridionale. Deux exceptions notables : au Luxembourg, aucune différence significative ne se manifeste entre hommes et femmes et, en Autriche, ce sont les femmes qui s'affichent comme les plus fidèles consommatrices.

L'assiduité semble augmenter avec l'âge pour culminer dans la tranche 40-54 ans (74 pour cent), avec un léger retrait chez les 55 ans et plus (70 pour cent). La plupart des pays de l'Union européenne se conforment à ce schéma à l'exception de la Belgique, du Danemark, de la France et du Luxembourg où les proportions de gros lecteurs de presse quotidienne augmentent encore sur la tranche des 55 ans et plus et où donc les aînés sont les lecteurs les plus assidus [10]. Le Portugal détonne sensiblement en présentant un taux maximum de lecteurs assidus auprès des 25-39 ans. Les extrêmes observés suivant cette ventilation donnent la mesure de la diversité des comportements : à peine 27 pour cent des Portugais de 55 ans et plus lisent un journal tous les jours ou plusieurs fois par semaine, contre plus de 95 pour cent des Suédois de 40 à 54 ans.

Cette tendance moyenne à une consommation croissante avec l'âge jusqu'à 50 ans fut observée pour la *recherche d'information politique et sociale* dans une étude sur les pratiques culturelles en Communauté française de Belgique. L'explication avancée pourrait éclairer nos observations :

> « ce qui stimule l'intérêt pour l'information politique et sociale, c'est la participation à la vie active. Les jeunes semblent ne pas encore s'intéresser à une chose publique, dont les vieux se sont détachés » [11].

En 1962 déjà, Voyenne estimait que l'intérêt pour la presse était maximum entre 30 et 50 ans [12].

Le statut professionnel se révèle également nettement différenciateur (voir graphique 8). En moyenne, ce sont les cadres supérieurs qui sont les plus assidus (82 pour cent en moyenne pour l'ensemble de l'Europe). Il est également très remarquable que c'est également ce groupe qui présente la plus grande homogénéité pan-européenne, c'est-à-dire dont le comportement varie le moins d'un pays à l'autre.

Graphique 8
Presse quotidienne : proportions de gros consommateurs en fonction du statut professionnel

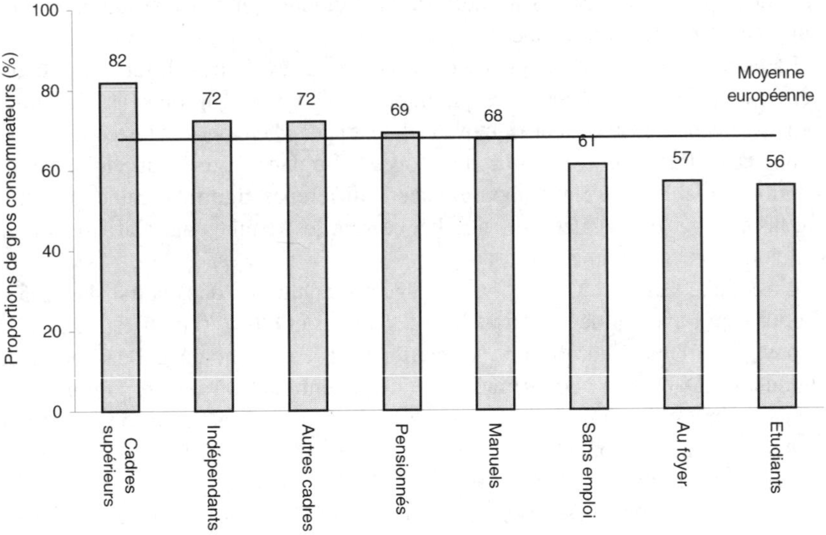

Il faut observer que le statut professionnel intervient de façon très différente d'un pays à l'autre. Grèce, Espagne et Portugal présentent les contrastes les plus importants entre professions. Au Portugal par exemple, à peine 17 pour cent des personnes au foyer lisent régulièrement un journal contre 63 pour cent des cadres supérieurs. L'Autriche affiche par contre des valeurs presqu'indifférenciées : l'écart entre les plus et les moins assidus est d'à peine 14 points de pour cent (75 pour cent des étudiants contre 89 pour cent des cadres supérieurs). Dans certains pays, les indépendants et, dans le cas de l'Allemagne et du Luxembourg, les pensionnés, rivalisent d'assiduité avec les cadres supérieurs.

Des trois médias étudiés, le journal est le plus « directement onéreux » : si les journaux télévisés et parlés nécessitent l'acquisition de récepteurs de télévision ou de radio et souvent le paiement des redevances afférentes, chaque lecture du journal est généralement subordonnée à un acte récurrent d'achat (ou le paiement d'un abonnement), qui constitue certainement un obstacle de taille pour bon nombre de lecteurs potentiels. On ne s'étonnera donc pas de trouver un lien de corrélation très marqué entre la consommation de presse quotidienne et les revenus (voir graphique 9).

Graphique 9
Presse quotidienne : proportions de gros consommateurs en fonction des revenus

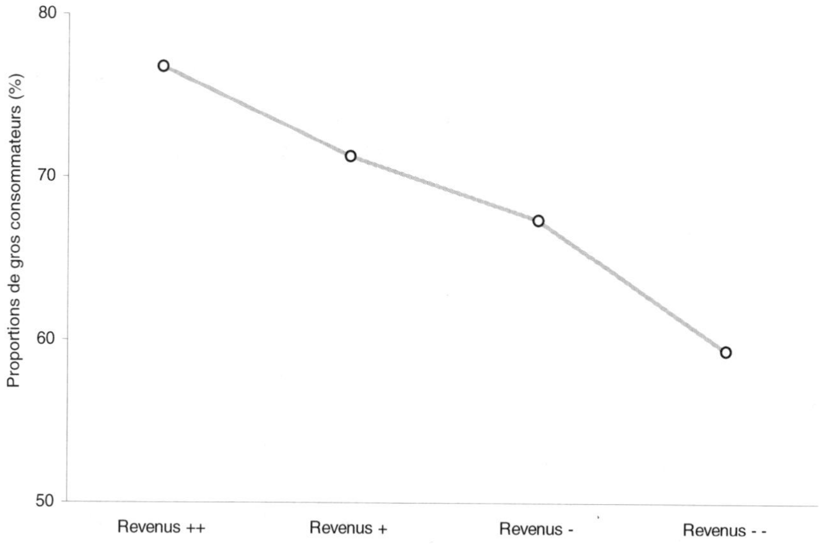

F. Heinderyckx, à partir du sondage Eurobaromètre 44.2*bis*, Commission européenne, 1996.

L'effet des revenus est particulièrement spectaculaire dans les pays du sud. En Grèce, en Espagne et en Italie, les lecteurs réguliers sont environ deux fois plus nombreux parmi les nantis que parmi les moins favorisés. Mais c'est au Portugal que l'écart est le plus extraordinaire entre les 12 pour cent des « revenus - - » et les 59 pour cent des « revenus ++ ». Remarquons encore que l'homogénéité internationale des individus classés selon cette typologie croît avec le niveau de revenus. Autrement dit, les Européens les plus aisés sont non seulement les lecteurs les plus assidus, ils le sont également de la façon la plus uniforme à travers l'Europe ; alors que les moins nantis lisent moins, mais dans des proportions qui varient considérablement d'un pays à l'autre.

Ces phénomènes observés sur nos données ne sont pas sans rappeler le « *Newspaper believer* » décrit stéréotypiquement par Chris Fransen comme un homme de statut socio-économique élevé et d'âge moyen [13].

5. Les médiaphages : les Européens et la consommation cumulée de médias d'information

Afin de compléter l'étude des habitudes de consommation des Européens en matière de médias d'information, il convient d'envisager à présent la consommation cumulée de plusieurs médias. Autrement dit, après avoir étudié les profils de consommation pour chacun des trois médias de base, il va s'agir de dénombrer les « très informés », c'est-à-dire ceux déclarant un contact répété et soutenu avec un certain nombre de supports médiatiques d'information.

Toujours à partir des résultats du sondage *Eurobaromètre*, nous définirons les gros consommateurs de médias d'informations cumulés comme ceux ayant recours à au moins deux des trois médias tous les jours ou plusieurs fois par semaine et au troisième au moins une ou deux fois par semaine [14].

La visualisation des données par pays révèle des écarts particulièrement marqués : à peine plus d'un Grec sur deux relève de ces « très informés », alors que la quasi-totalité des Allemands se classent dans cette catégorie (voir graphique 10).

Graphique 10
Consommation cumulée des médias d'information

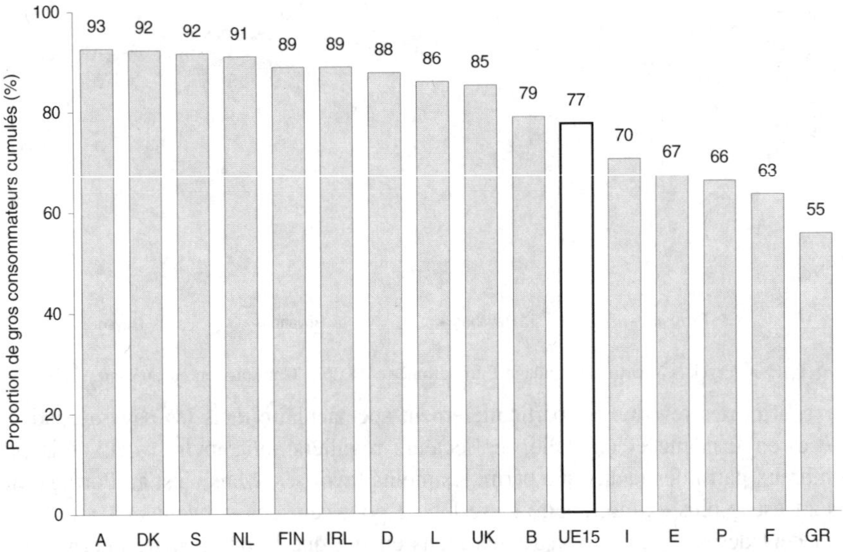

F. Heinderyckx, à partir du sondage Eurobaromètre 44.2*bis*, Commission européenne, 1996.
Coefficient de variation : 16 %

Mais au-delà des écarts, on ne peut qu'être frappé par la flagrante polarisation entre les pays méridionaux et septentrionaux : Italie, Espagne, Portugal, France et Grèce ne franchissent pas la barre des 70 pour cent, alors que, plus au nord, les valeurs grimpent rapidement dans les 90 pour le reste de l'Europe.

Les hommes sont significativement plus portés sur les médias d'information que les femmes (81 contre 74 pour cent), cette différenciation étant nettement marquée en Grèce (68 contre 46 pour cent), au Portugal (74 contre 58 pour cent) et en Italie (78 contre 63 pour cent). Femmes et hommes présentent par contre des comportement quasi similaires en Irlande, au Luxembourg et en Autriche.

L'assiduité augmente avec l'âge, culmine chez les 40-54 ans, puis stagne voire se réduit un peu chez les 55 ans et plus, à l'exception de la France et de l'Autriche où la progression se poursuit et où les aînés (55 ans et plus) se révèlent les plus gros consommateurs cumulés de médias d'information (voir graphique 11).

Graphique 11
Consommation cumulée des médias d'information en fonction de l'âge

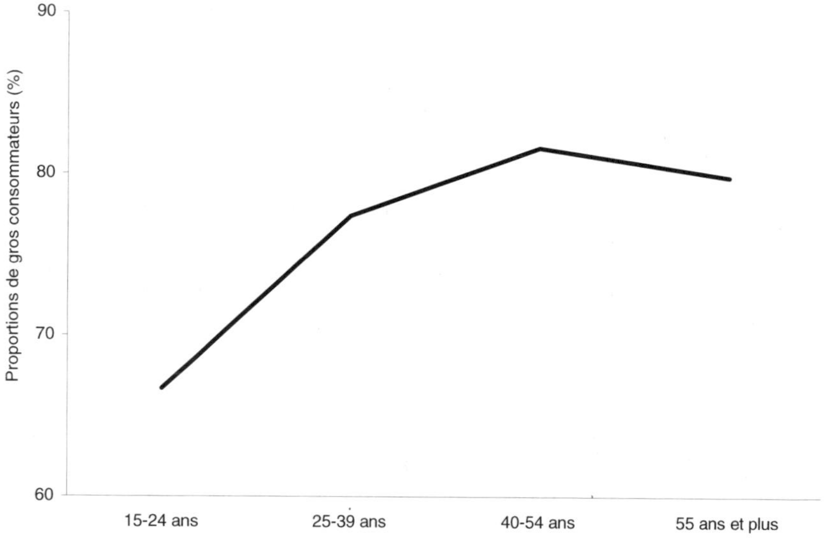

F. Heinderyckx, à partir du sondage Eurobaromètre 44.2*bis*, Commission européenne, 1996.

Les cadres supérieurs présentent la plus forte propension à la consommation cumulée des médias d'information (voir graphique 12). Les étudiants sont, par contre, à peine deux sur trois à recourir régulièrement à plusieurs médias d'information. Le Danemark se distingue par une hiérarchie très différente en tête de laquelle on trouve les indépendants et les pensionnés. Dans certains pays, les écarts entre groupes professionnels sont plus tranchés encore, notamment en Grèce, en Espagne, en France, en Italie et au Portugal. Les Grecs au foyer ainsi que les étudiants français constituent les groupes les moins assidus (44 pour cent), alors que les indépendants et pensionnés danois se déclarent les plus « accros » (98 pour cent).

Les moyens financiers ont un effet marqué (voir graphique 13), particulièrement en Grèce, au Portugal, en Espagne et en Italie. A titre d'exemple, les proportions varient au Portugal de 41 à 79 pour cent entre les moins favorisés et les plus nantis. Par contre, le facteur pécuniaire semble de peu d'effet en Belgique, au Danemark, en Allemagne, en Irlande, en Autriche et en Suède.

Graphique 12
Consommation cumulée des médias d'information en fonction du statut professionnel

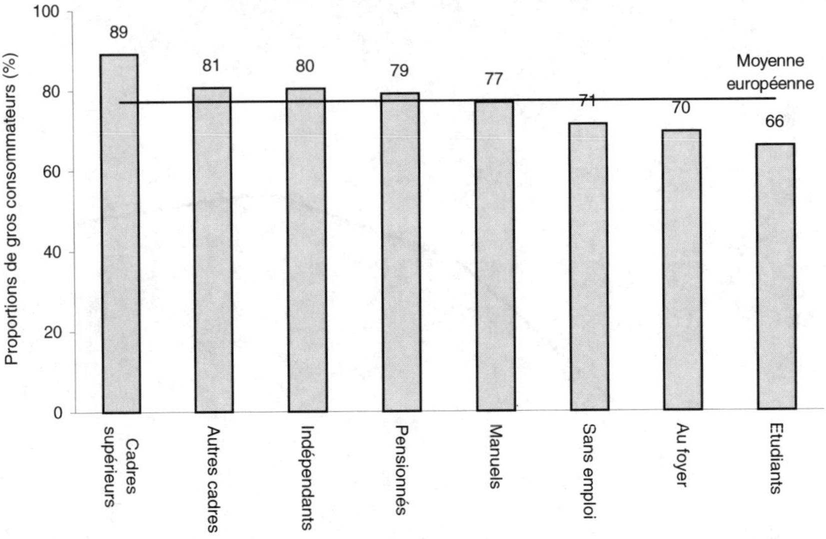

F. Heinderyckx, à partir du sondage Eurobaromètre 44.2bis, Commission européenne, 1996.

Graphique 13
Consommation cumulée des médias d'information en fonction des revenus

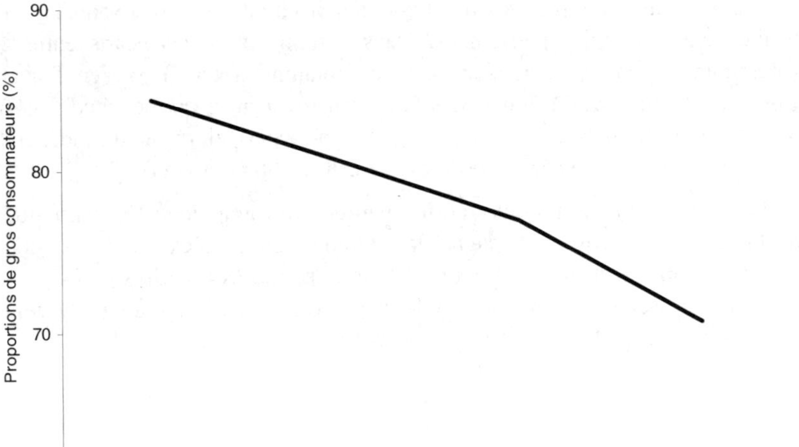

F. Heinderyckx, à partir du sondage Eurobaromètre 44.2*bis*, Commission européenne, 1996.

Les valeurs moyennes européennes semblent indiquer que consulter les médias d'information serait une habitude plus développée dans les grandes villes européennes que dans les campagnes. A l'échelle des pays, la situation est cependant très variée. L'Italie et le Portugal s'inscrivent pleinement dans ce schéma. Par contre en France, aux Pays-Bas et au Royaume-Uni, ce sont les habitants des villages et zones rurales qui se déclarent les plus fidèles aux médias d'information. Ce facteur est pratiquement sans influence en Belgique, en Allemagne, en Irlande et en Suède.

Bien des études antérieures à notre analyse amenèrent des conclusions qui corroborent largement nos observations. Ainsi Roland Cayrol, étudiant le rôle des médias dans les élections européennes de 1979, observait que les femmes, les ouvriers, les jeunes et les progressistes s'étaient montrés, globalement, significativement moins intéressés par la campagne et donc moins curieux des messages correspondant dans les médias [15]. En dehors des « militants de base », les milieux aisés, les possédants, manifestent un intérêt plus marqué pour l'actualité, surtout sociale et politique, car ils sont plus proches du pouvoir et des décideurs. Gabriel Thoveron estime quant à lui que « le bourgeois se sent par vocation participant d'un monde politique auquel l'ouvrier se voit aussi étranger qu'au monde de la culture » [16]. Dans la même direction, une étude menée aux Pays-Bas conclut que les individus de niveau d'éducation élevé présentent des capacités supérieures d'assimilation de l'information écrite qui leur permettent de tirer profit des informations politiques présentées dans les journaux, alors que les moins éduqués bénéficieront davantage de l'information acheminée par la télévision et auront donc tout intérêt à s'informer de cette façon (ou par la lecture de journaux « simples ») [17]. Enfin, ces observations rejoignent en partie celles faites, en 1962, par Voyenne qui estimait que « l'intérêt de la presse croît avec le niveau de vie, le degré d'instruction, le statut social » [18].

6. *Clivage entre le nord et le sud de l'Europe*

L'étude des données par pays a conduit plusieurs fois à constater une rupture plus ou moins nette entre pays du nord et du sud de l'Europe. La consommation cumulée des médias d'information nous en a apporté une nouvelle manifestation. Le phénomène est encore bien plus spectaculaire si l'on ne considère que les gros consommateurs des *trois* médias d'information, comprenez ceux qui, à la fois, regardent les journaux télévisés *et* écoutent les informations à la radio *et* lisent la presse quotidienne tous les jours ou plusieurs fois par semaine (voir graphique 14). Ces véritables « infomanes » ou « médiaphages » dont les habitudes déclarées en matière de médias d'information dénotent une véritable boulimie multi-médiatique d'information représentent plus de deux tiers des Suédois, Danois et Autrichiens, alors qu'ils ne sont que 18 pour cent en Grèce. La rupture entre Espagne, Portugal, France, Italie et Grèce d'une part, le reste de l'Europe d'autre part, est encore plus marquée.

Graphique 14
Gros consommateurs des trois médias d'information

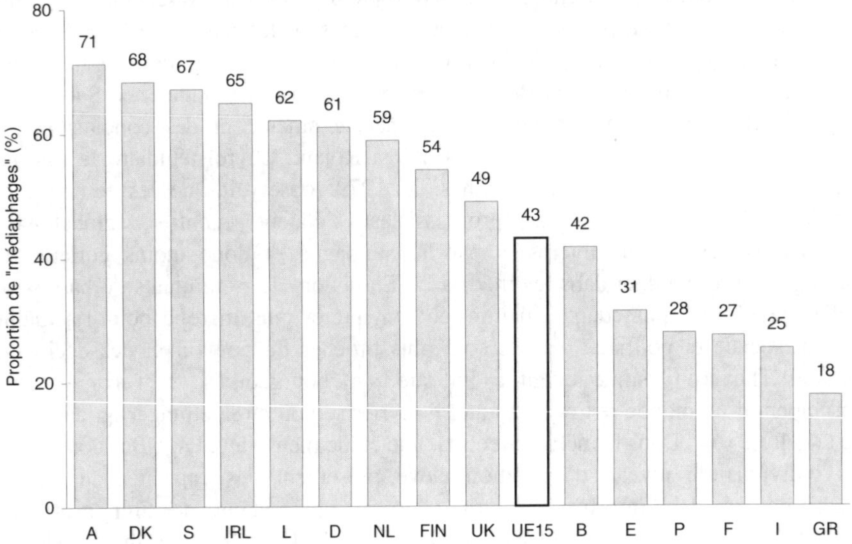

F. Heinderyckx, à partir du sondage Eurobaromètre 44.2*bis*, Commission européenne, 1996.
Coefficient de variation : 36,5 %

Comment expliquer ce clivage si souvent observé entre nord et sud de l'Europe ? Bien des hypothèses sont envisageables. Dans les années soixante, Voyenne évoquait ce qu'il appelait les *facteurs climatiques*. Selon lui, la vie en plein air (et il parle explicitement des « pays méditerranéens ») favorise les relations humaines directes et réduit d'autant l'intérêt pour les médias. Inversement, les climats rudes encouragent le repli sur le foyer et donc la consommation, en famille, de tous les types de médias [19]. Voyenne constate également « une corrélation assez étroite entre un certain niveau culturel, économique ou technique et l'intérêt suscité par les organes de diffusion » [20].

Cette différenciation rejoint quelque peu les travaux gravitant autour de la distinction introduite par Edward Hall entre cultures riches ou pauvres en *contacts*, qui attribuent explicitement la richesse sensorielle associée à une faible distance entre individus au sud et à l'Est de l'Europe, alors que les peuples du nord sont réputés plus distants [21]. Ces hypothèses audacieuses ne manquent pas d'intérêt, mais se révèlent un peu simplistes. De plus, la situation varie considérablement selon le média considéré, si bien que la formulation globale (Voyenne parle de « presse » pour évoquer les médias d'information) constitue une généralisation excessive. Sans doute serait-il plus pertinent d'invoquer des différences dans les niveaux d'éducation notoirement plus élevés au nord qu'au sud, voire des facteurs culturels plus généraux (y compris des rapports à l'écriture ou à l'oralité) associés aux religions dominantes dans les différentes régions d'Europe.

Remarquons encore qu'en matière de consommation cumulée, les valeurs observées en Belgique sont à la fois proches de la moyenne européenne et limitrophes entre celles observées dans les pays du nord et du sud. Ce constat semble conforter l'intuition que, par sa position, la Belgique constitue une zone pivot entre les portions septentrionale et méridionale de l'Europe, pour ne pas dire germano-scandinave et gréco-latine. Il nous faudra cependant nuancer ce point de vue lorsque nous étudierons les différents pays tant il apparaît que les écarts entre le nord et le sud de la Belgique sont parfois importants.

2. Publics nationaux

Le sexe, l'âge et le niveau social apparaissent souvent comme critères discriminants dans la consommation de tel ou tel média d'information, c'est-à-dire que l'attitude varie souvent entre jeunes et âgés, hommes et femmes, etc. Mais les combinaisons observées fluctuent grandement d'un pays à l'autre. En outre, certains pays présentent peu de relief sur la plupart des critères sociodémographiques et affichent une certaine unanimité à consommer intensément ou non les sources médiatiques d'information.

Voyons plus en détails les profils que présentent les différents pays. Nous pourrons ensuite étudier les données sous d'autres perspectives (suivant les ventilations régionale et sociodémographique) afin de mettre à l'épreuve le découpage des publics par nations en le confrontant avec d'autres regroupements.

Tableau 3
Médias d'information : proportions de gros consommateurs, par pays, par média (en pour cent)

	Télévision	Radio	Quotidiens
B	87	70	59
DK	94	83	83
D	89	72	83
GR	92	31	44
E	90	53	50
FIN	93	65	84
F	79	48	54
IRL	89	87	74
I	95	34	64
L	87	77	79
NL	94	71	83
A	91	87	84
P	94	55	41
S	91	77	89
UK	92	65	74
UE15	90	58	68

F. Heinderyckx, à partir du sondage Eurobaromètre 44.2*bis*, Commission européenne, 1996.

Graphique 15
Médias d'information :
proportions de gros consommateurs, par pays, par médias

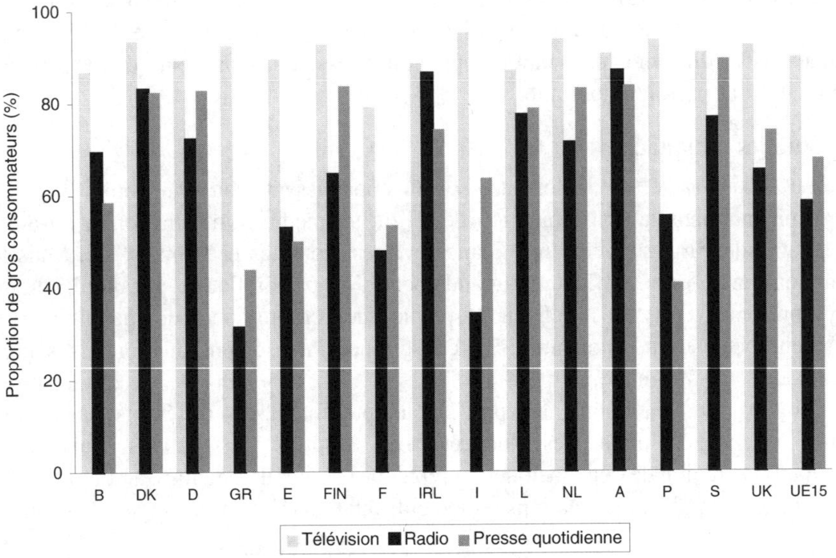

F. Heinderyckx, à partir du sondage Eurobaromètre 44.2*bis*, Commission européenne, 1996.

Les trois médias étudiés ne constituent pas un système de « vases communicants » : la surconsommation d'un média (au sens de consommation supérieure à la moyenne) ne se fait pas au détriment d'un autre, et inversement (voir tableau 3). La visualisation (graphique 15) suggère clairement qu'il existe autant de situations que de pays, même si certains schémas se répètent éventuellement.

Le graphique 16 offre une autre visualisation des situations par pays. L'ordre de présentation suit (dans le sens des aiguilles d'une montre) l'ordre décroissant des valeurs observées pour l'indice de consommation cumulée des trois médias (voir p. 26). On constate immédiatement que la courbe correspondant aux journaux télévisés apparaît presque comme un polygone régulier englobant largement les autres, manifestant une consommation uniformément élevée. Les deux autres courbes décrivent des figures très irrégulières, s'entrecroisent abondamment, signalant des situations très différentes d'un pays à l'autre, certains consommant plus de journaux parlés que de quotidiens, d'autres présentant la situation inverse. Ces deux dernières courbes sont également fort décentrées vers la droite, concrétisant la forte consommation cumulée observée dans les pays apparaissant sur les axes figurant à droite du diagramme.

Graphique 16
Médias d'information : proportions de gros consommateurs, par pays, par média (en pour cent)

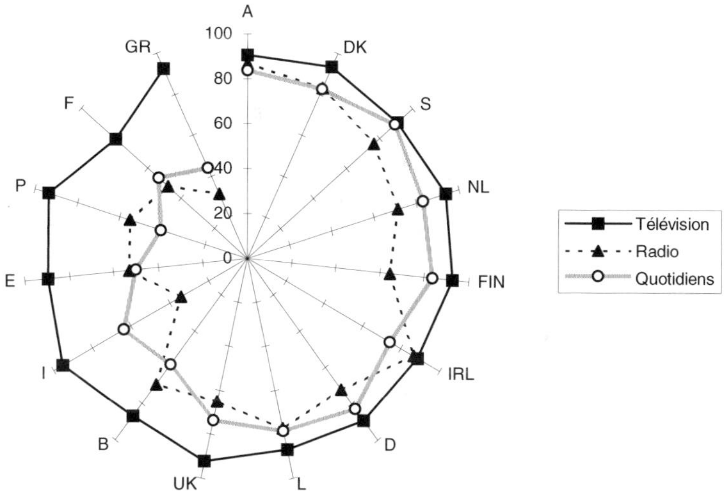

F. Heinderyckx, à partir du sondage Eurobaromètre 44.2*bis*, Commission européenne, 1996.

Étudions d'un peu plus près la situation dans chaque pays, en respectant la séquence conventionnelle des pays dans les institutions européennes [22]. Les commentaires suivants tentent de dégager les éléments saillants de l'analyse par pays. Les données complètes par pays figurent en annexe.

1. Belgique

Les valeurs observées en Belgique sont assez proches de la moyenne européenne. Les hommes y sont significativement plus portés vers les médias d'information que les femmes, particulièrement pour la presse quotidienne (65 contre 53 pour cent) et la consommation cumulée (82 contre 76).

Le recours aux médias d'information augmente régulièrement avec l'âge, sauf pour la radio que les Belges de plus de 55 ans écoutent un peu moins que leurs cadets. La pente de la courbe relative aux quotidiens illustre une désaffection spectaculaire des jeunes Belges. Ceux-ci se révèlent aussi, aux côtés des jeunes Français et Irlandais, les moins fervents amateurs de journaux télévisés.

Le statut professionnel est particulièrement discriminant en Belgique, surtout pour les journaux télévisés (93 pour cent des pensionnés contre à peine 65 pour cent des étudiants) et les quotidiens (82 pour cent des cadres supérieurs contre 40 pour cent des étudiants). Les étudiants belges sont, après les Français, les moins habitués à la lecture de la presse quotidienne. Ils sont également, tous pays et tous groupes confondus, les moins fidèles aux journaux télévisés (65 pour cent).

Graphique 17
Belgique : tranches d'âge

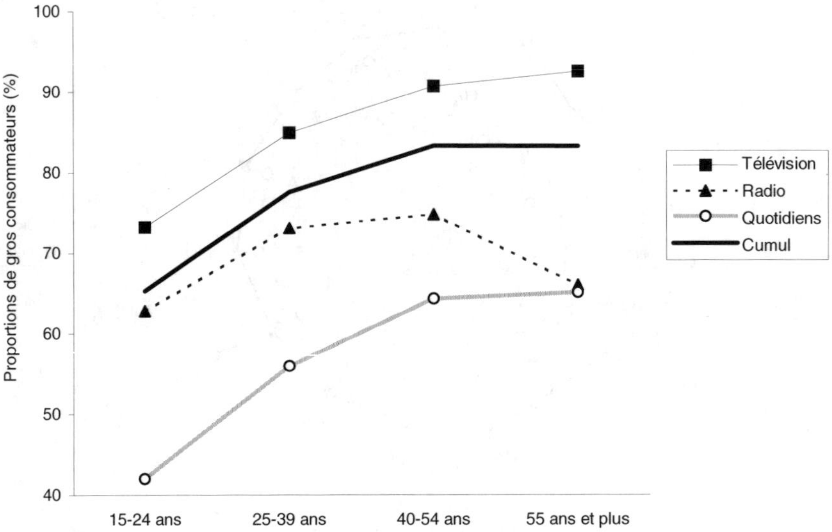

F. Heinderyckx, à partir du sondage Eurobaromètre 44.2*bis*, Commission européenne, 1996.

Les liens avec le niveau de revenu ou le type d'habitat sont peu marqués en Belgique. Par contre, des écarts sont observés entre régions : proportions de gros consommateurs moins élevées en Wallonie, propension plus importante à lire les quotidiens à Bruxelles, alors que la radio remporte un succès plus marqué en Flandre.

Tableau 4
Belgique : régions (en pour cent)

	Télévision	Radio	Quotidiens	Cumul
Flandre	89	73	59	81
Bruxelles	83	67	62	77
Wallonie	85	65	57	75
Belgique	87	70	59	79

F. Heinderyckx, à partir du sondage Eurobaromètre 44.2*bis*, Commission européenne, 1996.

2. *Danemark*

On ne distingue pratiquement pas de différence de comportement entre Danois et Danoises. Par contre, l'âge s'impose comme critère déterminant. Les pentes marquées et similaires pour les trois médias (voir graphique 18) montrent une corrélation directe entre âge et consommation de médias d'information. Tous pays et toutes tranches d'âges confondus, les Danois de 55 ans et plus sont les plus fidèles aux journaux télévisés (98 pour cent) et ne sont surclassés, pour les quotidiens, que par les Suédois et, pour la radio, que par les Irlandais et les Autrichiens, si bien qu'au total, ils se révèlent les plus grands amateurs de médias d'information d'Europe (98 pour cent de consommation cumulée).

Graphique 18
Danemark : tranches d'âge

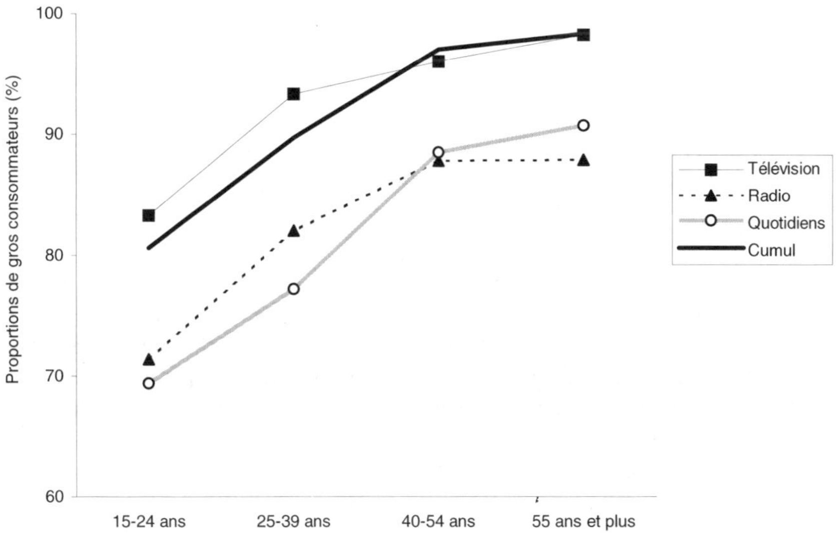

F. Heinderyckx, à partir du sondage Eurobaromètre 44.2*bis*, Commission européenne, 1996.

De tous les groupes que nous distinguons en Europe à partir de la nationalité et de tous les critères sociodémographiques, les pensionnés danois présentent la plus forte proportion de gros consommateurs de journaux télévisés de toute l'Europe (98 pour cent). Ils se disputent le statut de plus informés avec les indépendants. Les étudiants danois se révèlent nettement moins portés sur les médias d'information, mais dans des proportions encore bien au dessus de la moyenne européenne. Les Danois se montrent également significativement contraints par leurs ressources financières (voir graphique 19) et ce pour les trois médias considérés.

Graphique 19
Danemark : revenus

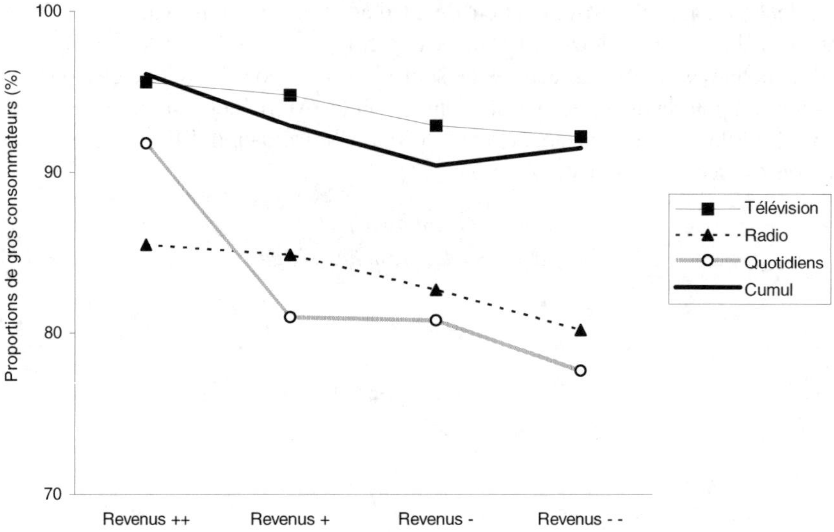

F. Heinderyckx, à partir du sondage Eurobaromètre 44.2*bis*, Commission européenne, 1996.

L'assiduité semble également plus marquée dans les villages et en milieu rural que dans les villes. Cette différence est particulièrement marquée pour la radio qui rassemble 91 pour cent d'assidus dans les campagnes et à peine plus de 80 dans les villes. Cette tendance est inhabituelle et fait des Danois des campagnes les plus grands amateurs d'informations radiophoniques d'Europe (à peine 57 pour cent de moyenne pour l'Europe).

La ventilation par régions montre assez peu de contraste, même si la Fionie affiche les plus fortes valeurs sur les trois médias.

Tableau 5
Danemark : régions (en pour cent)

	Télévision	Radio	Quotidiens	Cumul
Copenhague	92	83	84	93
Sjaeland, Lolland, Falster et Bornholm	92	85	81	93
Fionie	96	89	86	96
Jutland	94	82	82	91
Danemark	94	83	83	92

F. Heinderyckx, à partir du sondage Eurobaromètre 44.2*bis*, Commission européenne, 1996.

3. *Allemagne*

L'Allemagne montre peu de contraste entre hommes et femmes, mais bien selon les âges (voir graphique 20). Seule la radio, d'ailleurs nettement moins appréciée des Allemands, ne connaît pas de croissance liée à l'âge.

Graphique 20
Allemagne : tranches d'âge

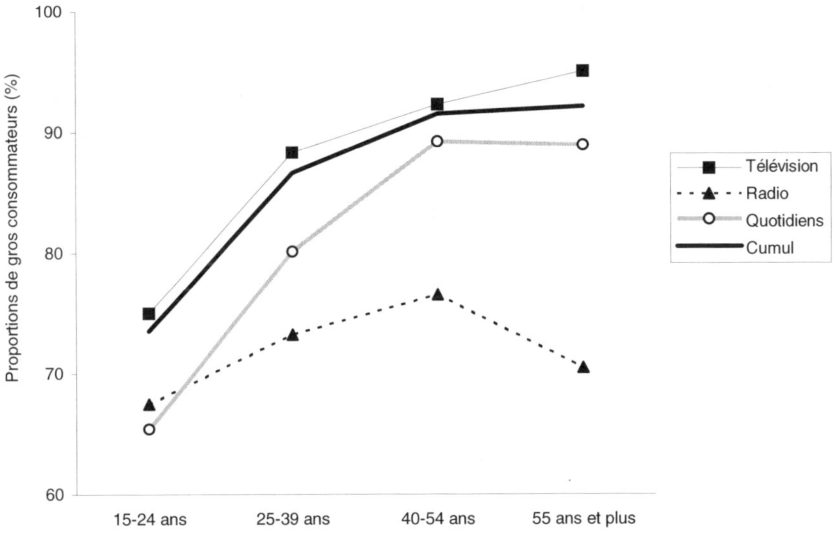

F. Heinderyckx, à partir du sondage Eurobaromètre 44.2*bis*, Commission européenne, 1996.

Les hommes sont systématiquement plus nombreux à recourir aux médias d'information, mais dans des proportions peu importantes compte tenu du niveau général très élevé. Le statut professionnel est surtout déterminant sur la consommation de journaux télévisés : 24 points de pour cent séparent les pensionnés des étudiants (voir graphique 21).

Les revenus exercent une influence peu marquée, excepté pour la presse quotidienne pour laquelle la proportion de lecteurs assidus varie de 76 à 87 pour cent entre les revenus les plus faibles et les plus élevés. Le type d'habitat n'intervient de façon significative pour aucun des médias. En fait, le coefficient de variation (notre paramètre de dispersion) des données allemandes sur ce critère est systématiquement parmi les plus bas d'Europe, démontrant une homogénéité de comportement entre Allemands des campagnes, des petites et des grandes villes.

Graphique 21
Allemagne : télévision et statut professionnel

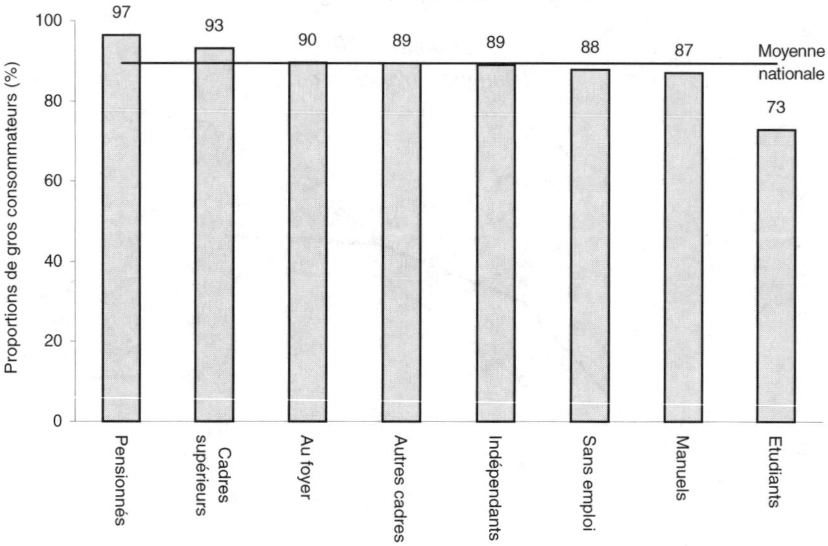

F. Heinderyckx, à partir du sondage Eurobaromètre 44.2*bis*, Commission européenne, 1996.

Les valeurs ventilées par région demandent un examen particulier pour ce pays. D'une part, les données allemandes sont ventilées en treize régions, c'est-à-dire plus que pour tout autre pays. On ne doit toutefois pas craindre des effectifs trop réduits puisque, rappelons-le, l'échantillon total pour l'Allemagne approche les dix mille individus. Mais cet examen est surtout crucial car il permet de mesurer d'éventuels clivages entre les régions qui, avant l'unification, se trouvaient de part et d'autre du rideau de fer.

On constate peu de différence entre les valeurs observées pour les deux entités unifiées, si ce n'est une propension légèrement plus marquée à écouter les informations à la radio dans les régions de l'Est. Les écarts entre régions allemandes sont souvent bien moins importants que ceux constatés à l'intérieur de pays dont on ne songerait pas à contester le caractère unitaire. Notons cependant les 90 pour cent d'amateurs de journaux parlés en Mecklenbourg et les 80 pour cent en Hesse soit sensiblement plus que la moyenne allemande (72 pour cent).

Tableau 6
Allemagne : régions (en pour cent)

	Télévision	Radio	Quotidiens	Cumul
Schleswig-Holstein, Hambourg, Basse-Saxe, Brême	91	72	85	90
Rhénanie du Nord-Westphalie	89	69	81	85
Hesse	92	80	84	92
Rhénanie-Palatinat et Sarre	91	63	77	86
Bade Wurtemberg	85	68	80	84
Bavière	88	74	84	87
Berlin Ouest	88	73	80	90
Ex-All. Ouest	89	71	82	88
Berlin Est	89	69	82	88
Mecklenbourg	92	90	87	93
Brandebourg	87	74	82	86
Saxe-Anhalt	93	76	89	92
Thuringe	89	75	86	86
Saxe	92	79	87	92
Ex-All. Est	90	77	85	90
Allemagne	89	72	83	88

F. Heinderyckx, à partir du sondage Eurobaromètre 44.2*bis*, Commission européenne, 1996.

4. Grèce

La Grèce présente un profil très particulier qui détonne dans le paysage européen des consommateurs de médias d'information. Nettement dans le peloton de tête en ce qui concerne les journaux télévisés, les Grecs délaissent par contre clairement la presse quotidienne (à peine 44 pour cent) et surtout la radio pour laquelle la proportion de gros consommateurs (31 pour cent) est la plus basse d'Europe.

Remarquable également la grande hétérogénéité des comportements à travers la population grecque et ce pour à peu près tous les critères de différenciation sociodémographique retenus dans notre étude, sauf en ce qui concerne la télévision que les Grecs consomment en abondance et, apparemment, assez uniformément.

Les hommes sont beaucoup plus nombreux à se déclarer habitués des informations radio et des quotidiens (voir graphique 22).

Graphique 22
Grèce : clivage hommes — femmes

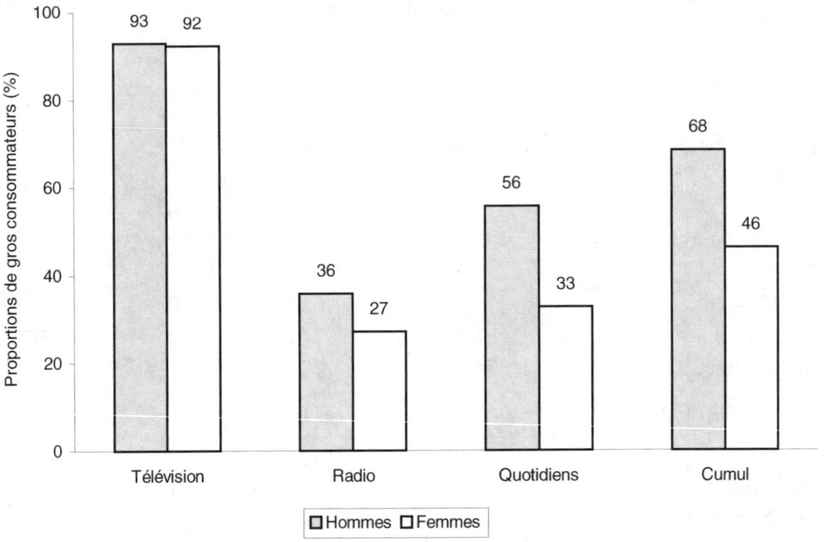

F. Heinderyckx, à partir du sondage Eurobaromètre 44.2*bis*, Commission européenne, 1996.

La répartition par tranches d'âge montre un intérêt grandissant des 15-24 ans aux 25-39 ans, puis une stabilisation et, enfin, une perte d'intérêt auprès des 55 ans et plus, comme le suggèrent les courbes en accent circonflexe du graphique 23. Seule la télévision échappe à ce phénomène très tranché.

Graphique 23
Grèce : tranches d'âge

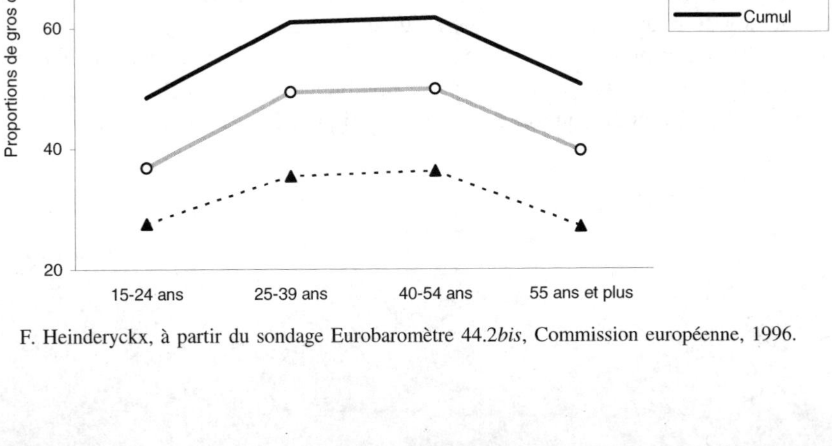

F. Heinderyckx, à partir du sondage Eurobaromètre 44.2*bis*, Commission européenne, 1996.

Les différents statuts professionnels présentent également des profils très contrastés. Les plus assidus aux journaux télévisés sont les cadres supérieurs (96 pour cent), alors que les étudiants ne sont que 85 pour cent. Mais les écarts sont bien plus marqués pour la radio et la presse quotidienne (voir graphique 24).

Graphique 24
Grèce : radio et quotidiens par statuts professionnels

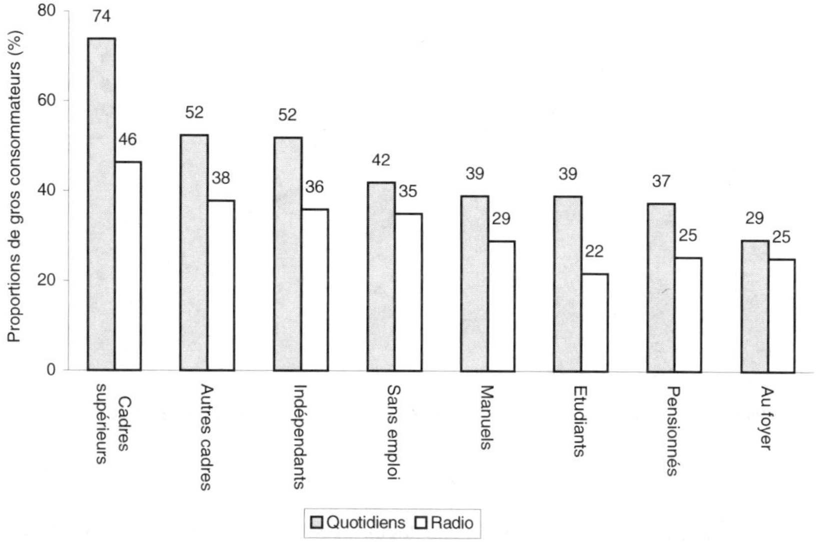

F. Heinderyckx, à partir du sondage Eurobaromètre 44.2*bis*, Commission européenne, 1996.

On trouve en Grèce plus de deux fois plus de cadres supérieurs que de pensionnés ou de personnes au foyer lisant régulièrement un quotidien. Les proportions sont à peine moindres concernant les informations à la radio. Cette diversité se double d'une corrélation nette entre consommation de ces mêmes médias et niveau de revenus du ménage (voir graphique 25).

La pente des trois courbes correspondant à la radio, aux quotidiens et à la consommation cumulée témoigne de l'ampleur du lien et des écarts. Les moins nantis ne sont que 31 pour cent à lire régulièrement un quotidien (contre 56 pour cent des Grecs aux revenus les plus élevés) et 21 pour cent à écouter régulièrement les informations à la radio (contre 41 des nantis), soit pratiquement un rapport du simple au double dans les deux cas.

La radio est nettement plus répandue comme moyen d'information dans les grandes villes (43 pour cent) que dans les petites villes et les campagnes (24 et 23 pour cent). Les quotidiens se lisent davantage en milieu urbain (47 pour cent) qu'en milieu rural (38 pour cent).

Graphique 25
Grèce : revenus

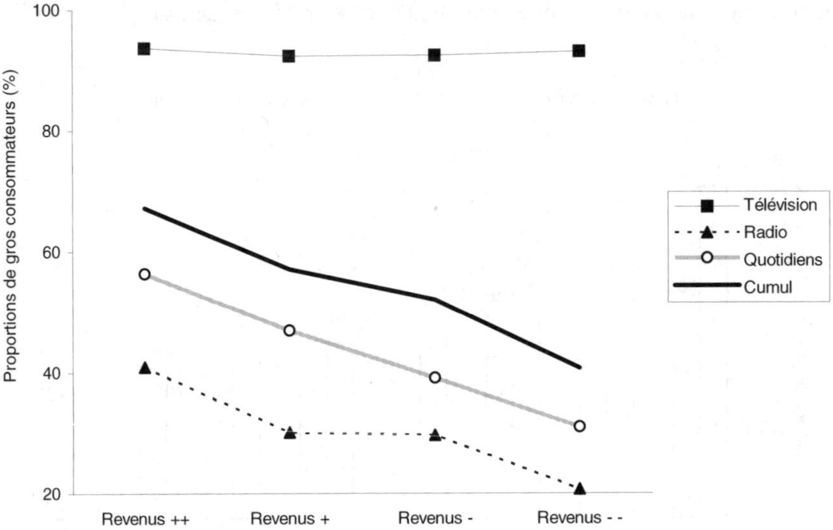

F. Heinderyckx, à partir du sondage Eurobaromètre 44.2bis, Commission européenne, 1996.

Les valeurs supérieures observées dans le Centre pour la radio et la consommation cumulée s'expliquent largement par la présence dans cette région de la capitale Athènes. Notons également la spectaculaire sous-consommation d'informations radiophoniques dans le Nord : avec 17 pour cent à peine de gros consommateurs, le nord de la Grèce est la région et même le groupe, tous pays, tous critères confondus, le plus réticent à ce mode d'information.

Tableau 7
Grèce : régions (en pour cent)

	Télévision	Radio	Quotidiens	Cumul
Nord	95	17	47	53
Centre	91	39	42	58
Sud et est	91	33	44	49
Grèce	93	31	44	55

F. Heinderyckx, à partir du sondage Eurobaromètre 44.2*bis*, Commission européenne, 1996.

5. *Espagne*

Les Espagnols ne sont pas de gros consommateurs d'information. Ils se situent au niveau de la moyenne européenne pour les journaux télévisés, mais nettement en dessous pour les autres indices. C'est particulièrement le cas pour la presse écrite puisqu'à peine un Espagnol sur deux lit régulièrement un quotidien (contre deux sur trois en moyenne en Europe).

Hommes et femmes présentent des profils contrastés, sauf pour la télévision (voir graphique 26). La différence est particulièrement marquée pour la presse quotidienne.

Graphique 26
Espagne : hommes et femmes

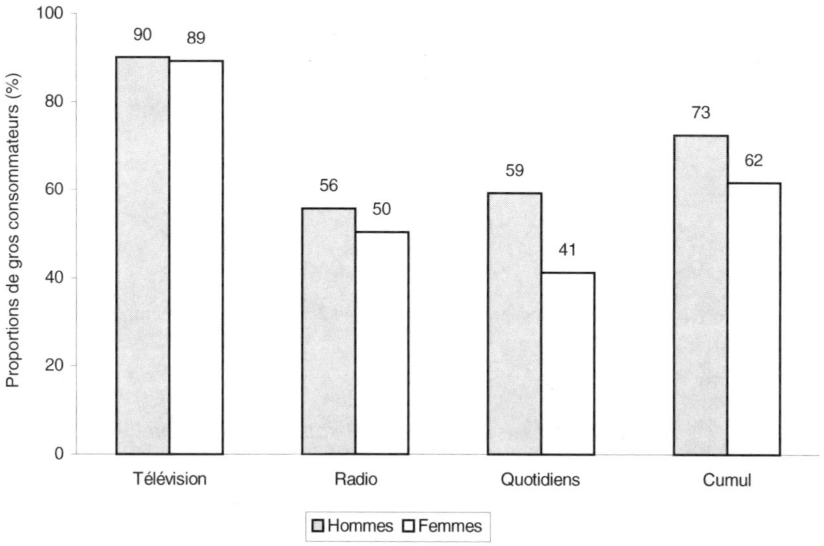

F. Heinderyckx, à partir du sondage Eurobaromètre 44.2*bis*, Commission européenne, 1996.

L'approche par tranches d'âge (voir graphique 27) montre une progression de la consommation de journaux télévisés, alors que pour les autres médias les valeurs augmentent avec l'âge pour culminer chez les 25-54 ans, avant de régresser significativement chez les 55 ans et plus. Cette régression prend des allures d'effondrement pour la presse quotidienne. Dans l'ensemble donc, et c'est assez inhabituel pour le souligner, les Espagnols de 55 ans et plus sont moins portés sur la radio et la presse quotidienne que toutes les autres tranches d'âge.

Le statut professionnel exerce une influence non négligeable, particulièrement en ce qui concerne la lecture de presse quotidienne (voir graphique 28). Les cadres supérieurs sont plus de deux fois plus nombreux à lire régulièrement le journal que les pensionnés ou les personnes au foyer. Les cadres supérieurs sont également les plus fidèles auditeurs des journaux parlés, si bien qu'ils se révèlent dans l'ensemble comme les plus enclins à la consommation cumulée des médias d'information (87 pour cent contre une moyenne pour l'Espagne de 67 pour cent).

Graphique 27
Espagne : tranches d'âge

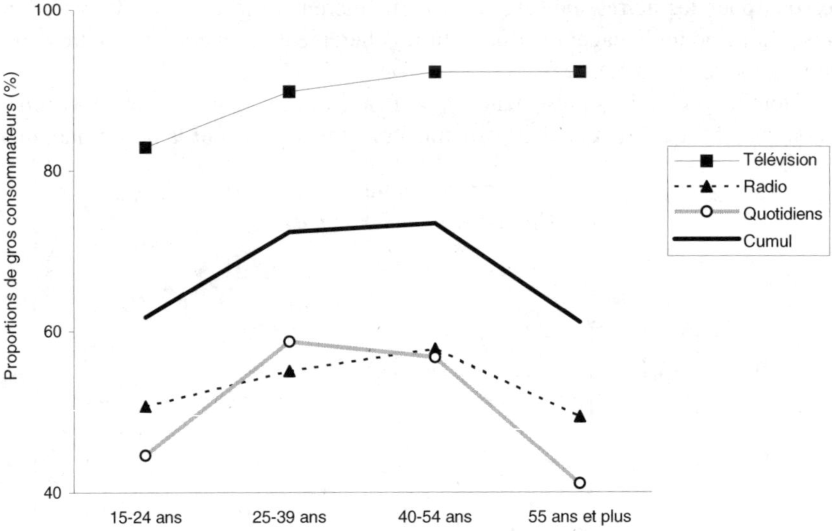

F. Heinderyckx, à partir du sondage Eurobaromètre 44.2*bis*, Commission européenne, 1996.

Graphique 28
Espagne : presse quotidienne et statut professionnel

F. Heinderyckx, à partir du sondage Eurobaromètre 44.2*bis*, Commission européenne, 1996.

L'information par la radio et surtout par la presse quotidienne ou par plusieurs médias est nettement liée aux revenus comme le montrent les pentes importantes du graphique 29.

Graphique 29
Espagne : revenus

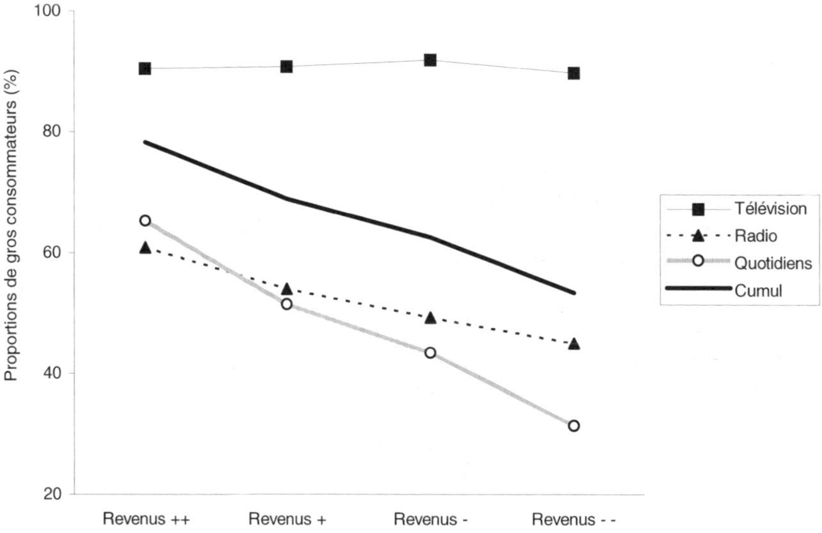

F. Heinderyckx, à partir du sondage Eurobaromètre 44.2*bis*, Commission européenne, 1996.

Tableau 8
Espagne : régions (en pour cent)

	Télévision	Radio	Quotidiens	Cumul
Galice	93	58	64	76
Nord	95	60	66	82
Nord-Est	87	69	66	79
Aragon-La Rioja	92	59	47	69
Madrid	90	57	48	69
Centre	89	45	46	60
Catalogne	93	52	59	73
Est	90	50	41	61
Sud	89	53	41	62
Canaries	72	36	41	49
Espagne	90	53	50	67

F. Heinderyckx, à partir du sondage Eurobaromètre 44.2*bis*, Commission européenne, 1996.

L'écoute des informations radiophoniques et la lecture des journaux sont plus répandues dans les villes que dans les campagnes. L'Espagne révèle également d'importants contrastes inter-régionaux (voir tableau 8). Le succès de la radio est marqué dans le Nord-Est, beaucoup plus que dans le Centre ou dans les Canaries. La lecture de la presse quotidienne de même que la consommation cumulée sont clairement plus développées dans le nord du pays (Nord, Nord-Est, Galice et Catalogne).

6. Finlande

Les Finlandais présentent des proportions de gros consommateurs de médias d'information assez proches des moyennes européennes, sauf pour la presse quotidienne pour laquelle ils figurent dans le peloton de tête. Les hommes se déclarent plus assidus que les femmes, mais la différence est de faible ampleur.

L'assiduité augmente avec l'âge (voir graphique 30), particulièrement pour la radio et moyennant une légère baisse pour la presse quotidienne chez les 55 ans et plus. Les valeurs proches des indices relatifs aux journaux télévisés et au cumul de plusieurs médias pour les plus de 40 ans indiquent que la quasi-totalité des fidèles téléspectateurs des journaux télévisés de cette tranche d'âge consomment également assidûment d'autres médias d'information.

Graphique 30
Finlande : tranches d'âge

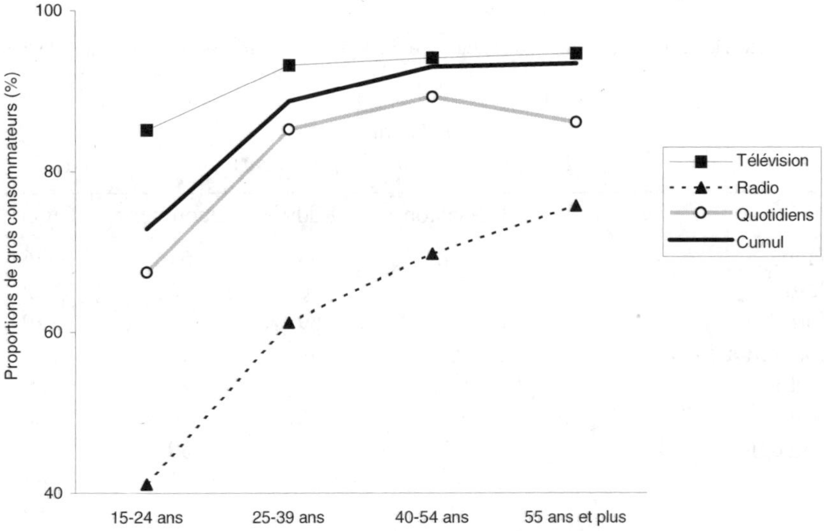

F. Heinderyckx, à partir du sondage Eurobaromètre 44.2*bis*, Commission européenne, 1996.

Le statut professionnel s'avère surtout déterminant sur l'habitude d'écouter les informations à la radio (voir graphique 31). Les pensionnés figurent en tête des auditeurs fidèles aux côtés des indépendants alors que les sans emploi et surtout les étudiants ont nettement moins recours à ce média.

Graphique 31
Finlande : radio et statut professionnel

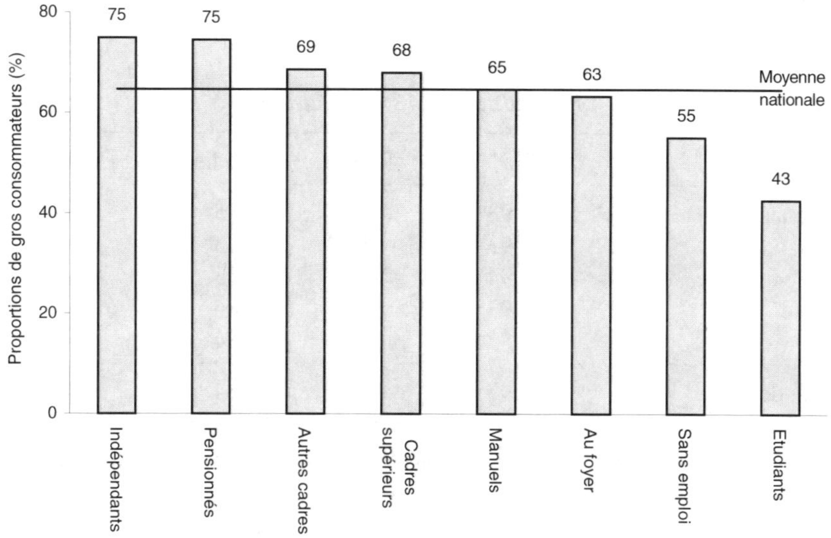

F. Heinderyckx, à partir du sondage Eurobaromètre 44.2*bis*, Commission européenne, 1996.

Graphique 32
Finlande : revenus

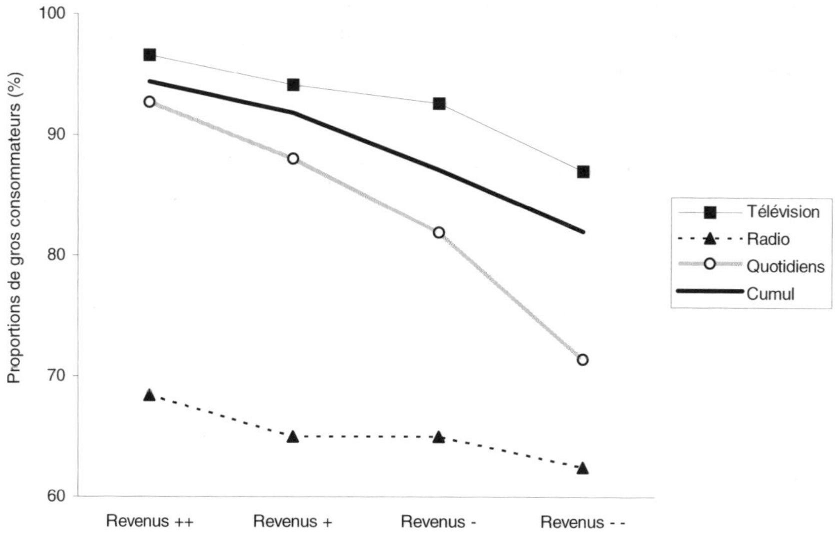

F. Heinderyckx, à partir du sondage Eurobaromètre 44.2*bis*, Commission européenne, 1996.

L'impact des revenus (voir graphique 32) est marginal pour la radio, mais nettement marqué pour la télévision et surtout pour la presse quotidienne que 71 pour cent des Finlandais à faibles revenus lisent régulièrement, contre 93 pour cent des plus aisés.

La radio est plus sollicitée dans les campagnes (69 pour cent) que dans les grandes villes (57 pour cent) alors que pour les quotidiens, la tendance est inverse (83 contre 87 pour cent). Les valeurs sont par contre assez stables d'une région à l'autre (voir tableau 9).

Tableau 9
Finlande : régions (en pour cent)

	Télévision	Radio	Quotidiens	Cumul
Uusimaa	93	58	85	89
Sud	93	67	83	89
Est	94	68	83	91
Centre	93	68	86	89
Nord	87	63	84	86
Finlande	93	65	84	89

F. Heinderyckx, à partir du sondage Eurobaromètre 44.2*bis*, Commission européenne, 1996.

7. *France*

La France présente un profil qui la rattache aux pays du sud de l'Europe tant les indices traduisent une assez faible propension à recourir aux médias d'information. Moins de deux tiers des Français consomment régulièrement plusieurs médias d'information. A peine plus d'un sur deux lisent assidûment la presse quotidienne, moins d'un sur deux écoutent souvent les informations à la radio et les modestes 79 pour cent d'accros du journal télévisé les classent même à la dernière place européenne pour ce média.

Les hommes sont légèrement plus portés sur les médias d'information que les femmes, mais l'âge s'avère nettement plus déterminant (voir graphique 33). Les proportions de gros consommateurs augmentent avec une remarquable linéarité en fonction de l'âge, à l'exception d'un léger tassement des valeurs relatives à la radio pour les 55 ans et plus.

Graphique 33
France : tranches d'âge

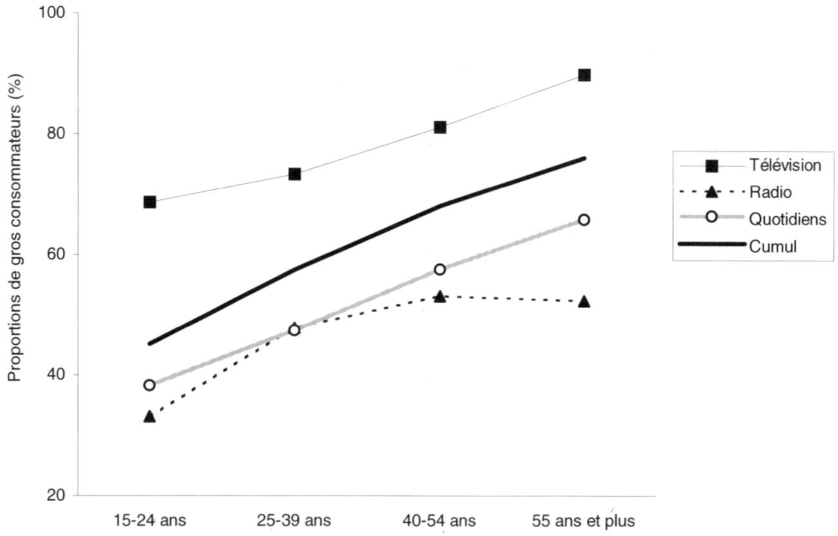

F. Heinderyckx, à partir du sondage Eurobaromètre 44.2*bis*, Commission européenne, 1996.

Graphique 34
France : consommation cumulée et statut professionnel

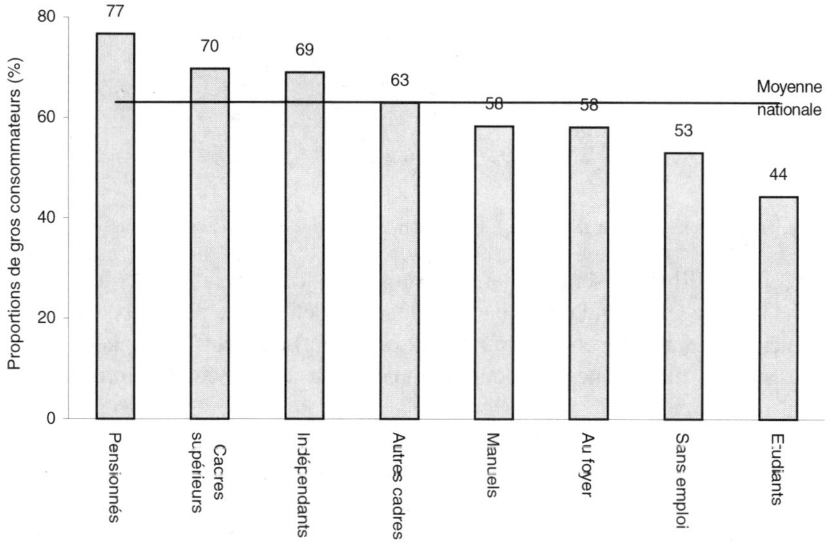

F. Heinderyckx, à partir du sondage Eurobaromètre 44.2*bis*, Commission européenne, 1996.

Des différences considérables se font jour en comparant les statuts professionnels, en particulier pour la radio (34 pour cent des sans emploi contre 62 pour cent des cadres supérieurs), pour les quotidiens (35 pour cent des étudiants contre 66 pour cent des pensionnés) et pour la consommation cumulée de médias d'information (voir graphique 34). De tous les Français, ce sont donc les pensionnés qui se déclarent les plus fervents amateurs de médias d'information, davantage même que les cadres supérieurs pourtant nettement en tête en moyenne en Europe.

Les revenus financiers des Français n'ont qu'un impact modéré sur leurs habitudes de consommation de médias d'information (voir graphique 35). Atypiquement, c'est pour la radio que ce facteur est le plus marqué.

Graphique 35
France : revenus

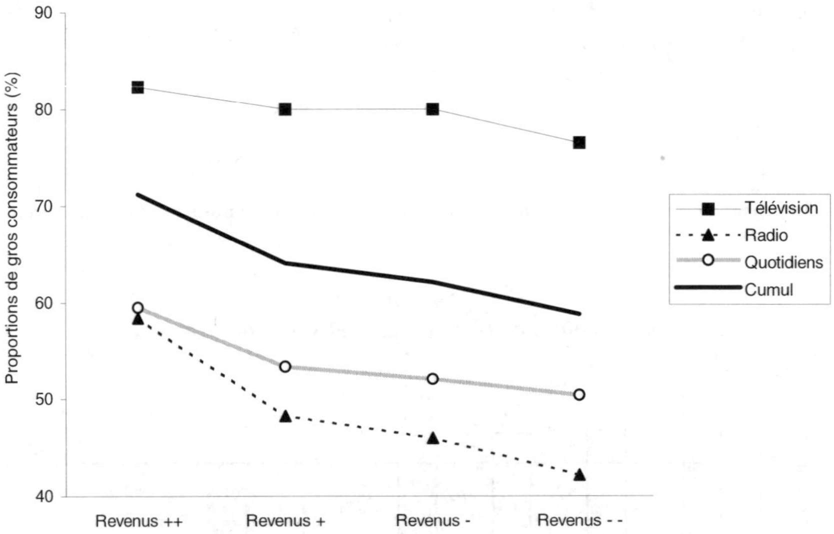

F. Heinderyckx, à partir du sondage Eurobaromètre 44.2*bis*, Commission européenne, 1996.

L'effet de l'habitat semble marginal sur l'attirance pour la radio et les quotidiens comme médias d'information. Par contre, la fidélité aux journaux télévisés est nettement plus marquée en zone rurale (82 pour cent) que dans les grandes villes (75 pour cent), de même que le recours cumulé à plusieurs médias d'information (67 contre 62 pour cent).

Les différences entre régions sont surtout sensibles pour les quotidiens et la consommation cumulée (voir tableau 10). Les habitants de la région parisienne ne se manifestent pas par une ferveur particulière pour les journaux télévisés. Ils détiennent même le record de la plus basse proportion d'assidus de toutes les régions d'Europe (71 pour cent). Le nord du pays semble plus porté sur la radio que le sud, les habitants de l'est et l'ouest lisent plus volontiers la presse quotidienne et, au total, ce sont les habitants de l'ouest du pays qui s'informent le plus régulièrement par les voies médiatiques.

Tableau 10
France : régions (en pour cent)

	Télévision	Radio	Quotidiens	Cumul
Ile-de-France	71	43	51	56
Bassin Parisien	83	49	55	67
Nord-Pas-de-Calais	83	50	49	62
Est	79	55	61	70
Ouest	86	55	65	74
Sud-Ouest	82	45	50	61
Centre-Est	76	45	50	59
Méditerranée	77	44	47	58
France	79	48	54	63

F. Heinderyckx, à partir du sondage Eurobaromètre 44.2*bis*, Commission européenne, 1996.

8. Irlande

L'Irlande présente des proportions de gros consommateurs de médias d'information supérieures à la moyenne européenne, en particulier pour les informations à la radio que 87 pour cent des Irlandais écoutent régulièrement (contre 58 pour cent en moyenne en Europe).

Le clivage entre hommes et femmes est quasi inexistant en Irlande. Tout au plus constate-t-on que 76 pour cent des hommes lisent régulièrement un journal contre 73 pour cent des femmes. La différenciation la plus marquée est observée en fonction de l'âge (voir graphique 36). Les proportions d'amateurs de télévision, de radio et de plusieurs médias d'information sont presque confondues pour les deux premières tranches d'âge et connaissent une progression fulgurante de l'une à l'autre. L'évolution se ralentit ensuite, surtout pour la radio, mais les trois proportions sont à nouveau très proches chez les 55 ans et plus. La presse quotidienne connaît un profil en accent circonflexe beaucoup plus traditionnel, avec un maximum de lecteurs réguliers parmi les 40 à 54 ans.

Les journaux télévisés sont beaucoup plus appréciés des cadres supérieurs (97 pour cent) que des sans emploi ou des étudiants (respectivement 84 et 68 pour cent). La lecture de la presse quotidienne semble encore plus marquée par le statut professionnel (voir graphique 37). Les cadres s'imposent encore une fois comme les plus assidus, alors que les étudiants et les sans emploi ferment la marche.

Graphique 36
Irlande : tranches d'âge

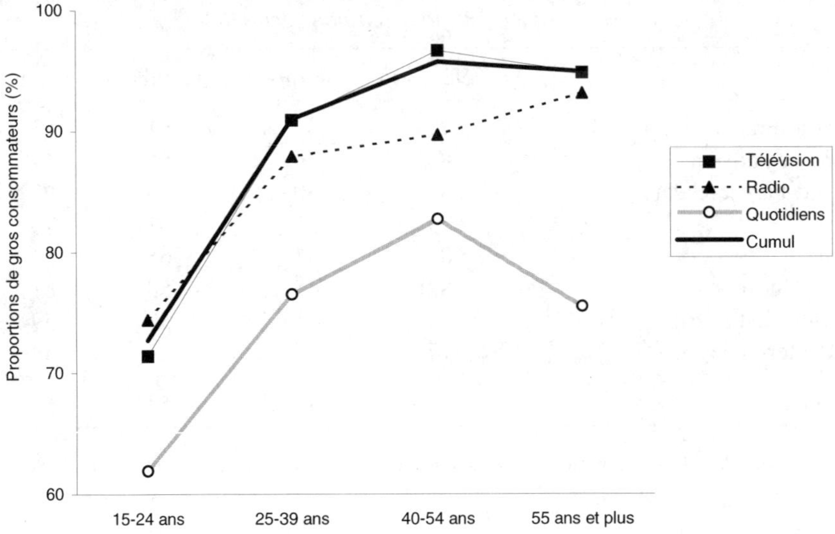

F. Heinderyckx, à partir du sondage Eurobaromètre 44.2*bis*, Commission européenne, 1996.

Graphique 37
Irlande : presse quotidienne et statut professionnel

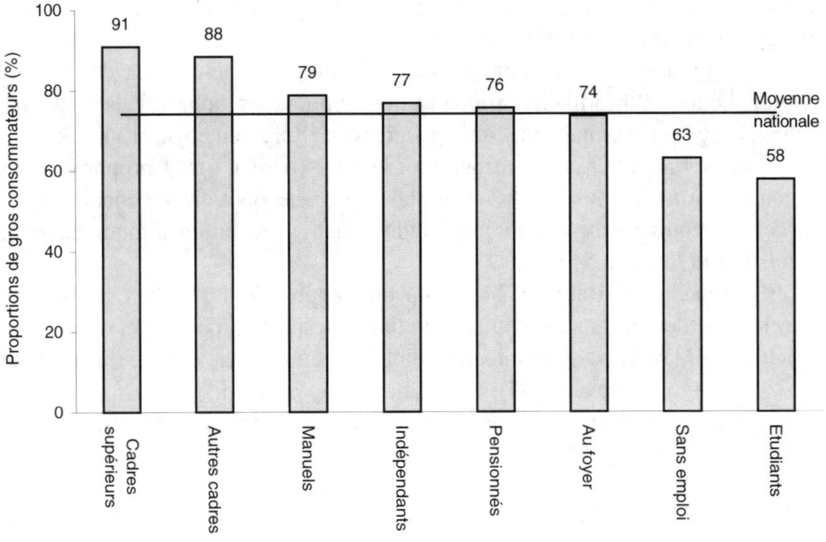

F. Heinderyckx, à partir du sondage Eurobaromètre 44.2*bis*, Commission européenne, 1996.

La lecture des quotidiens est par ailleurs directement liée au niveau des revenus : de 64 pour cent pour les moins nantis à 89 pour cent pour les plus fortunés. Les autres médias ne montrent que peu ou pas de lien avec ce paramètre. Les quotidiens sont également plus lus dans les grandes villes (81 pour cent) que dans les petites villes ou les campagnes (respectivement 72 et 69 pour cent). Enfin, les valeurs comparées entre régions varient surtout pour la presse quotidienne (voir tableau 11).

Tableau 11
Irlande : régions (en pour cent)

	Télévision	Radio	Quotidiens	Cumul
Dublin	87	84	80	86
Leinster (sauf Dublin)	89	84	71	88
Munster	89	89	77	90
Connaught et Ulster	90	90	66	91
Irlande	89	87	74	89

F. Heinderyckx, à partir du sondage Eurobaromètre 44.2*bis*, Commission européenne, 1996.

9. Italie

Avec 95 pour cent de gros consommateurs, les Italiens sont les plus grands amateurs d'information télévisée d'Europe. Par contre, ils se disputent avec les Grecs le titre des moins assidus aux journaux parlés (un tiers à peine des Italiens écoutent régulièrement les informations à la radio). Entre ces deux positions extrêmes, l'Italie présente une proportion de fidèles lecteurs de la presse quotidienne assez proche de la moyenne européenne (environ deux tiers).

Si l'on excepte les journaux télévisés, hommes et femmes offrent des profils très différents en Italie (voir graphique 38).

La consommation de journaux télévisés augmente légèrement et constamment avec l'âge, alors que la presse quotidienne et la consommation cumulée suivent une courbe classique en cloche (voir graphique 39). Le recours aux informations diffusées par la radio stagne jusqu'à 40 ans pour ensuite décroître régulièrement.

Le statut professionnel constitue un autre axe différenciateur important pour la radio et les quotidiens (voir graphique 40). Le clivage est ici très net entre les professionnellement inactifs (personnes au foyer, pensionnés, sans emploi et étudiants) peu portés sur les médias d'information et les autres.

Graphique 38
Italie : hommes et femmes

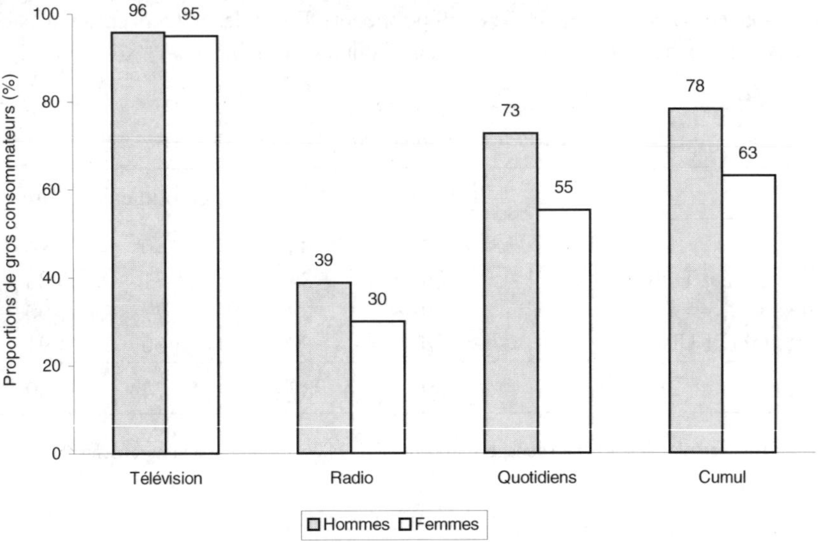

F. Heinderyckx, à partir du sondage Eurobaromètre 44.2*bis*, Commission européenne, 1996.

Graphique 39
Italie : tranches d'âge

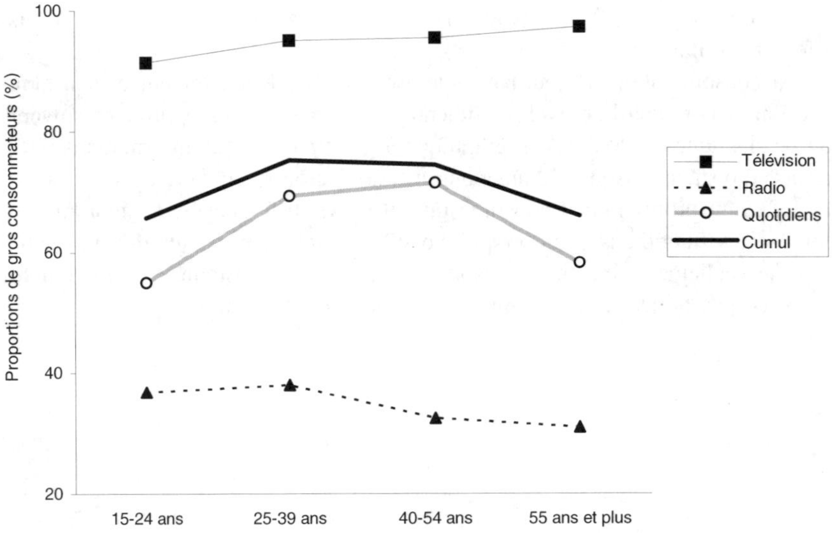

F. Heinderyckx, à partir du sondage Eurobaromètre 44.2*bis*, Commission européenne, 1996.

Graphique 40
Italie : quotidiens, radio et statut professionnel

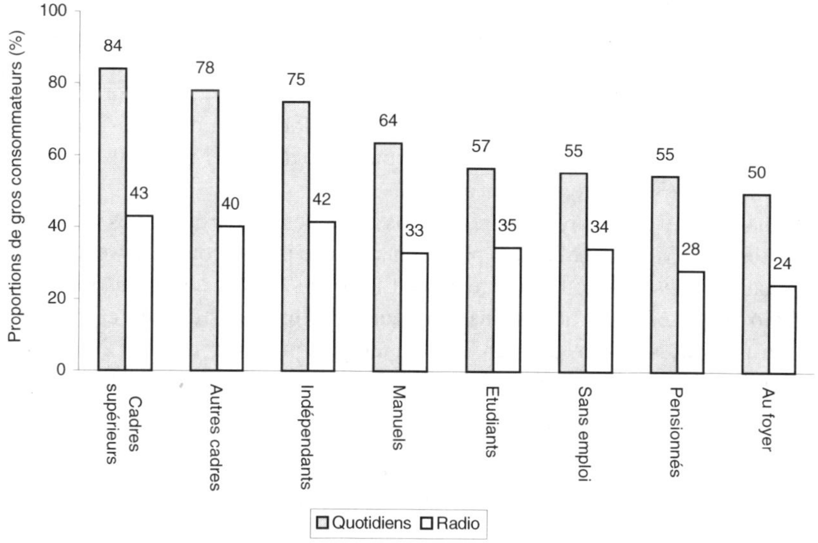

F. Heinderyckx, à partir du sondage Eurobaromètre 44.2*bis*, Commission européenne, 1996.

Graphique 41
Italie : revenus

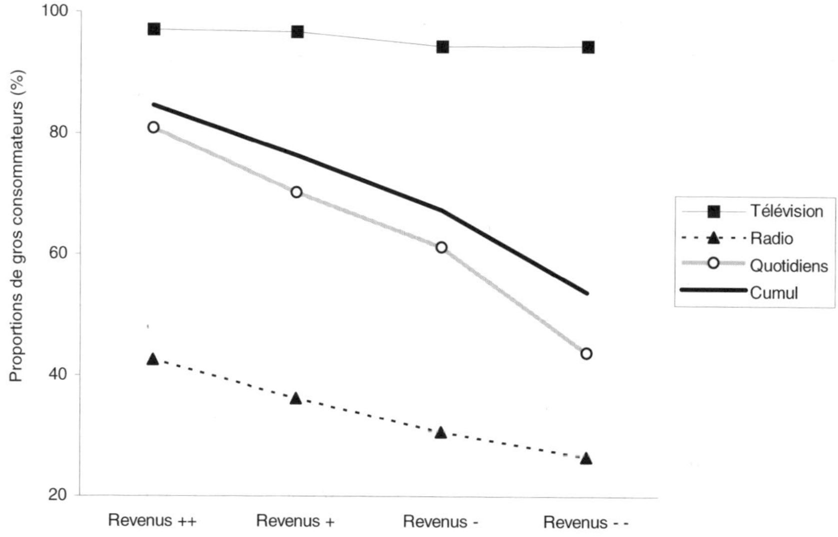

F. Heinderyckx, à partir du sondage Eurobaromètre 44.2*bis*, Commission européenne, 1996.

A l'exception encore une fois de la télévision, le lien est en outre très marqué avec les revenus (voir graphique 41), particulièrement pour la presse quotidienne et la consommation cumulée de plusieurs médias d'information comme en témoigne l'angle de la pente des courbes concernées. Les proportions varient presque du simple au double entre les 44 pour cent de lecteurs à revenus modestes et les 81 pour cent à revenus supérieurs lisant régulièrement la presse quotidienne.

L'habitat constitue également en Italie plus qu'ailleurs un critère différenciateur. La presse quotidienne est davantage un moyen d'information dans les grandes villes (73 pour cent) que dans les campagnes (59 pour cent) de même que, dans une moindre mesure, la radio (39 contre 32 pour cent).

L'analyse suivant les régions révèle aussi des écarts considérables (voir tableau 12). L'Abruzesi-Molise est habitée par la plus grande proportion de fervents amateurs de journaux télévisés de toutes les régions d'Europe (97 pour cent). Les informations à la radio ne rassemblent que moins d'un quart des habitants du Sud et de la Sicile, alors qu'ils sont 45 pour cent en Latium et presqu'autant dans le Nord-Est. En Campanie et dans le Sud, moins d'une personne sur deux lit régulièrement la presse quotidienne, alors qu'elles sont près de trois sur quatre dans tout le nord du pays.

Tableau 12
Italie : régions (en pour cent)

	Télévision	Radio	Quotidiens	Cumul
Nord-Ouest	96	40	75	79
Lombardie	95	39	73	80
Nord-Est	96	43	75	81
Emilie-Romagne	96	33	72	78
Centre	95	26	61	67
Latium	95	45	66	74
Abruzesi-Molise	97	33	62	67
Campanie	95	31	44	55
Sud	95	24	46	54
Sicile	95	23	54	59
Sardaigne	93	32	66	71
Italie	95	34	64	70

F. Heinderyckx, à partir du sondage Eurobaromètre 44.2*bis*, Commission européenne, 1996.

10. Luxembourg

Les Luxembourgeois relèvent du peloton de tête pour la radio, sont plus proches de la moyenne en ce qui concerne la presse quotidienne et sont légèrement en-dessous de cette moyenne pour les journaux télévisés. Aucune différence significative n'est observable entre hommes et femmes. La télévision demeure le moyen d'information privilégié, mais les écarts par rapport aux autres médias sont de faible ampleur. La lecture des quotidiens est spectaculairement liée à l'âge (voir graphique 42), passant de 63 pour cent chez les 15-24 ans à 89 pour cent chez les 55 ans et plus.

Graphique 42
Luxembourg : tranches d'âge

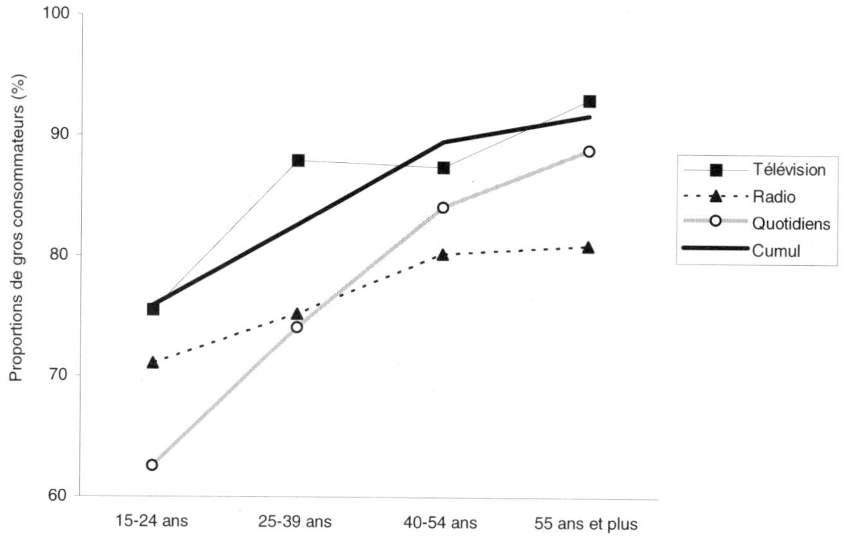

F. Heinderyckx, à partir du sondage Eurobaromètre 44.2*bis*, Commission européenne, 1996.

Les pensionnés et les personnes au foyer sont les plus fervents amateurs de journaux télévisés (93 et 92 pour cent), alors que seulement 71 pour cent des sans emploi les regardent régulièrement. La radio a davantage les faveurs des cadres supérieurs (88 pour cent) que des travailleurs manuels (59 pour cent). Le statut professionnel influence plus encore la lecture des quotidiens (voir graphique 43). Indépendants, cadres et pensionnés s'imposent comme gros consommateurs de presse quotidienne (jusqu'à 90 pour cent), alors qu'à peine un étudiant sur deux se déclare lecteur régulier.

Le niveau des revenus ne produit que des effets limités et contradictoires. La radio constitue davantage une source d'information dans les campagnes (81 pour cent) que dans les grandes villes (69 pour cent).

Graphique 43
Luxembourg : presse quotidienne et statut professionnel

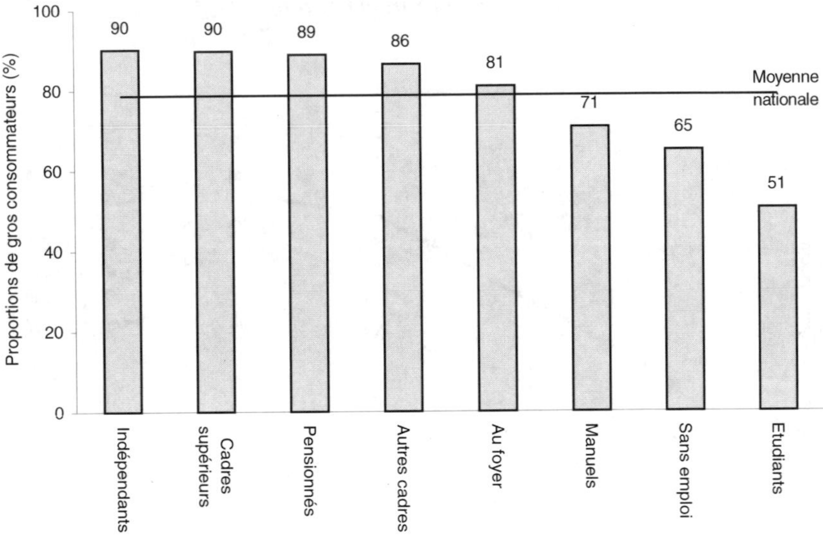

F. Heinderyckx, à partir du sondage Eurobaromètre 44.2*bis*, Commission européenne, 1996.

11. Pays-Bas

Les Pays-Bas présentent un taux de consommation des médias d'information supérieur à la moyenne. Les hommes sont un peu plus portés sur les quotidiens et sur la radio que les femmes. L'effet de l'âge (voir graphique 44) est surtout marqué pour la presse quotidienne et la consommation cumulée de plusieurs médias et, dans une moindre mesure, pour la télévision.

Les cadres écoutent davantage les informations à la radio (80 pour cent) que les sans emploi (57 pour cent), et les cadres supérieurs sont plus nombreux à lire régulièrement la presse quotidienne (93 pour cent) que les étudiants (72 pour cent). Le niveau des revenus influence clairement la consommation des trois médias, de la presse quotidienne en particulier (voir graphique 45).

Les quotidiens sont plus volontiers lus dans les zones rurales (86 pour cent) que dans les grandes villes (80 pour cent). Il en va de même pour la radio (74 pour cent en zone rurale contre 66 pour cent dans les grandes villes). L'analyse par régions montre peu de contraste, si ce n'est des habitants du sud un peu moins amateurs de radio et de quotidiens.

Graphique 44
Pays-Bas : tranches d'âges

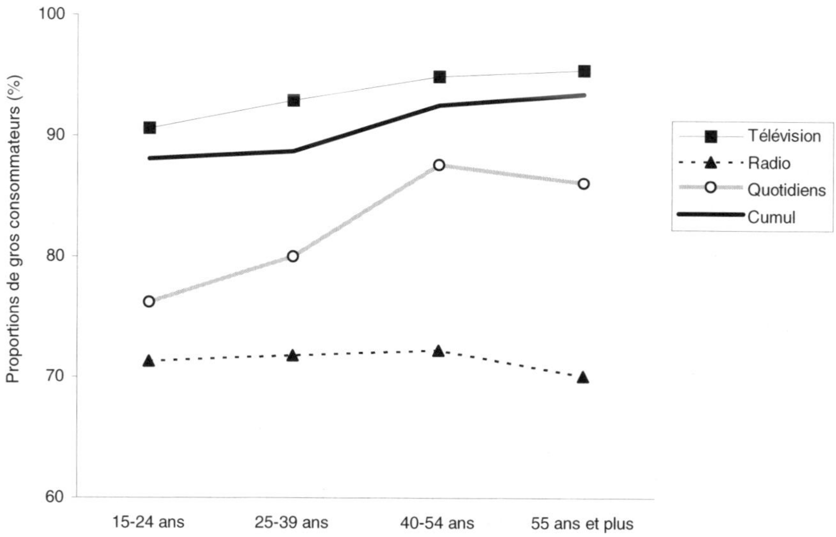

F. Heinderyckx, à partir du sondage Eurobaromètre 44.2*bis*, Commission européenne, 1996.

Graphique 45
Pays-Bas : revenus

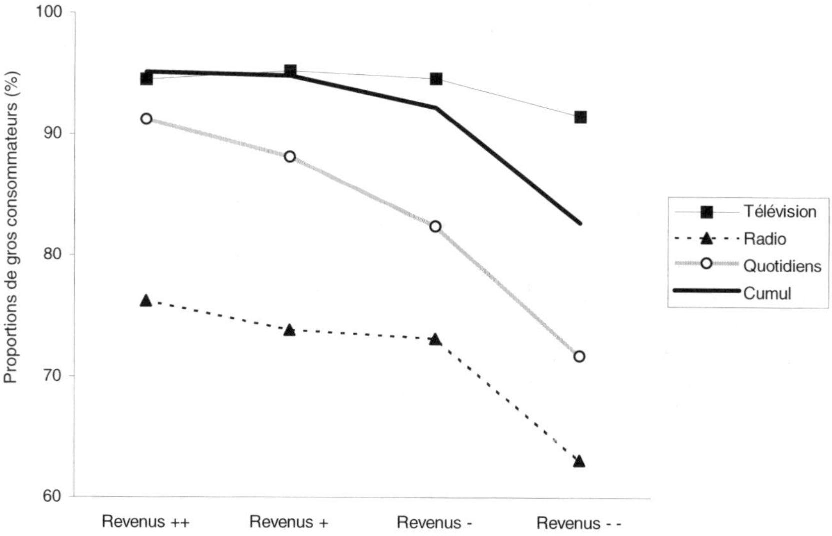

F. Heinderyckx, à partir du sondage Eurobaromètre 44.2*bis*, Commission européenne, 1996.

Tableau 13
Pays-Bas : régions (en pour cent)

	Télévision	Radio	Quotidiens	Cumul
Nord	96	76	86	92
Est	95	74	83	92
Ouest	94	71	84	91
Sud	92	69	81	89
Pays-Bas	94	71	83	91

F. Heinderyckx, à partir du sondage Eurobaromètre 44.2*bis*, Commission européenne, 1996.

12. Autriche

Les Autrichiens figurent parmi les plus gros consommateurs de médias d'information d'Europe : troisième rang pour la presse quotidienne et premier rang pour la radio et la consommation cumulée de plusieurs médias.

L'influence de l'âge varie considérablement d'un média à l'autre (voir graphique 46). La fidélité aux journaux télévisés augmente linéairement et fortement avec l'âge, alors que pour la presse quotidienne, la proportion de gros consommateurs ne s'accroît que jusqu'à 55 ans pour ensuite régresser sensiblement.

Graphique 46
Autriche : tranches d'âge

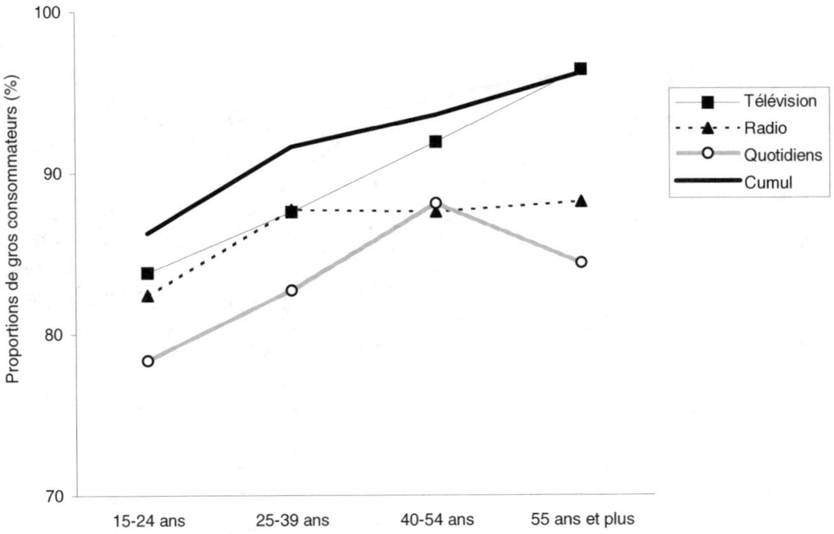

F. Heinderyckx, à partir du sondage Eurobaromètre 44.2*bis*, Commission européenne, 1996.

Sur l'ensemble des autres critères de différenciation sociodémographique, les Autrichiens démontrent une remarquable homogénéité et des valeurs d'étalement parmi les plus basses d'Europe. On observe néanmoins certains contrastes. Les pensionnés sont particulièrement fidèles aux journaux télévisés (97 pour cent). Les étudiants sont les moins fervents amateurs de presse quotidienne (75 pour cent quand même) et, singulièrement, ce sont les sans emploi qui se révèlent les plus nombreux à écouter régulièrement les informations à la radio (93 pour cent). Plus atypique encore, les pensionnés et les sans emploi supplantent les cadres pour le recours régulier à plusieurs médias d'information. Seule la lecture de la presse quotidienne présente un lien significatif avec le niveau de revenus (de 77 à 86 pour cent des revenus inférieurs aux revenus supérieurs). Les habitants des zones rurales sont un peu plus portés sur les journaux télévisés et un peu moins sur la presse quotidienne.

L'examen des données par régions (voir tableau 14) révèle également quelque contraste : la Styrie compte significativement plus d'amateurs d'information radiophonique (94 pour cent, ce qui en fait la région d'Europe où ce moyen d'information est le plus utilisé), alors que la Haute-Autriche abrite nettement moins de lecteurs de presse quotidienne que le reste du pays.

Tableau 14
Autriche : régions (en pour cent)

	Télévision	Radio	Quotidiens	Cumul
Vorarlberg et Tyrol	84	80	78	86
Salzbourg et Carynthie	92	90	88	93
Haute-Autriche	86	83	71	88
Styrie	92	94	90	96
Basse-Autriche et Burgenland	93	80	84	96
Vienne	94	83	90	95
Autriche	91	87	84	93

F. Heinderyckx, à partir du sondage Eurobaromètre 44.2*bis*, Commission européenne, 1996.

13. Portugal

Les Portugais ne sont pas de grands consommateurs de médias d'information en regard du reste de l'Europe. C'est d'ailleurs au Portugal que l'on trouve le moins de lecteurs réguliers de la presse quotidienne (41 pour cent). Seuls les journaux parlés sont consommés dans des proportions se rapprochant de la moyenne européenne.

Le Portugal détonne surtout dans le paysage européen en présentant des contrastes considérables au sein même de sa population. Le clivage entre hommes et femmes est omniprésent et d'une intensité remarquable (voir graphique 47).

Graphique 47
Portugal : hommes et femmes

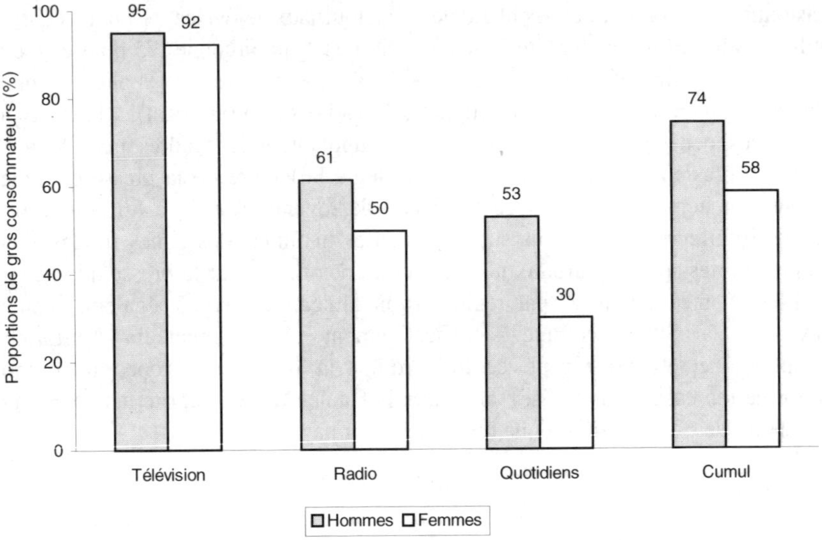

F. Heinderyckx, à partir du sondage Eurobaromètre 44.2*bis*, Commission européenne, 1996.

Graphique 48
Portugal : tranches d'âge

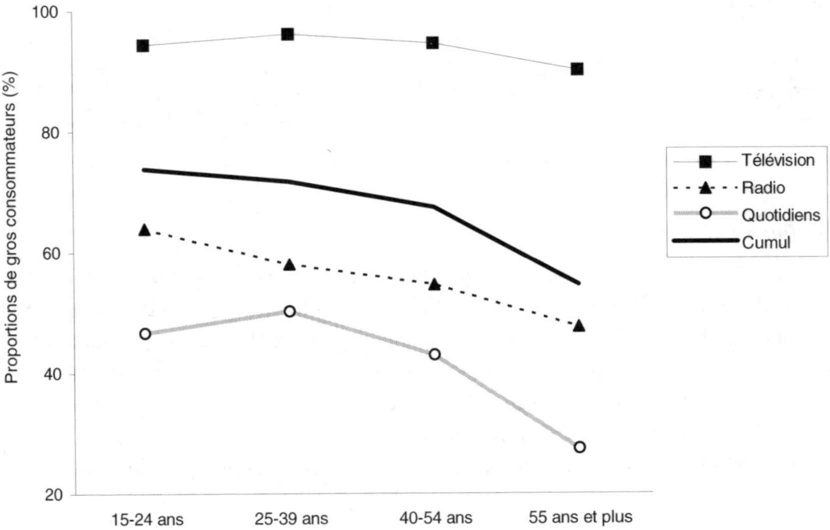

F. Heinderyckx, à partir du sondage Eurobaromètre 44.2*bis*, Commission européenne, 1996.

La ventilation par tranches d'âge révèle un profil original (voir graphique 48). Les proportions de gros consommateurs observées pour tous les médias étudiés montrent une tendance à diminuer avec l'âge. Le phénomène est très marqué pour la radio ainsi que pour les quotidiens même si, pour ces derniers, une légère hausse apparaît de la première à la deuxième tranche d'âge.

Les pensionnés et les personnes au foyer sont significativement moins fidèles aux informations diffusées à la radio (44-45 pour cent) que les cadres supérieurs (67 pour cent). Mais le statut professionnel se révèle surtout déterminant sur la lecture des quotidiens (voir graphique 49) : les cadres supérieurs lisant régulièrement un quotidien sont plus de trois fois plus nombreux que les personnes au foyer ou les pensionnés.

Graphique 49
Portugal : presse quotidienne et statut professionnel

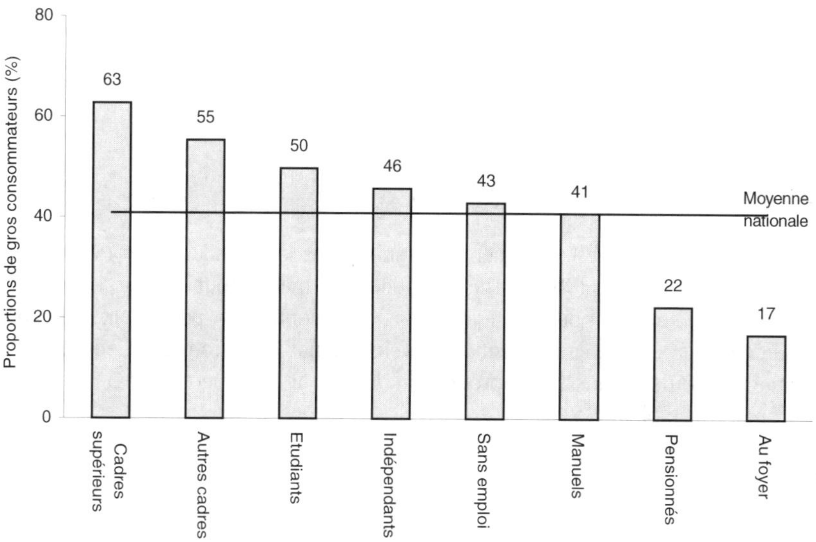

F. Heinderyckx, à partir du sondage Eurobaromètre 44.2*bis*, Commission européenne, 1996.

Le recours aux médias d'information et particulièrement la lecture de la presse semblent constituer un sacrifice financier si on en juge par les valeurs envisagées par niveaux de revenus (voir graphique 50). Les lecteurs de quotidiens ne représentent que 12 pour cent des Portugais aux revenus inférieurs, soit cinq fois moins que les revenus supérieurs, soit surtout la proportion la plus basse d'Europe, tous médias, tous pays et tous groupes sociodémographiques confondus.

Graphique 50
Portugal : revenus

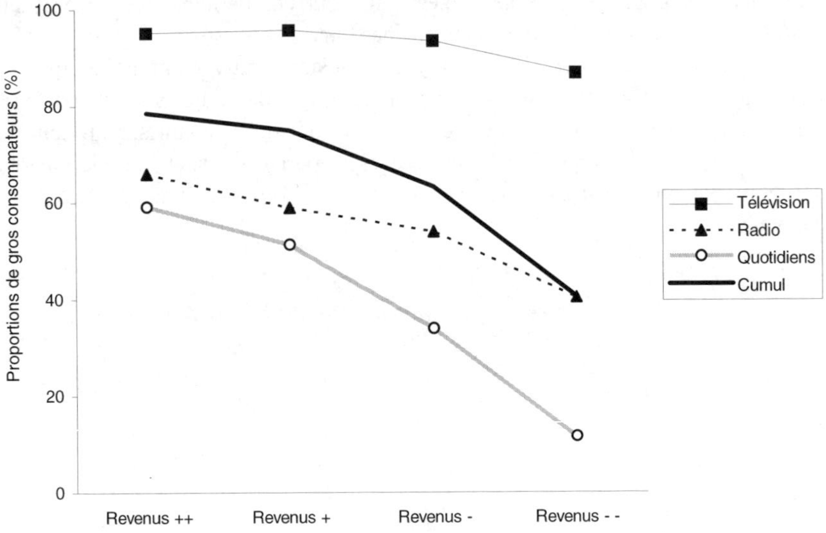

F. Heinderyckx, à partir du sondage Eurobaromètre 44.2*bis*, Commission européenne, 1996.

Le journal télévisé est nettement plus suivi dans les grandes villes (97 pour cent) que dans les campagnes (90 pour cent). Il en va de même pour la radio (61 contre 51 pour cent) et surtout pour les quotidiens (51 contre 31 pour cent). La presse quotidienne est encore nettement moins lue dans la région du Centre, laquelle présente d'ailleurs la plus faible proportion de lecteurs réguliers de toutes les régions d'Europe (voir tableau 15).

Tableau 15
Portugal : régions (en pour cent)

	Télévision	Radio	Quotidiens	Cumul
Nord	92	56	43	67
Centre	93	52	30	59
Lisbonne et Vallée du Tage	96	58	43	68
Alentejo, Algarve, Açores et Madeire	91	50	42	65
Portugal	94	55	41	66

F. Heinderyckx, à partir du sondage Eurobaromètre 44.2*bis*, Commission européenne, 1996.

14. Suède

Les Suédois sont de gros consommateurs de médias d'information et ils sont en particulier les plus fidèles lecteurs de presse quotidienne (89 pour cent). Les différences entre hommes et femmes sont insignifiantes mais vont systématiquement dans le sens d'une plus grande proportion de gros consommateurs chez les hommes.

La répartition par tranches d'âge (voir graphique 51) montre une remarquable cohérence entre médias, dont l'utilisation augmente linéairement avec l'âge pour culminer chez les 40 à 54 ans et se stabiliser voire régresser quelque peu chez les 55 ans et plus. Notons également que, sous cette perspective, les proportions de gros consommateurs de journaux télévisés, de quotidiens et de plusieurs médias se révèlent fort proches.

Graphique 51
Suède : tranches d'âge

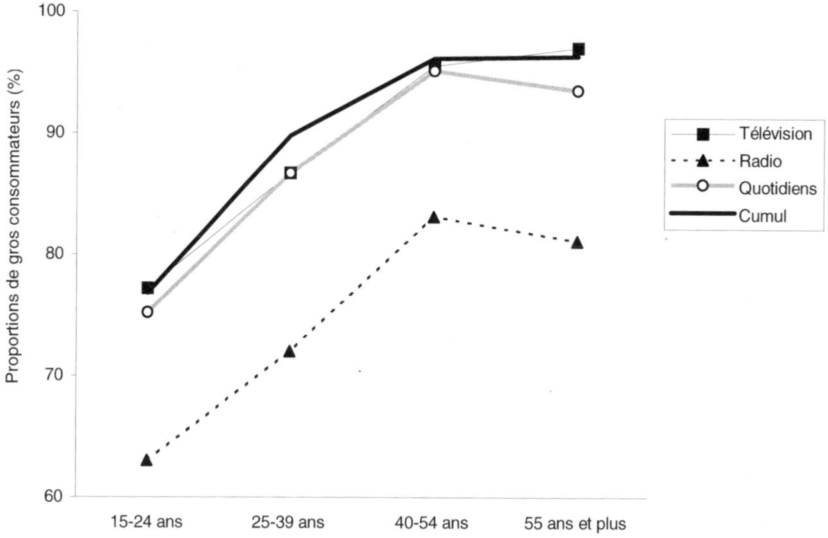

F. Heinderyckx, à partir du sondage Eurobaromètre 44.2bis, Commission européenne, 1996.

Pensionnés et cadres supérieurs sont friands de journaux télévisés (97 et 96 pour cent) alors que les étudiants ne sont que 80 pour cent à s'informer régulièrement de cette façon. Ces derniers délaissent également la radio (59 pour cent) que préfèrent les indépendants (83 pour cent). Comme dans de nombreux pays, le statut professionnel révèle des contrastes spectaculaires en ce qui concerne la presse quotidienne (voir graphique 52). Les écarts observés entre les groupes professionnels ne doivent pas faire perdre de vue que les Suédois sont les plus assidus des lecteurs européens. Ainsi, les étudiants ferment la marche avec 77 pour cent de gros consommateurs. Qui plus est, les cadres supérieurs sont 96 pour cent à déclarer cette habitude, soit la plus forte proportion tous pays, tous groupes confondus.

Graphique 52
Suède : presse quotidienne et statut professionnel

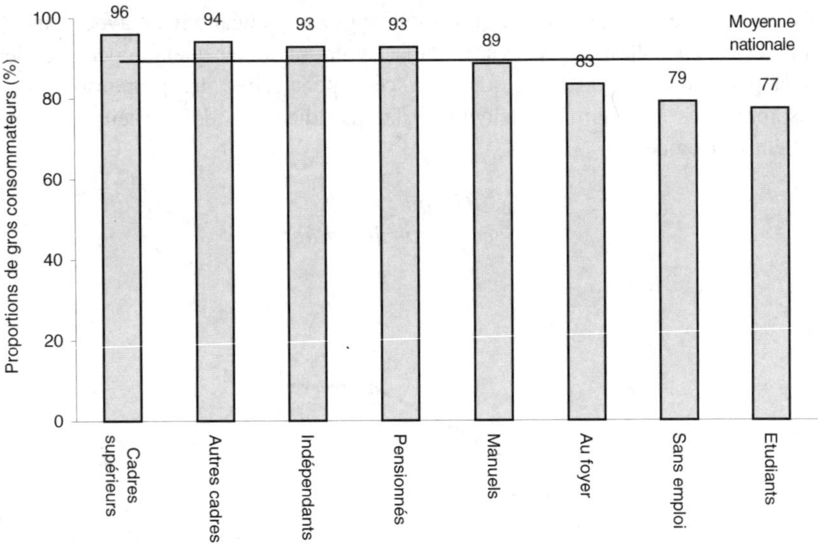

F. Heinderyckx, à partir du sondage Eurobaromètre 44.2*bis*, Commission européenne, 1996.

Graphique 53
Suède : revenus

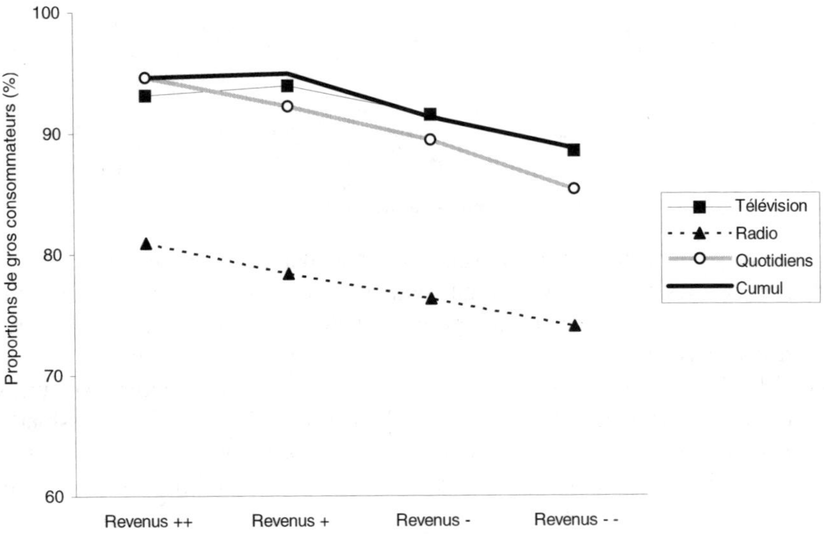

F. Heinderyckx, à partir du sondage Eurobaromètre 44.2*bis*, Commission européenne, 1996.

Une corrélation systématique et constante mais de faible ampleur peut être observée entre le niveau des revenus et la consommation de médias d'information (voir graphique 53).

Tableau 16
Suède : régions (en pour cent)

	Télévision	Radio	Quotidiens	Cumul
Stockholm	90	74	92	92
Centre-Est	94	77	92	94
Småland et îles	91	78	86	92
Sud	89	75	87	89
Ouest	90	78	85	89
Centre-Nord	94	78	92	93
Norrland	88	77	93	92
Suède	91	77	89	92

F. Heinderyckx, à partir du sondage Eurobaromètre 44.2*bis*, Commission européenne, 1996.

Les quotidiens rencontrent un peu plus de succès dans les grandes villes (91 pour cent) que dans les campagnes (87 pour cent), sans qu'un effet lié au type d'habitat puisse être mis en évidence pour les autres médias. L'examen des données par régions montre une homogénéité assez marquée. Avec ses 93 pour cent de lecteurs réguliers de presse quotidienne, la région du Norrland est la plus assidue d'Europe.

15. Royaume-Uni

Le Royaume-Uni se situe au-dessus mais souvent à proximité de la moyenne européenne en ce qui concerne la consommation de médias d'information. La différenciation entre hommes et femmes y est assez marquée en faveur des hommes, qui sont un peu plus nombreux à écouter régulièrement les informations à la radio (70 contre 61 pour cent) et à lire les quotidiens (79 contre 69 pour cent).

Le recours aux médias d'information augmente nettement avec l'âge (voir graphique 54), sauf pour la radio qui semble délaissée par une part importante des 55 ans et plus.

Ce sont curieusement les cadres supérieurs et les pensionnés qui manifestent l'intérêt le plus vif pour les journaux télévisés (95-96 pour cent) alors que les étudiants sont sensiblement moins enthousiastes (85 pour cent). La radio est un moyen d'information pour les cadres supérieurs (79 pour cent) beaucoup plus que pour les personnes au foyer ou les sans emploi (56-57 pour cent). La lecture de la presse quotidienne traditionnellement fort différenciée selon les statuts professionnels ne l'est guère de façon spectaculaire au Royaume-Uni. Les cadres supérieurs se montrent cependant nettement plus assidus (79 pour cent) que les étudiants (61 pour cent). Les moyens financiers conditionnent significativement le recours aux médias d'information, surtout en ce qui concerne la radio (voir graphique 55).

Graphique 54
Royaume-Uni : tranches d'âge

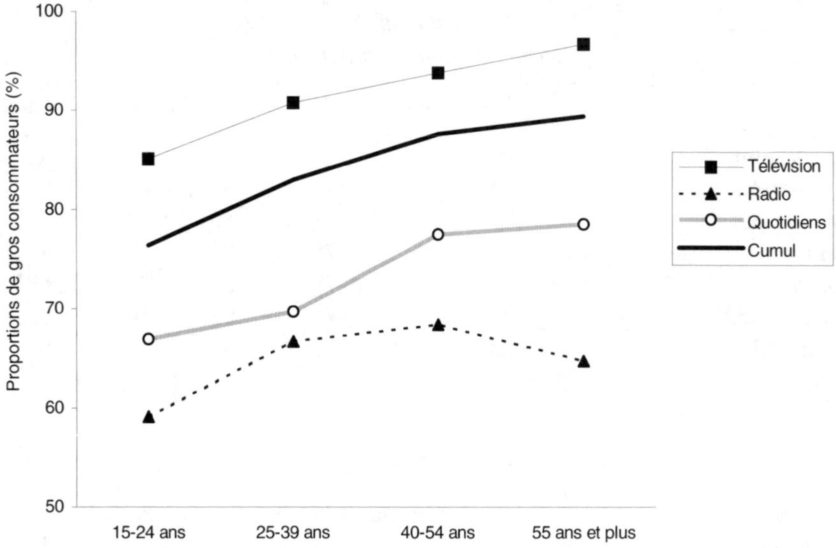

F. Heinderyckx, à partir du sondage Eurobaromètre 44.2*bis*, Commission européenne, 1996.

Graphique 55
Royaume-Uni : revenus

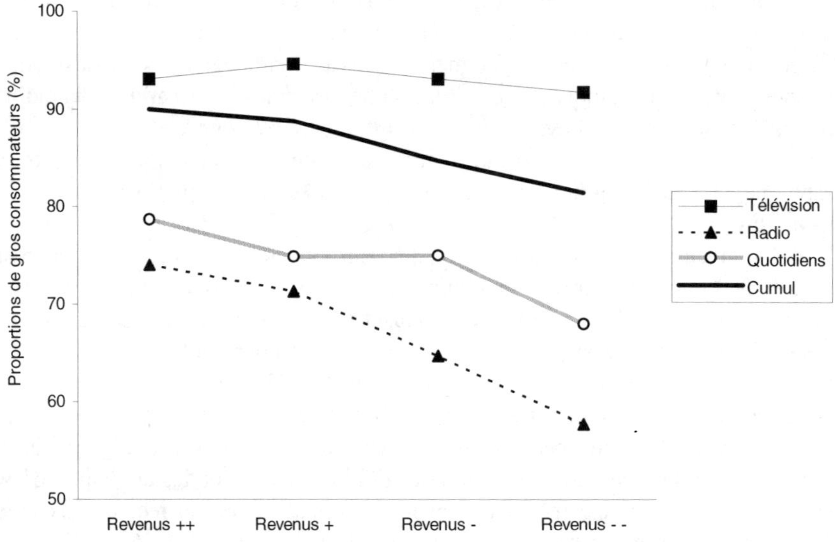

F. Heinderyckx, à partir du sondage Eurobaromètre 44.2*bis*, Commission européenne, 1996.

Aucune différence significative ne peut être observée entre milieux urbains et ruraux. Quelques contrastes inter-régionaux peuvent être relevés (voir tableau 17). Les habitants du Pays de Galles et, dans une moindre mesure, d'Irlande du Nord sont un peu moins nombreux à écouter régulièrement les informations à la radio. Les Écossais sont plus enclins à lire la presse quotidienne et à s'informer en consultant plusieurs médias.

Tableau 17
Royaume-Uni : régions (en pour cent)

	Télévision	Radio	Quotidiens	Cumul
Ecosse	93	68	86	91
Nord, Yorkshire, Humberside et Nord-Ouest	94	63	74	84
Midlands et Est Angleterre	92	64	71	83
Pays de Galles	92	56	71	82
Londres	92	69	74	87
Sud Angleterre	93	65	71	83
Irlande du Nord	93	59	70	79
Royaume-Uni	92	65	74	85

F. Heinderyckx, à partir du sondage Eurobaromètre 44.2*bis*, Commission européenne, 1996.

3. Publics régionaux

1. L'Europe des régions

Les contrastes et la grande diversité des profils observés laissent augurer de bonnes performances différenciatrices du découpage par nations. Mais des conclusions fermes sur cette question seraient prématurées. Afin de soutenir notre thèse selon laquelle la force structurante des nations demeure prépondérante en matière de médias d'information, nous devons examiner attentivement les agencements alternatifs, à commencer par d'autres divisions territoriales, avant d'envisager des découpages *transversaux*, notamment suivant des caractéristiques sociodémographiques, transcendant les frontières et la perspective géographique en général.

L'échelle nationale accapare véritablement la vision analytique que l'on peut avoir de l'Europe : organisation de la collecte des données alimentant les fonds statistiques, données émanant des médias (eux-mêmes structurés suivant les nations), identité nationale au cœur des processus de sélection des informations, particularités législatives et réglementaires, etc.

Quand on songe à dépasser la perspective nationale, c'est généralement dans une démarche d'arborescence simple, du national vers le régional, au sens *subnational*. Cette dernière approche a le mérite de permettre de prendre la mesure des écarts entre communautés culturelles reconnues voire institutionnalisées (notamment dans les États fédéraux), mais aussi de faire apparaître l'hétérogénéité parfois marquée présente dans certains pays pourtant perçus, a priori, comme assez homogènes. En l'occurrence, il s'agit d'aller plus loin, en envisageant les régions comme entités *subeuropéennes*, en tentant de faire abstraction de toute appartenance nationale et en cherchant à révéler d'éventuels *ensembles multirégionaux* et *transnationaux*.

Mais la perspective géographique recèle des référents largement sous-exploités, les *régions* qui, si elles pâtissent toujours de la myopie qu'on peut associer à la perspective purement spatiale, permet d'affiner considérablement, voire de dépasser l'inertie de l'approche par nations.

Alors que s'affrontent les conceptions de l'Union européenne en devenir, face à l'*Europe des patries* rêvée par de Gaulle se profile l'*Europe des régions*, dont les partisans prévoient l'avènement depuis l'adoption du principe de *subsidiarité*, selon lequel « l'échelon supérieur de pouvoir doit renoncer à toute fonction susceptible d'être assumée par l'échelon inférieur » [23]. L'évolution institutionnelle de l'Union européenne conduit bien des responsables régionaux à voir dans le transfert de compétences du national vers l'européen un potentiel extraordinaire de valorisation de l'entité régionale, de sa spécificité et une voie décisive de réappropriation de sa destinée au détriment de l'Union aussi bien que de la nation. D'ailleurs, comme le fait remarquer Jean Labasse, l'Europe était un ensemble de régions « avant que les États ne viennent imposer un peu partout, à partir du XVIe siècle, leur volonté centralisatrice » [24].

Ici encore, derrière un concept apparemment assez univoque se cache en réalité une variété d'acceptions notamment selon le contexte dans lequel on l'envisage. Une divergence conceptuelle subsiste entre l'Europe et les États-Unis, les seconds concevant la région comme agrégat de plusieurs nations [25] (par exemple le Moyen-Orient).

Certains auteurs recourent à des créations sémantiques pour éviter toute confusion. Ainsi Bassand distingue le *découpage administratif* de la *communauté régionale*, cette dernière, fondée sur une histoire, une langue, un mode de vie, des traditions, ne correspondant pas nécessairement au premier [26]. L'entité régionale constitue généralement le niveau intermédiaire entre le local ou le municipal et le national, même si certaines régions sont plus vastes et davantage peuplées que certains pays. Labasse différencie les *régions de programme* (purement administratives) des *régions organiques* (basées sur une réalité géographique, sociale, économique, culturelle et politique) [27].

Il est une catégorie de régions particulièrement importante pour notre réflexion : les *régions frontalières*. Situées de part et d'autre d'une frontière séparant deux Etats-nations, ces régions jouissent du double statut ambivalent de « zones de séparation (effet de coupure) et de contact (effet de soudure) » [28]. Une étude menée au début des années soixante-dix observait, entre autres choses, des dissemblances significatives entre régions contiguës localisées des deux côtés d'une frontière, mais Capron estime que les études postérieures infirment ce constat [29]. Pourtant, les mêmes Capron et Thys-Clément font état d'études approfondies montrant le caractère distinct et divergent des évolutions démographiques de part et d'autre de frontières nationales au sein de régions que seules les limites territoriales des États modernes séparent (Hainaut belge et français, Pays Basque français et espagnol, etc.) [30].

En termes plus généraux, Paul Vidal de la Blache, célèbre géographe français qui se pencha entre autres, au tournant du xxe siècle, sur la question des régions, estimait que celles-ci naissent de leur centre [31]. Les contours de la région sont plus flous, dans les consciences individuelles, que ceux d'une nation ou d'une ville (même si, administrativement, ils sont rigoureusement définis). On ne connaît d'identité régionale, de *sentiment de corrégionalité*, que dans la mesure où il y a partage d'un héritage historique, de traditions, valeurs, etc. [32].

La langue constitue une composante essentielle de l'identité régionale [33] comme nationale. Sans compter les patois, dialectes et autres régionalismes, le Bureau européen pour les langues moins répandues dénombrait, en 1997, quelque 45 langues régionales. La religion, que nous avions également identifiée comme composante centrale de l'identité nationale, peut, de même, intervenir à l'échelle régionale [34].

La définition concrète des régions passe généralement par la matrice des entités administratives définies par les Etats-nations dans une perspective plus ou moins développée de décentralisation. Malheureusement, ces découpages ont été effectués à différents moments dans chaque pays, sans concertation et donc selon des critères très variables d'un pays à l'autre, si bien que la comparaison inter-régionale supranationale se révèle souvent hasardeuse.

Seules certaines régions reposent sur des bases historiques solides et correspondent à une unité avérée depuis parfois des siècles, à la différence de tant d'autres créées par simple décision administrative. Bourgogne, Toscane, Écosse, Andalousie, Alsace, Bavière, Catalogne, Bade-Wurtemberg, autant de *régions archivées* [35] qui connurent, en d'autres temps, une légitimité, voire une souveraineté et une grandeur propre, certaines relevant même, dans ces circonstances, davantage des nations que des régions.

Les expériences de supports médiatiques régionaux intranationaux mènent à des résultats très variables. Il semble que les initiatives construites sur des découpages linguistiques constituent de francs succès, notamment en Belgique, en Suisse et en Espagne [36], de même que les plus modestes mais fort consommées radios et télévisions locales ou municipales.

L'usage que nous faisons du terme *région* et de ses dérivés correspond aux entités géographiques, historiques et humaines généralement définies, en Europe, à l'échelle subnationale, mais également aux entités résultant de l'agrégation de plusieurs régions contiguës en des *ensembles régionaux transnationaux*. Ces ensembles peuvent être construits sur différentes bases.

Labasse, par exemple, distingue un ensemble régional constitué des « contrées du Nord-Ouest de l'Europe, de la Bretagne à l'Écosse, en passant par l'Irlande », s'appuyant sur des facteurs géographiques (îles ou presqu'îles, littoral rocheux, etc.), historiques (au-delà des limites des conquêtes romaines), humains (peuples attachés à leurs légendes et autres coutumes), mais voit comme ciment d'une forte identité la communauté d'origine des langues gaéliques, de racine celtique [37]. Le Pays Basque, situé à cheval sur l'Espagne et la France, repose également sur une unité linguistique, même s'il ne s'agit, pour beaucoup de ses habitants, que d'une seconde langue.

Toujours sur ce critère de la langue, on observe quelques débordements transfrontaliers de moindre importance mais qu'il convient de citer, notamment une survivance du flamand dans le Nord-Pas-de-Calais, du danois en Schleswig-Holstein, du français en Val d'Aoste (Nord-Ouest de l'Italie), de l'allemand en Trentin-Haut-Adige [38] (plus particulièrement province de Bolzano, Nord-Est de l'Italie), et dans l'Est de la Belgique.

En dehors de ces ensembles régionaux formés sur des affinités linguistiques ou plus généralement culturelles, il existe des régions dites *transfrontalières*, non qu'elles fussent agrégées à partir de plusieurs pays, mais plutôt qu'elles aient été un jour, par les hasards de l'histoire, scindées par le passage d'une frontière nationale. Remarquons que des études ont démontré la différenciation séparant progressivement les populations séparées par une nouvelle frontière [39]. Citons quelques exemples parmi tant d'autres : les Limbourg belge et néerlandais, l'Alsace et la région de Fribourg, le Luxembourg belge et le grand-duché, etc. [40]. Labasse rapporte que la Conférence permanente des pouvoirs locaux et régionaux (CPLRE), émanation du Conseil de l'Europe, appelle depuis bien longtemps à la collaboration entre « régions naturelles qui ont été fractionnées par les frontières », qualifiées plus tard de « cicatrices de l'Histoire ». Les régions en question sont regroupées, depuis 1971, au sein d'une association [41].

Enfin, il convient d'évoquer des régions transfrontalières de création récente et d'un genre nouveau, celles décrétées pour des raisons d'intérêt économique et/ou politique. Ainsi, la *regio* ou *triangle magique* constitue, depuis 1984, une région transfrontalière entre le Jura, les Vosges et la Forêt Noire, traversant le Bade-Wurtemberg, l'Alsace et le canton de Bâle, dont la particularité est de ne partager ni culture, ni langue, ni racines historiques [42], mais uniquement une convergence d'intérêts économiques, même si le rôle de la quasi-communauté linguistique (langue alémanique) n'est pas négligeable [43].

Dans le même ordre d'idées, l'Eurégio Meuse-Rhin, également connue sous le sigle MHAL (Maastricht, Hasselt, Heerlen, Genk, Aix-la-Chapelle et Liège), regroupe les provinces belges du Limbourg et de Liège, le Sud-Limbourg des Pays-Bas et la région d'Aix-la-Chapelle en Allemagne. Institutionnalisée au début de l'année 1995 autour d'un conseil consultatif de l'Eurégio, cette région transnationale représente quelque 3,7 millions d'habitants dont environ un tiers de germanophones, un quart de francophones et 40 pour cent de néerlandophones [44]. Diverses initiatives relatives notamment aux transports et à la santé publique, mais aussi un projet de radio eurégionale (diffusant de l'information en trois langues) tentent de donner corps à cette entité sinon un peu abstraite. Traversée par diverses frontières d'États, de langue et de culture, il ne faut pourtant pas nécessairement y voir une excentricité des pouvoirs régionaux puisque certains trouvent les premiers signes de cohésion de cet ensemble cinq siècles avant notre ère puis à l'époque romaine [45].

Ce type d'association peut même regrouper des régions non contiguës et motivées uniquement par l'intérêt économique présenté par l'émulation entre entités similaires ou complémentaires. Ainsi, Bade-Wurtemberg, Lombardie, Rhône-Alpes, Catalogne et Pays de Galles sont associés au nom de leur expertise commune en haute technologie [46].

2. *Publics régionaux*

La ventilation des données Eurobaromètre relatives à la consommation de médias d'information nous a déjà permis quelques observations concernant la diversité ou au contraire l'homogénéité inter-régionale des pays d'Europe. L'examen de ces régions dans leur ensemble va nous permettre d'affiner considérablement notre étude en plaçant l'analyse sur le plan *paranational*, et non simplement subnational. Les implications de cette démarche vont bien au-delà de l'appréhension des diversités de comportement. Il s'agit, dans la perspective du développement de médias transnationaux, d'identifier des zones dont les populations présentent un certain degré d'homogénéité dans leur attitude envers les ou certains médias d'information.

Cette analyse se trouve grandement facilitée par la visualisation des données sur des cartes géographiques. Pour des raisons technico-administratives, certains pays de l'Union européenne ne font pas l'objet de grandes divisions dans le système établi par les autorités européennes (Nomenclature des unités territoriales statistiques, mieux connue sous son sigle NUTS). Il ne faut donc pas perdre de vue la physionomie du découpage afin d'éviter d'être leurré par d'éventuelles homogénéités « techniques » qui seraient attribuables au découpage adopté. Ainsi, par exemple, il ne serait pas opportun de commenter l'homogénéité nationale au Danemark, en Irlande ou au grand-duché du Luxembourg, ces pays n'étant pas, sur nos cartes, subdivisés en régions. Par contre, si telle variable fait apparaître une grande portion de tel pays comme homogène, il convient de remarquer si telle zone recouvre en fait plusieurs régions qui peuvent alors, à juste titre, être taxées d'homogénéité en ce qui concerne la variable mesurée. La carte 1 présente les régions utilisées pour cette étude, combinaison des divisions NUTS 1 et, en Finlande, au Portugal et en Suède, NUTS 2.

Les cartes ont été calibrées afin que la moyenne européenne pondérée se situe dans la catégorie médiane des classes de valeurs définies pour chaque variable cartographiée [47]. De cette manière, chaque zone est d'emblée située au-dessus, en dessous ou au niveau de la moyenne européenne.

3. *La télévision*

Nous avons constaté à plusieurs reprises la quasi-universalité de la consommation de journaux télévisés et les écarts peu importants entre pays ou entre catégories sociodémographiques. La ventilation suivant les 93 régions manifeste également un faible étalement des données, si bien que les trois classes de valeurs présentent en fait des valeurs assez proches : les bornes se situent à 88,4 et 92,3 pour cent, c'est-à-dire que la catégorie « la plus claire » reprend les valeurs inférieures à 88,4 pour cent alors que la catégorie « la plus foncée » rassemble les valeurs supérieures ou égales à 92,3 pour cent (voir carte 2).

Carte 1
Régions dans l'Union européenne

Carte 2
Journaux télévisés : concentrations de gros consommateurs

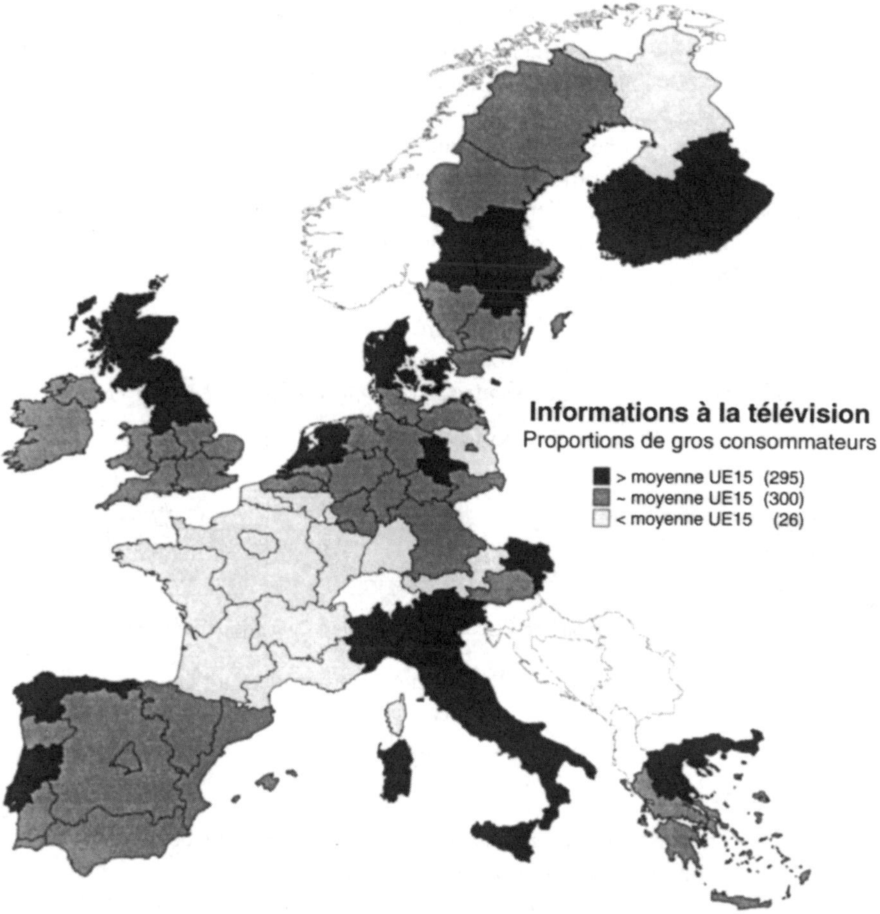

On perçoit d'abord l'homogénéité marquée de la France et de l'Italie, alors que la Finlande et l'Autriche présentent au contraire des contrastes inter-régionaux significatifs. Les huit régions françaises montrent des valeurs inférieures à la moyenne européenne, et il est remarquable que les frontières avec l'Espagne, et surtout avec l'Italie sont nettement perceptibles, alors qu'au contraire elles le sont moins avec la Belgique et l'Allemagne. Autrement dit, les frontières s'avèrent discriminantes au sud, et moins au nord où les habitants de Wallonie, du Luxembourg et du Bade-Wurtemberg partagent avec leurs voisins français un enthousiasme modéré pour les journaux télévisés. On ne peut s'empêcher d'observer que les frontières françaises sont justement plus marquées physiquement au sud où les Pyrénées et les Alpes constituent une rupture spatiale plus marquée que le Rhin ou le Quiévrain. France, Wallonie, Luxembourg, Bade-Wurtemberg et Autriche occidentale constituent donc l'ébauche d'une région supranationale dans la mesure où ses habitants partagent une attitude réfractaire à l'égard des journaux télévisés.

Relevons le fait que les valeurs considérées par régions (étalement entre les 93 régions) apparaissent plus dispersées que lorsque nous les avions envisagées par pays (voir tableau 18).

Tableau 18
Journaux télévisés :
comparaison des étalements entre pays et entre régions (en pour cent)

	Minimum	Maximum	*Coefficient de variation*
Entre pays	79	95	*4,3 %*
Entre régions	71	97	*5,6 %*

F. Heinderyckx, à partir du sondage Eurobaromètre 44.2*bis*, Commission européenne, 1996.

Ce constat semble indiquer que les valeurs appréhendées à l'échelle des nations atténuent et donc dissimulent des variances subnationales sur lesquelles nous nous pencherons plus attentivement lors de l'étude de la cohérence interne des pays.

4. La radio

La carte 3, figurant les concentrations de gros consommateurs de journaux parlés, est construite autour d'une échelle aux bornes définies sur le même principe que pour les journaux télévisés. Les valeurs étant ici plus contrastées, les bornes de la classe « moyenne » sont de 56,5 et 73,4 pour cent.

Deux grandes zones se profilent assez distinctement. D'une part, la Suède, le Danemark, l'Allemagne (sauf régions frontalières avec la France), l'Autriche, et le Bénélux (sauf Wallonie et Bruxelles) constituent un imposant bloc homogène à forte densité de gros consommateurs (au-dessus de la moyenne européenne). Nous baptiserons cet ensemble la *zone nord-est*. En dehors de ce vaste ensemble, seule l'Irlande présente des valeurs comparables.

Carte 3
Journaux parlés : concentrations de gros consommateurs

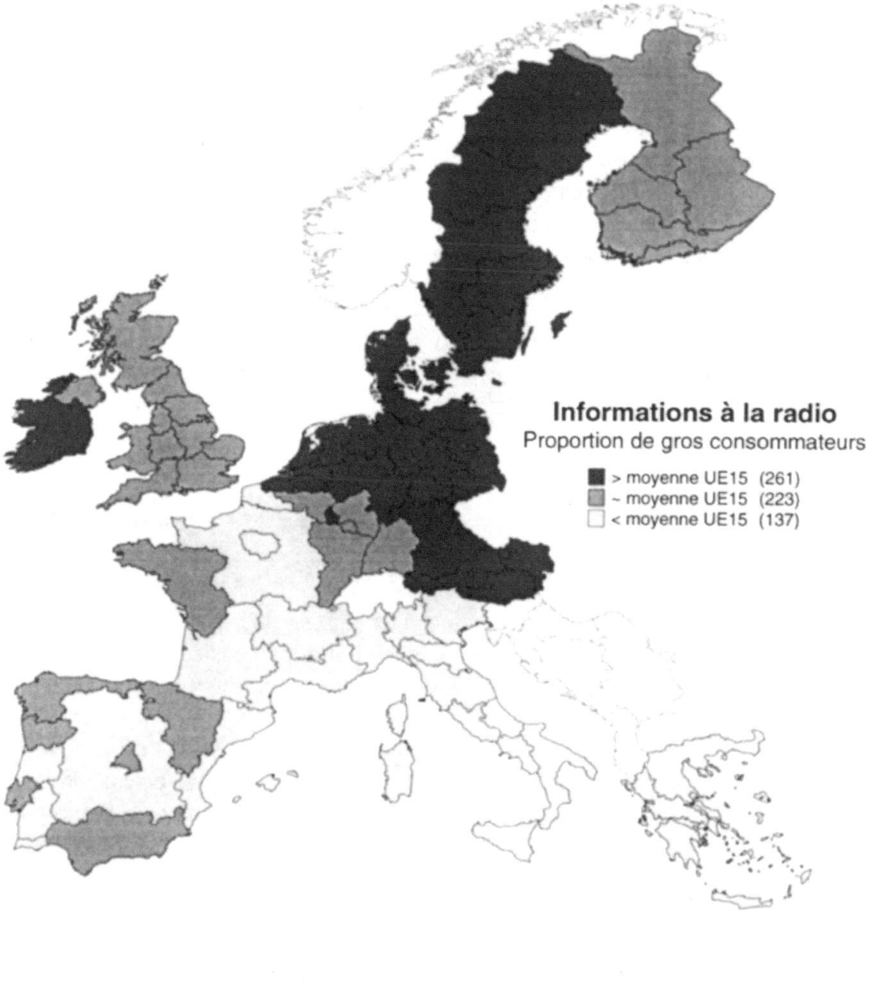

Un second ensemble rassemblant les zones de consommation inférieures à la moyenne est constitué autour de la plus grande partie de la France (sauf Est et Ouest) complétée par l'ensemble de l'Italie et de la Grèce. Nous appellerons cet ensemble la *zone sud-est*. La région de Lisbonne, un peu plus isolée, relève du même ensemble.

Les deux zones ainsi définies sont remarquables parce qu'elles rassemblent, dans des mêmes fourchettes de valeurs, principalement des régions contiguës, dessinant de véritables aires d'attitude envers l'information radiophonique.

Notons par ailleurs l'ensemble du Royaume-Uni et de la Finlande qui, s'ils sont disjoints géographiquement, présentent une remarquable homogénéité autour de la moyenne européenne. Enfin, la péninsule ibérique oscille entre concentrations moyennes et inférieures à la moyenne. Les régions des capitales (Lisbonne et Madrid), se présentent comme des îlots où s'écoutent davantage les informations radiophoniques qu'alentour, vraisemblablement en raison de la plus forte densité d'émetteurs qui caractérise les métropoles.

Les valeurs considérées par régions présentent un étalement légèrement supérieur à celui observé pour les valeurs par pays (voir tableau 19), si bien qu'ici encore, les moyennes nationales masquent en partie les écarts inter-régionaux.

Tableau 19
Journaux parlés :
comparaison des étalements entre pays et entre régions (en pour cent)

	Minimum	Maximum	*Coefficient de variation*
Entre pays	31	87	*26,0 %*
Entre régions	17	94	*28,4 %*

F. Heinderyckx, à partir du sondage Eurobaromètre 44.2*bis*, Commission européenne, 1996.

Gardons à l'esprit que les zones homogènes mises à jour par notre cartographie en trois classes de valeurs peut masquer des contrastes considérables. Ainsi, par exemple, les amateurs de journaux parlés sont deux fois moins nombreux dans le nord de la Grèce (17 pour cent) que dans le reste du pays (entre 33 et 39 pour cent) alors que ce pays apparaît homogène sur la carte.

En ce qui concerne la Belgique, le clivage qui apparaît assez nettement entre nord et sud du pays semble indiquer des valeurs s'alignant sur les régions limitrophes. L'écart n'est pas négligeable entre les 65 pour cent de la Wallonie et les 73 pour cent de la Flandre, Bruxelles s'alignant plutôt sur la première (67 pour cent).

5. *La presse quotidienne*

La visualisation de la répartition géographique des gros consommateurs de presse quotidienne (voir carte 4) fait apparaître plus spectaculairement encore que pour la radio une *zone nord-est* à forte densité de gros consommateurs. Quelques différences mineures distinguent cette zone de celle observée pour la radio : le nord de la Belgique en est exclue, alors qu'elle est élargie au Bade-Wurtemberg et surtout au nord du Royaume-Uni et à l'ensemble de la Finlande.

Carte 4
Presse quotidienne : concentration de gros consommateurs

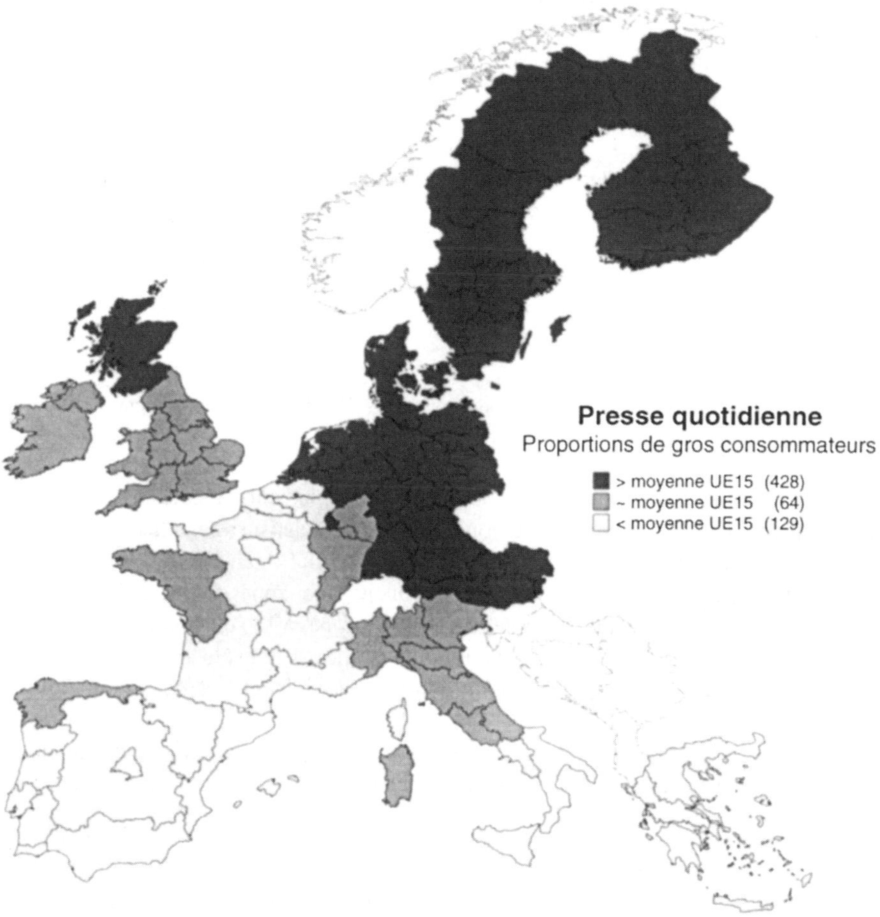

Le long d'un axe nord-ouest sud-est, la plupart des régions présentent des valeurs gravitant autour de la moyenne. Enfin, une zone méridionale élargie vers le nord de la France et la Belgique, mais excluant le nord et le centre de l'Italie ainsi que le nord-ouest de l'Espagne regroupe des régions aux densités de lecteurs assidus de presse quotidienne inférieures à la moyenne européenne.

Remarquons qu'ici encore l'est et l'ouest de la France se distingue du reste du pays par une densité plus importante. On ne peut s'empêcher de penser au succès considérable d'organes de presse régionaux dans ces contrées, et en particuliers de *Ouest France* qui constitue le plus gros tirage de toute la presse quotidienne française.

Les moyennes nationales semblent, ici comme pour les journaux télévisés et parlés, masquer une part de l'hétérogénéité inter-régionale (voir tableau 20).

Tableau 20
Presse quotidienne :
comparaison des étalements entre pays et entre régions (en pour cent)

	Minimum	Maximum	*Coefficient de variation*
Entre pays	41	89	*22,7 %*
Entre régions	30	93	*23,1 %*

F. Heinderyckx, à partir du sondage Eurobaromètre 44.2*bis*, Commission européenne, 1996.

6. Cumul

Les valeurs relatives aux consommateurs de plusieurs médias d'information révèlent une fois de plus une vaste zone nord-est aux densités les plus élevées (voir carte 5). Belgique, Bade-Wurtemberg et nord de l'Italie, ainsi que le centre de la Grande-Bretagne et l'Irlande du nord marquent une zone de transition (valeurs proches de la moyenne), alors que le reste de l'Europe, à l'exclusion de l'ouest de la France, du nord de l'Espagne et du Latium (Italie), se révèle moins assidue des médias d'information. Cette description corrobore largement le clivage déjà observé entre nord et sud de l'Europe.

Comme pour chacun des médias envisagés séparément, les moyennes nationales semblent masquer une partie de la diversité inter-régionale.

Tableau 21
Cumul :
comparaison des étalements entre pays et entre régions (en pour cent)

	Minimum	Maximum	*Coefficient de variation*
Entre pays	55	92	*15,1 %*
Entre régions	49	96	*16,2 %*

F. Heinderyckx, à partir du sondage Eurobaromètre 44.2*bis*, Commission européenne, 1996.

Carte 5
Médias d'information (cumul) : concentration de gros consommateurs

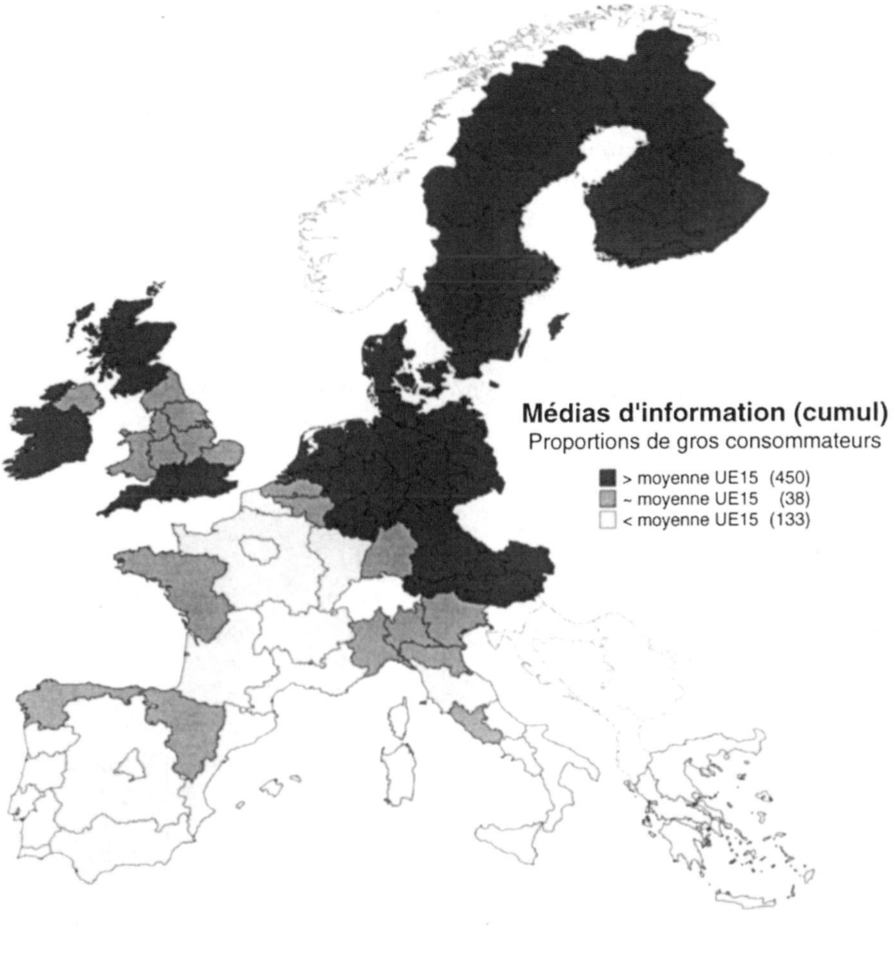

A la lumière de l'analyse qui précède, les frontières nationales sont souvent apparues de façon assez marquée, dans certains pays en particulier, mais ces aires nationales sont parfois englobées dans un ensemble homogène plus large. Certains pays, comme l'Italie, font tantôt montre d'une grande uniformité (pour les journaux parlés et télévisés) tantôt d'une diversité voire d'une polarisation (pour la presse quotidienne). Des ensembles subnationaux, multinationaux, multirégionaux et transnationaux se sont également révélés.

7. *Homogénéités nationales*

Nous avons constaté, pour les trois médias étudiés, que l'étalement des valeurs mesuré entre pays était moins important que celui entre régions. Nous en avons conclu que les moyennes nationales gommaient quelque peu certaines diversités inter-régionales. Afin d'affiner cette analyse, nous allons à présent déterminer, pour chaque pays, le coefficient de variation de la série constituée des valeurs pour ses différentes régions (voir tableau 22) [48].

Tableau 22
Coefficients de variation
des valeurs ventilées par régions (en pour cent)

	Télévision		Radio		Quotidiens	
	Moyenne nationale	C. variation interrégionale	Moyenne nationale	C. variation interrégionale	Moyenne nationale	C. variation interrégionale
Belgique	87	*3,1 %*	70	*4,8 %*	59	*3,3 %*
Danemark	94	*1,5 %*	83	*3,2 %*	83	*2,3 %*
Allemagne	89	*2,5 %*	72	*8,6 %*	83	*3,9 %*
Grèce	93	*2,1 %*	31	*32,1 %*	44	*4,3 %*
Espagne	90	*6,8 %*	53	*16,0 %*	50	*19,5 %*
Finlande	93	*2,7 %*	65	*6,0 %*	84	*1,3 %*
France	79	*5,6 %*	48	*9,2 %*	54	*11,1 %*
Irlande	89	*1,6 %*	87	*3,2 %*	74	*7,5 %*
Italie	95	*1,1 %*	34	*21,1 %*	64	*16,7 %*
Luxembourg	87	*2,8 %*	77	*3,7 %*	79	*5,6 %*
Pays-Bas	94	*1,4 %*	71	*3,6 %*	83	*2,3 %*
Autriche	91	*4,2 %*	87	*6,2 %*	84	*8,3 %*
Portugal	94	*2,2 %*	55	*5,8 %*	41	*13,9 %*
Suède	91	*2,3 %*	77	*1,8 %*	89	*3,3 %*
Royaume-Uni	92	*0,8 %*	65	*6,6 %*	74	*7,0 %*
Moyenne	**90**	***2,7 %***	**58**	***8,8 %***	**68**	***7,4 %***
Coeff. variation	*4,3 %*		*26,0 %*		*22,7 %*	

F. Heinderyckx, à partir du sondage Eurobaromètre 44.2*bis*, Commission européenne, 1996.

Une série de constatations s'imposent à la lecture de ces chiffres. Rappelons que les coefficients de variation sont directement comparables [49]. Les valeurs présentées sur le tableau 22 renforcent le constat du moindre étalement des données des journaux télévisés, puisque le coefficient de variation moyen n'est que de 2,7 pour cent, comparé aux 8,8 pour cent pour les journaux parlés et 7,4 pour cent des quotidiens. Ces deux derniers présentent donc une plus grande variété subnationale.

D'importants écarts de diversité subnationale sont à constater selon les pays. Pour les *journaux télévisés* (voir troisième colonne du tableau 22), l'Autriche, la France et l'Espagne présentent les valeurs les plus hétérogènes, ces deux derniers affichant même un coefficient de variation supérieur à celui calculé sur les moyennes nationales. Autrement dit, les régions constituant la France et l'Espagne seraient moins homogènes, du point de vue de la consommation de journaux télévisés, que l'Europe entière. Danemark, Italie et Royaume-Uni semblent, au contraire, les plus homogènes de ce point de vue.

En considérant les coefficients de variation de la consommation de *journaux parlés* (cinquième colonne du tableau 22), on constate que l'Espagne, l'Italie et la Grèce présentent la plus grande hétérogénéité, alors que le Danemark, l'Irlande et la Suède apparaissent plus homogènes. Portugal, Italie et Espagne montrent le plus de variété en ce qui concerne la consommation de *presse quotidienne* (septième colonne du tableau 22), alors que Belgique, Suède, Danemark, Pays-Bas et Finlande se révèlent les plus homogènes.

8. *Régions médiaphobes et médiaphages*

Il est tentant de voir si un lien existe entre les trois comportements étudiés, si les populations qui consomment plus de l'un des médias ont tendance à consommer plus ou moins d'un ou des autres. A cet effet, nous avons calculé les coefficients de corrélations sur les séries complètes (93 régions) prises deux par deux. Consommations de journaux parlés et télévisés sont statistiquement complètement dissociés (coefficient de corrélation proche de zéro). Un lien semble poindre entre journaux télévisés et presse quotidienne, mais très faible encore (coefficient de corrélation légèrement supérieur à 0,25). Par contre, les densités de gros consommateurs de journaux parlés et de presse quotidienne démontrent un lien de corrélation positive spectaculaire (coefficient de corrélation de 0,72), comme le figure le graphique 56 (chaque point représente une région).

Simplement exprimé, cela signifie que plus une région compte de gros consommateurs de presse quotidienne, plus cette région sera susceptible de compter une proportion importante de gros consommateurs de journaux parlés. Encore plus simplement, à l'échelle régionale, plus on s'informe par les émissions de radio, plus on lit la presse quotidienne. N'allons pas plus loin dans la simplification. Évitons notamment de ramener le raisonnement au niveau individuel. Les chiffres ne sont relatifs qu'à des densités par région, et ils ne permettent donc pas d'affirmer que plus un individu est assidu de l'un, plus il le sera de l'autre.

Graphique 56
Gros consommateurs par régions :
journaux parlés en fonction de la presse quotidienne

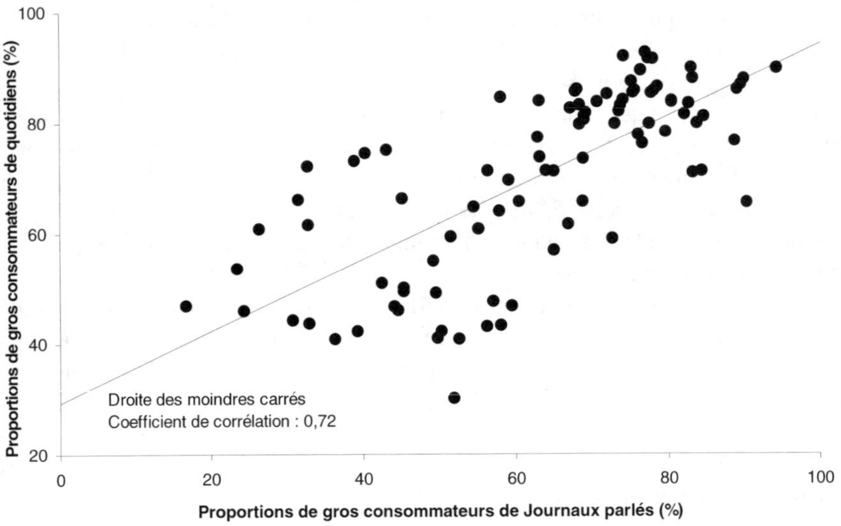

F. Heinderyckx, à partir du sondage Eurobaromètre 44.2*bis*, Commission européenne, 1996.

Ce rapprochement n'est pas sans évoquer la controverse théorique opposant les tenants de l'*exposition cumulative* ou du *recouvrement d'auditoire* [50] (on apprécie tous les médias ou aucun, on est médiaphage ou médiaphobe) à ceux de l'*auditoire substitutif* (la consommation de télévision, média dominant, éclipse les autres formes de diffusion médiatique). Les deux théories trouvent à s'appliquer successivement. Une nouvelle technique détourne certains consommateurs des anciennes (substitution), puis l'innovation se répand parmi les gros consommateurs de médias (cumul). Mais les deux comportements peuvent également cohabiter simultanément : une enquête effectuée en Communauté française de Belgique révèle que les couches défavorisées et les personnes âgées consomment exclusivement la télévision et que jeunes et intellectuels favorisent l'écrit (substitution) ; mais les 45-55 ans, les ouvriers qualifiés, artisans et commerçants cumulent plusieurs médias [51].

Nos observations, faible corrélation entre consommation de journaux télévisés et des deux autres médias d'information, corrélation marquée entre journaux parlés et quotidiens, semblent étayer une information soit exclusivement télévisuelle (substitutive), soit non télévisuelle, c'est-à-dire radiophonique et imprimée (cumulative).

Profitons de cette visualisation spatiale des données pour remarquer que bien des pays forment leurs propres « grappes ». Le graphique 57 reprend la configuration du graphique 56, mais chaque point est remplacé par l'identification du pays où se situe la région correspondant.

Graphique 57
Presse quotidienne et journaux parlés : dispersion des régions

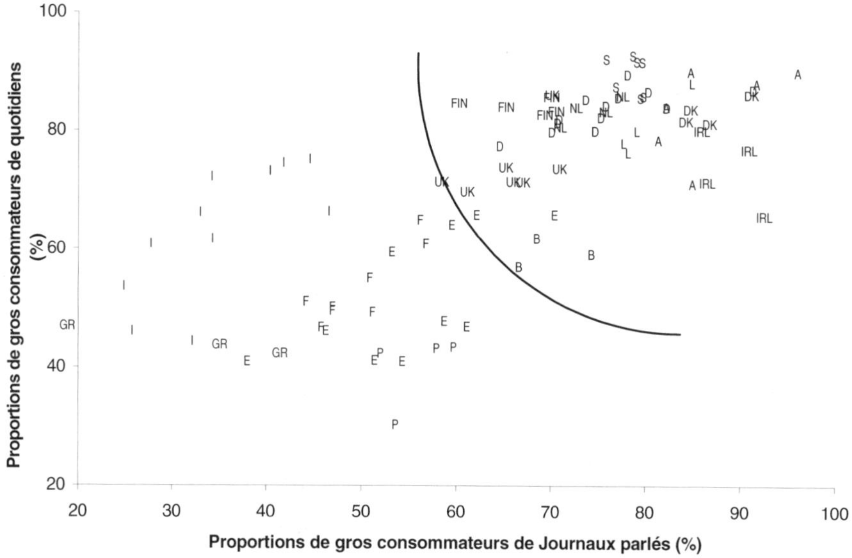

Les noyaux serrés des régions constituant notamment la Suède, la Finlande, les Pays-Bas, le Danemark illustrent l'homogénéité de ses pays. On distingue également dans le coin supérieur droit (fortes densités pour les deux médias) les régions des pays identifiés comme *zone nord-est* sur nos cartes.

Les pays étudiés se montrant d'une homogénéité souvent changeante en fonction du média envisagé, la moyenne des trois valeurs de *coefficient de variation inter-régionale* (une pour chacun des médias ; voir colonnes 3, 5 et 7 du tableau 22, p. 82) enregistrées pour les différents pays donnera une indication plus générale sur leur degré d'homogénéité globale en matière de consommation des *médias d'information* (voir tableau 23).

Ce sont les Pays-Bas et le Danemark qui indiquent la plus forte cohésion inter-régionale tous médias confondus. On assiste également à une nouvelle manifestation de la polarisation nord-sud de l'Europe, les pays du sud présentant une dispersion supérieure à celle des pays du nord.

Tableau 23
Consommation des médias d'information :
dispersion moyenne des données par pays (en pour cent)

	Moyenne des coefficients de variation interrégionale
Danemark	*2,4*
Pays-Bas	*2,4*
Suède	*2,5*
Finlande	*3,3*
Belgique	*3,7*
Luxembourg	*4,0*
Irlande	*4,1*
Royaume-Uni	*4,8*
Allemagne	*5,0*
Autriche	*6,2*
Portugal	*7,3*
France	*8,6*
Grèce	*12,8*
Italie	*13,0*
Espagne	*14,1*
Moyenne	***6,3***
93 régions	*19,1*

F. Heinderyckx, à partir du sondage Eurobaromètre 44.2*bis*, Commission européenne, 1996.

4. A la recherche du groupe homogène

Après cette étude approfondie des ventilations des données suivant les divisions territoriales (critères géographiques), nous devons à présent envisager les *découpages transversaux* suivant les critères sociodémographiques afin de déterminer dans quelle mesure peuvent émerger des groupes présentant une convergence d'attitude de consommation des médias d'information, et pouvant, à ce titre, constituer la base d'un public potentiel pour un support transnational d'information.

La recherche d'autres facteurs d'homogénéité, d'éléments transcendant l'appartenance nationale ou régionale, va nous ramener à la ventilation suivant les critères sociodémographiques déjà évoquée lors de l'examen à l'échelle des nations, mais envisagée cette fois à l'échelle européenne. Il va s'agir de rechercher des groupes répondant à des caractéristiques communes et présentant, corrélativement, une certaine cohérence de comportement à l'égard des médias d'information.

1. Homogénéité des groupes

Les tableaux suivants synthétisent les mesures d'étalement des différents groupes dans les différents pays et sur l'ensemble de l'Europe. Comment interpréter ces données ? Plus l'indice de dispersion des données (ici le *coefficient de variation*) est élevé, plus il indique des différences importantes entre les catégories du critère envisagé pour le pays considéré, et donc plus ce critère peut être considéré comme différenciateur du comportement étudié. Illustrons par l'exemple.

Pour la consommation de *journaux télévisés* (voir graphique 58), on constate que l'âge et la profession présentent les indices de dispersion les plus élevés. Cela signifie qu'on peut observer des concentrations très diverses de gros consommateurs de journaux télévisés selon la tranche d'âge et selon la profession. Autrement dit, l'âge et la profession constituent les meilleurs critères de différenciation, à savoir que certaines tranches d'âge et certaines professions présentent des proportions significativement plus élevées d'assidus du journal télévisés que d'autres. A l'inverse, le sexe et l'habitat n'ont que peu d'effet sur ce comportement, c'est-à-dire que les valeurs varient très peu entre hommes et femmes ou entre habitat rural et urbain.

Graphique 58
Etalement des données entre classes des critères de différenciation
(moyenne des valeurs par pays)

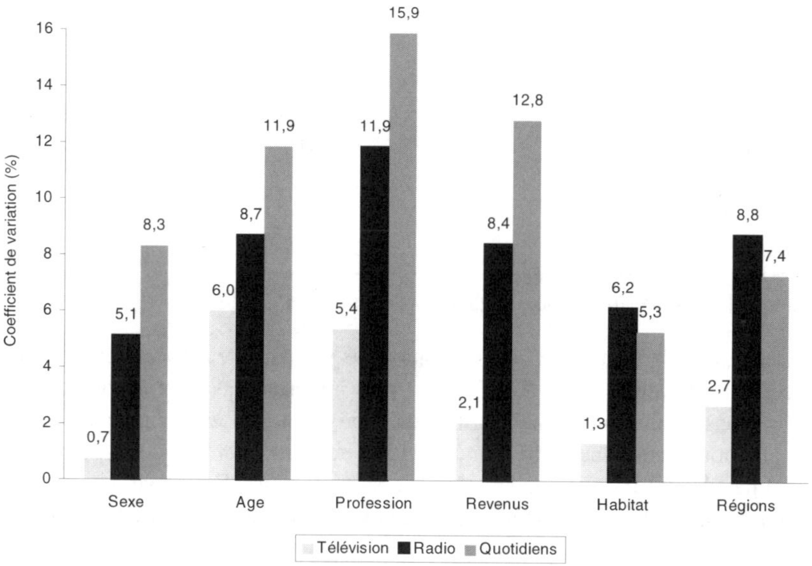

F. Heinderyckx, à partir du sondage Eurobaromètre 44.2*bis*, Commission européenne, 1996.

En ce qui concerne les *journaux parlés*, c'est la profession qui semble être le critère le plus significatif suivi, à distance, par la région, l'âge et les revenus. Les grandes différences de dispersion observées entre certains pays corroborent les analyses effectuées par pays. En ce qui concerne la consommation de *presse quotidienne* les critères les plus discriminants sont la profession, les revenus et l'âge.

2. *L'Europe comme entité*

L'analyse des classes sociodémographiques ci-dessus a été construite sur des valeurs moyennes calculées à l'échelle des nations. L'étalement a été estimé pour chaque critère et pour chaque pays, puis la moyenne européenne a été établie par une simple moyenne arithmétique des étalements constatés à l'échelle de chaque pays. Une seconde approche consiste à considérer l'Union européenne comme une seule grande entité. Dans ce mode de calcul, le critère régional est envisagé comme si UE15 était une entité constituée de 93 régions. L'étalement est calculé sur cette série de 93 valeurs. Les résultats de ces opérations figurent sur le tableau 24 et donnent lieu au graphique 59. La structure *par pays* y figure au titre de découpage comme un autre.

Tableau 24
Etalement des données selon les critères de différenciation
(coefficients de variation, en %, Europe comme entité)

	Télévision	Radio	Quotidiens	Cumul
Sexe	*0,4*	*5,0*	*7,4*	*4,7*
Age	*5,7*	*6,1*	*10,0*	*7,6*
Profession	*4,0*	*11,5*	*12,3*	*9,1*
Revenus	*1,5*	*7,3*	*9,2*	*6,5*
Habitat	*1,0*	*3,4*	*3,1*	*2,0*
Etalement entre 15 pays	*4,3*	*26,0*	*22,7*	*15,7*
Etalement entre 93 régions	*5,6*	*28,4*	*23,1*	*16,2*

F. Heinderyckx, à partir du sondage Eurobaromètre 44.2*bis*, Commission européenne, 1996.

Remarquons que pour la consommation de journaux télévisés, l'étalement des données entre les quatre tranches d'âge est plus important qu'entre les douze pays et les 93 régions. Cela signifie que le critère de l'âge est plus discriminant que celui de la nationalité, ou encore que l'âge d'un individu serait plus indicatif de sa propension à consommer des informations télévisées que sa nationalité. Dans tous les autres cas, l'étalement des données considérées par pays supplante tous les autres, à l'exception des régions.

Mais cet indicateur est à considérer avec beaucoup de prudence : la ventilation par régions comporte quelque 93 classes là où les autres découpages n'en comptent que deux, trois, quatre, six ou douze, rendant hasardeuse la prise en considération des valeurs selon le critère régional.

Ces observations constituent des indices sérieux à porter au crédit de nos thèses et manifestent la pertinence des divisions territoriales comme force structurante des habitudes de consommation des médias d'information.

Graphique 59
Etalement des données entre classes (Europe comme entité)

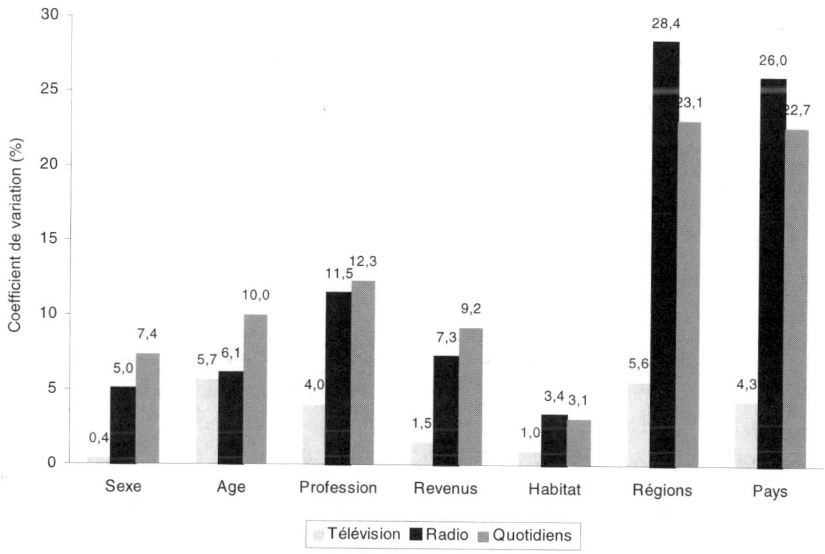

F. Heinderyckx, à partir du sondage Eurobaromètre 44.2*bis*, Commission européenne, 1996.

3. *Groupes homogènes*

L'étude des différents critères sociodémographiques conduit naturellement à avancer un certain nombre d'hypothèses séduisantes concernant la cohérence interne et transnationale de certaines catégories d'individus. Si les données ventilées suivant tel critère sont plus étalées que suivant tel autre, peut-on envisager qu'un groupe social soit plus homogène qu'un groupe régional ? L'âge est-il plus prédictif de l'attitude que la nationalité ? La consommation de tel média est-elle davantage fonction des revenus ou de la profession ? Autant d'hypothèses dont l'examen permettra d'établir s'il existe des groupes d'homogénéité comparable à celle des différents ensembles nationaux.

Afin de mesurer l'homogénéité des différents groupes, nous allons envisager l'étalement des valeurs d'un même groupe à travers toute l'Europe : étalement des valeurs pour l'ensemble des femmes, pour l'ensemble des hommes, pour l'ensemble des 15-24 ans, etc.

Pour chaque média, nous allons comparer le coefficient de variation de la série des moyennes nationales avec les coefficients de variation des séries des différents groupes définis en fonction des classes de chaque critère sociodémographique. En pratique, il s'agira, pour les journaux télévisés, par exemple, de comparer le coefficient de variation des valeurs par pays (4,3 pour cent) avec le coefficient de variation de la série constituée des valeurs pour les hommes de chaque pays (4,7 pour cent), puis pour les femmes de chaque pays (4,1 pour cent) et ainsi de suite pour toutes les catégories (voir tableau 25).

Tableau 25
Calcul de l'étalement par classe

Journaux télévisés **Totaux pays** V = *4,3 %*		Journaux télévisés **Régions** V = *5,6 %*		Journaux télévisés **Hommes** V = *4,7 %*		etc.
B	87 %	BE1	82 %	B	88 %	
DK	94 %	BE2	89 %	DK	93 %	
D	89 %	BE3	85 %	D	91 %	
etc.		(...)		etc.		
		UK9	92 %			
		UKA	93 %			
		UKB	93 %			

Nous avions constaté lors de l'examen des valeurs par régions (voir pages 73 et suivantes) que l'utilisation des valeurs moyennes par pays gommait quelque peu les écarts interrégionaux. Dès lors, outre le coefficient de variation de la série des moyennes nationales, nous allons inclure les coefficients de variation interrégionale calculés sur toute l'Europe (93 régions).

Enfin, pour pouvoir comparer l'homogénéité des pays avec celle de groupes sociodémographiques à l'échelle européenne, c'est-à-dire évaluer la pertinence d'un découpage de l'Europe par d'autres critères que celui de la nationalité, nous pouvons reprendre des coefficients de variation calculés lorsque nous avons envisagé l'homogénéité interrégionale des pays (voir p. 82 et suivantes).

L'étalement très variable d'un pays à l'autre nous encourage à nous servir de la moyenne arithmétique (non pondérée) des coefficients de variation comme repère d'ordre de grandeur de l'étalement interrégional des données nationales (dernière ligne du tableau 26 ; voir aussi tableau 22, p. 82). Constatation rassurante pour la pertinence de cet étalon : l'étalement est faible pour les journaux télévisés, nettement plus élevé pour les journaux parlés et les quotidiens, recoupant en cela les constations faites par ailleurs. Cette approche permet une comparaison intéressante entre les étalements constatés sur une base géographique (les régions) d'une part, et selon des critères *transversaux* d'autre part, certaines catégories sociodémographiques en l'occurrence.

Notons quelques observations intéressantes. Pour les *journaux télévisés*, les « seniors » et les pensionnés présentent les étalements les plus faibles. On peut donc soupçonner que, de tous les groupes envisagés (hommes, femmes, etc.), celui des personnes âgées (55 ans et plus) présente la plus forte homogénéité quant à la consommation de journaux télévisés. Autrement dit, les pensionnés des différents pays d'Europe présentent une convergence d'attitude par rapport aux journaux télévisés. Nettement plus, en tout cas, que les étudiants ou les 15-24 ans pour qui l'étalement est maximum, c'est-à-dire que les étudiants et les jeunes de certains pays sont nettement plus assidus que ceux d'autres pays.

Tableau 26
Consommation des médias d'information :
étalement international *des classes sociodémographique*
(coefficients de variation, en pour cent)

	Télévision	Radio	Quotidien	
Etalement entre 15 pays	*4,3*	*26,0*	*22,7*	*15,7*
Etalement entre 93 régions	*5,6*	*28,4*	*23,1*	*16,2*
Hommes	*4,7*	*23,1*	*16,8*	*11,2*
Femmes	*4,1*	*29,2*	*29,3*	*18,8*
15-24 ans	*9,2*	*27,6*	*23,2*	*16,5*
25-39 ans	*6,0*	*24,0*	*19,1*	*13,2*
40-54 ans	*4,2*	*25,5*	*21,5*	*13,8*
55 ans et +	*2,6*	*30,0*	*28,6*	*19,3*
Indépendants	*5,5*	*24,2*	*19,5*	*13,1*
Cadres supérieurs	*6,8*	*19,4*	*12,8*	*7,8*
Autres cadres	*4,9*	*22,7*	*17,4*	*12,1*
Manuels	*5,1*	*27,3*	*23,0*	*16,5*
Personne au foyer	*3,6*	*32,9*	*34,0*	*22,1*
Etudiant	*10,6*	*28,0*	*24,2*	*16,8*
Sans emploi	*7,2*	*28,6*	*22,3*	*15,4*
Pensionné	*2,8*	*31,2*	*30,6*	*20,7*
Revenus ++	*5,0*	*19,9*	*17,1*	*10,4*
Revenus +	*4,4*	*26,0*	*20,6*	*14,3*
Revenus -	*4,0*	*28,0*	*26,0*	*17,0*
Revenus --	*5,1*	*33,3*	*34,8*	*24,1*
Zone rurale	*3,7*	*30,4*	*26,6*	*16,9*
Petite ville	*4,2*	*27,5*	*21,7*	*14,9*
Grande ville	*6,0*	*21,4*	*20,3*	*12,1*
Moyenne écarts interrégionaux	*2,7*	*8,8*	*7,4*	*5,1*

F. Heinderyckx, à partir du sondage Eurobaromètre 44.2*bis*, Commission européenne, 1996.

Rappelons également que, toujours en ce qui concerne les journaux télévisés, l'Espagne montre un coefficient de variation *interrégionale* de 6,8 pour cent (voir tableau 22, p. 82) et présente, de ce fait, une homogénéité nationale globale nettement inférieure à l'homogénéité de nombreux groupes sociaux considérés à l'échelle européenne. Autrement dit, on trouve moins de diversité notamment au sein des personnes âgées de toute l'Europe qu'au sein de la population espagnole dans son ensemble.

En ce qui concerne les gros consommateurs d'information à la *radio*, les cadres supérieurs, les revenus supérieurs et les habitants des grandes villes sont significativement plus homogènes à travers l'Europe que la population dans son ensemble. Dans les grandes villes, cette homogénéité marquée correspond également à une légère propension plus grande à écouter les informations radiophoniques (61 pour cent de gros consommateurs, pour 58 pour cent dans les petites villes et 57 pour cent en milieu rural).

Ceci dit, les grandes villes partagent certaines caractéristiques au niveau de l'offre, si l'on considère le fait que les stations dites « de la bande FM » émettent généralement au départ des grandes villes et avec des périmètres de diffusion assez limités. Dès lors, on peut penser que les habitants des petites villes ou des zones rurales bénéficient d'une offre variable suivant leur situation (proximité éventuelle d'une grande ville et donc réception par débordement), expliquant une diversité des comportements. Les cadres et les revenus supérieurs correspondent plus nettement aux classes les plus assidues de leur critère respectif. Si l'on considère les revenus, la tranche supérieure est donc la plus assidue et la plus homogène à travers l'Europe. Il en va de même pour les cadres qui consomment plus que les autres professions et de façon plus constante à travers l'Europe.

Les cadres supérieurs constituent nettement le groupe le plus homogène en ce qui concerne la lecture de *presse quotidienne*. Comme pour les journaux parlés, cette catégorie correspond également au taux d'assiduité maximum. Les Européens aux revenus les plus faibles ainsi que les personnes au foyer présentent par contre les contrastes les plus fort entre pays. Si l'on considère la *consommation cumulée* de médias d'information, ce sont encore, de très loin, les cadres supérieurs qui sont à la fois les plus assidus et les plus homogènes à travers l'Europe.

4. *Clivage nord/sud*

Ouvrons une brève parenthèse afin de souligner de nouvelles manifestations d'un *clivage entre le nord et le sud* de l'Europe. Le phénomène n'est pas général, et il convient d'en affiner la perception.

Étant donné la relative homogénéité des moyennes nationales concernant les journaux télévisés, ce sont les journaux parlés et la presse quotidienne qui sont susceptibles de faire apparaître ledit clivage. La combinaison graphique des deux variables montre en effet une polarisation des pays en deux amas.

Le nuage du *sud* regroupe les pays de tradition « gréco-latine », le nuage du *nord* les germains et les scandinaves. Seuls les Belges semblent s'agglutiner autour des valeurs moyennes européennes. La position de la Belgique est particulièrement emblématique de sa situation bi-communautaire, déchirée entre une communauté flamande de filiation germanique et une communauté francophone culturellement marquée par ses voisins du sud. Nous verrons plus loin que cette explication est plus qu'une vue de l'esprit.

Le graphique 61 permet d'observer une polarisation nord-sud des étalements calculés pour les informations à la radio et la presse quotidienne selon le critère des *revenus*. Les quatre pays les plus méridionaux de l'Union européenne se détachent nettement avec des indices de dispersion très supérieurs, c'est-à-dire qu'ils présentent des habitudes nettement plus contrastées selon le niveau de revenus.

Graphique 60
Radio en fonction de la presse quotidienne

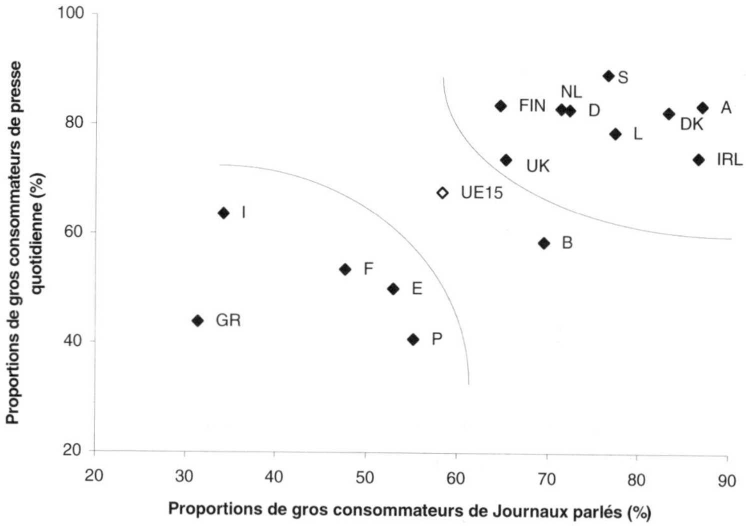

F. Heinderyckx, à partir du sondage Eurobaromètre 44.2*bis*, Commission européenne, 1996.

Autre exemple : le critère du sexe pour les journaux parlés et la presse quotidienne. Le graphique 62 montre que les pays du sud présentent indiscutablement des comportements plus contrastés entre hommes et femmes. France et Belgique, à proximité de la moyenne européenne, apparaissent en porte-à-faux entre les deux zones.

Ce clivage récurrent peut encore être observé sur divers critères sociodémographiques, pour la presse quotidienne en particulier. Tout porte donc à croire que les pays « du sud » présentent des schémas de consommation des médias d'information plus contrastés, plus hétérogènes que les pays du nord. Ces observations viennent compléter celles relevant de nombreuses traces d'un tel clivage lorsque l'on considérait non pas les étalements mais les proportions de gros consommateurs.

Graphique 61
Etalement entre tranches de revenus :
radio en fonction des quotidiens

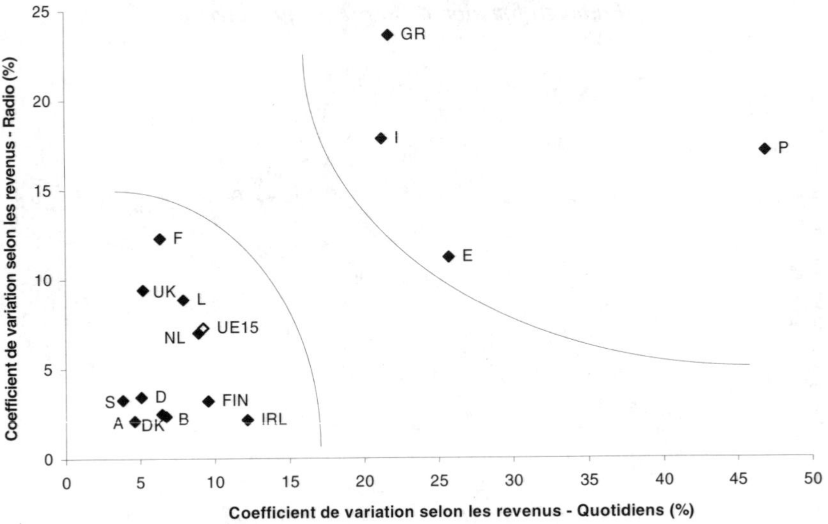

F. Heinderyckx, à partir du sondage Eurobaromètre 44.2*bis*, Commission européenne, 1996.

Graphique 62
Etalement entre hommes et femmes :
journaux parlés en fonction des quotidiens

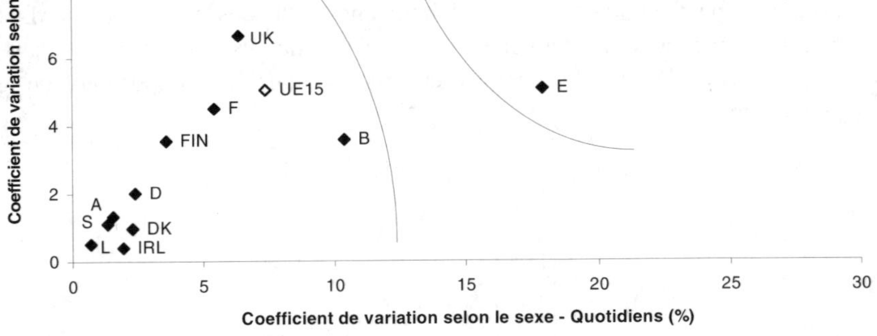

F. Heinderyckx, à partir du sondage Eurobaromètre 44.2*bis*, Commission européenne, 1996.

5. Publics géographiques

Europe, nations, régions. Quelle que soit l'approche choisie, la référence demeure exclusivement exprimée par construction sémantique autour de la notion d'Etats-nations, de ses multiples et de ses fractions. Cette hégémonie témoigne du cheminement évolutif, et assez récent, à partir d'une situation structurée en termes de nations [52]. Pourtant, cette racine commune implique, en corollaire, une vision essentiellement basée sur un système de référence à dominante géographique qui manifeste, ou encourage, une perspective spatiale sur la réalité, y compris sociale.

Concrètement, cela signifie que notre système de pensée tend à situer les individus dans des groupes, et à rattacher ces groupes à des référents spatiaux, géographiques, eux-mêmes associés à des valeurs, des cultures et caractères apparemment clairement défini ou, au moins, définissables. On est *a priori* plus à l'aise pour décrire l'Anglais ou le Marseillais typique, plutôt que la femme au foyer ou le cadre moyen de 40 ans. Car dans ces derniers cas, on ne manquera pas d'observer que « cela dépend où ».

Cette hégémonie du référent géographique est-elle un phénomène récent ? Roland Robertson observe que le facteur géographique occupe une place prééminente dans la pensée, et les sciences sociales en particulier, depuis le développement, dans les années soixante, d'une tradition de *mapping*, qui se traduit par une vision du monde en des termes tels que tiers-monde, clivage Est-Ouest, Nord-Sud, etc. [53]. Dans ce contexte, le succès de l'échelle des nations est particulièrement marqué.

« L'Etat-nation constitue l'unité politico-économique de division du monde la plus significative » [54]. On attribue l'utilisation généralisée du critère de nationalité à la grande facilité qu'il procure [55]. Michael Olneck insiste sur le rôle primordial de la participation dans les institutions publiques et de l'identification qu'on y associe, dans l'avènement d'une communauté [56]. Jürgen Habermas estime que « l'espace public est jusqu'à présent resté fragmenté au niveau des Etats-nations » [57]. En matière macro-économique, on constate que « la nation apparaît comme l'objectif final de l'analyse » [58]. De même, les débats entourant l'impérialisme culturel, et la référence constamment faite à l'identité nationale, impliquent une vision avant tout spatiale et géographique des choses [59].

Le succès de cette échelle de référence tient en partie à la facilité avec laquelle on peut l'appréhender. Les frontières nationales sont clairement définies et tangibles, et coïncident avec des ruptures observables sur bien des dimensions culturelles (citons surtout la langue, la religion, le système politique et éducatif, etc.), sans parler de nombreux caractères apparemment secondaires, mais marquant cependant l'unité du groupe national et sa singularité (drapeaux, uniformes, signalisation routière, folklore, cuisine, etc.). Les nations accentuent la différence au point de l'institutionnaliser.

A la fois cause et conséquence de l'hégémonie de la perspective géographique et plus particulièrement nationale, l'organisation des sources statistiques, leurs modes de collecte, de présentation et de diffusion de l'information, entretiennent une perception exclusivement construite sur cette base. Maurice Comte observe que les découpages administratifs du territoire se sont toujours remarquablement bien prêtés aux constructions statistiques, mais estime que « les espaces pertinents ne rentrent pas dans les découpages administratifs », et insiste sur la pertinence décroissante de la notion d'espace territorial à mesure, notamment, que se développent les techniques télématiques qui se substituent progressivement aux liens physiques [60].

L'intensité de cette prééminence semble d'ailleurs varier culturellement. Retombant dans le système de référence nationale, citons Christian Bromberger qui attribue aux Français une perception nettement géographique de l'identité nationale, basée sur le droit du sol, par opposition à une vision plus germanique basée sur les liens de sang [61].

On pourrait penser que les choses évoluent notamment dans le contexte actuel d'internationalisation des structures économiques et financières. Nous y avons fait référence à plusieurs reprises et avons dénoncé le déterminisme économique ambiant qui, depuis la révolution industrielle, et surtout depuis la fin de la seconde guerre mondiale, voyait dans l'augmentation des flux économiques et l'intensification des concentrations structurelles ignorant les frontières nationales, le moteur d'une convergence culturelle planétaire. Or, paradoxalement, ces mêmes milieux manifestent quantités d'indices démontrant la vigueur et l'omniprésence de l'échelon national. Songeons, par exemple, que la plupart des entreprises dites *multinationales* organisent leurs implantations suivant une matrice de sièges ou de filiales structurées, précisément et presque paradoxalement, par pays.

Ce paradoxe s'épaissit lorsqu'on étudie la façon dont ces entreprises envisagent leur *marché*. Boddewyn, Soehl et Picard ont entrepris une enquête auprès de responsables *marketing* de sociétés américaines implantées en Europe. S'exprimant sur les principaux obstacles à un marketing standardisé, les répondants évoquent en premier lieu les différences nationales en termes de goûts, d'habitudes, de règles et d'exigences techniques [62]. Comparant leurs résultats avec ceux d'études similaires antérieures, les auteurs observent bien peu d'évolution dans l'uniformisation des produits et des marchés. Harold Clark considère d'ailleurs ironiquement que toute cette agitation sur la globalisation des marchés est avant tout une affaire de produits et de producteurs, en aucun cas de consommateurs [63].

Le marketing se caractérise par une dynamique créative considérable qui débouche, selon l'époque, l'entreprise et le produit, sur des approches radicalement différentes voire antagonistes. Ainsi, le grand débat sur l'approche globale ou locale du marché, tant dans les caractéristiques du produit que dans son appellation et les campagnes de promotions qu'il suscite, manifeste une diversité de pratiques et de revirements successifs à la hauteur de l'incertitude entourant la convergence culturelle.

Même les apôtres du *postmodernisme*, grands pourfendeurs de l'Etat-nation et de la citoyenneté, se laissent parfois aller à des formulations attestant de l'hégémonie de l'échelle nationale, faute d'alternative. Ainsi, Jonathan Friedman parle de *phénomène subnational* lorsqu'il évoque la résurgence des mouvements ethniques en Europe [64]. Philip Schlesinger relève que, dans la pensée postmoderne, la *reterritorialisation* suppose que le niveau des Etats-nations ne constitue plus une base adéquate pour envisager les identités collectives. Pourtant, souligne-t-il, tous les mouvements nationalistes, dont on note la résurgence, notamment en Europe, s'appuient toujours uniquement sur des revendications exprimées en termes de nations [65] et, ajouterons-nous, de territoire.

Remarquons que bien des découpages de l'Europe proposés par divers auteurs s'expriment en termes géographiques, même si la réflexion qui les sous-tend est d'une tout autre nature (historique, sociale, politique, culturelle, etc.). Ainsi, par exemple, Usunier, étudiant les cultures sous l'angle commercial, décèle une opposition entre cultures saxonnes et latines et définit trois zones en Europe (la Scandinavie, le centre — y compris le Royaume-Uni — et la Méditerranée), et pense pouvoir préconiser des pratiques *interculturelles* de marketing pour chacune de ces zones [66]. Il relève également l'importance du système légal comme indice d'une attitude plus générale. Ainsi, les pays anglo-saxons fonctionnant avec des systèmes de type *common-law* sont marqués par une démarche pragmatique, puisqu'on y étudie les cas particuliers avant de les généraliser; alors qu'en Europe germanique et du sud, on fixe d'abord les règles avant de réfléchir à leur application à des cas spécifiques [67]. Dans la même veine, Victor Scardigli relève trois axes de clivage d'origine historique en Europe : l'Est, slave et byzantin, est opposé à l'Ouest, latin et germanique ; le nord protestant, au sud catholique et méditerranéen ; le centre correspondant à l'empire carolingien, à la périphérie [68].

Loin de nous l'idée de vilipender la vision géographique et la référence aux nations comme base de l'observation en sciences humaines. S'il importe d'éviter que ce système de référence éclipse toute alternative, il convient de souligner que la démarcation nationale est souvent profondément marquée. A titre d'exemple, soulignons que des études démographiques fouillées ont démontré la réalité spatiale des frontières étatiques comme ligne de rupture, comme en attestent les évolutions divergentes observées de part et d'autre de frontières, dans des régions antérieurement unies [69].

Notre propos ne consiste pas à condamner l'utilisation de ce système de référence. Au contraire, nos hypothèses dénoncent largement la tentation d'oublier la nation au nom de quelque spéculation dite globalisante. Il convient simplement d'en observer l'omniprésence, d'en mesurer les conséquences sur la perception et l'étude de phénomènes sociaux, et de veiller à transgresser et à dépasser cette vision lorsque la nécessité s'en fait sentir pour la pertinence de notre réflexion et lorsque la nature et la structure du corpus dont nous disposons le permettent.

L'étude des publics conduit à des observations résolument contrastées. La grande diversité des comportements selon le média, le pays ou le critère sociodémographique envisagé, et toutes les combinaisons possibles de ces variables attestent de la complexité de l'attitude des publics et de la difficulté à la cerner dans un cadre typologique rigide. Néanmoins, nous avons décelé des tendances qui pourraient se révéler comme autant d'indices de phénomènes importants. Plusieurs zones multirégionales transnationales sont apparues, en particuliers le *nord-est*, qui présentent une convergence d'attitude à l'égard d'un ou plusieurs des médias d'information étudiés.

L'examen des données suivant les caractéristiques sociodémographiques révèle la *profession*, l'*âge* et les *revenus* comme critères dominants de différenciation des attitudes envers les médias d'information. En outre, certaines familles démontrent une indiscutable homogénéité de comportement à travers l'Europe : 55 ans et plus pour les journaux télévisés ; cadres supérieurs, revenus supérieurs et citadins pour la radio, cadres supérieurs pour la presse quotidienne. Ces groupes montrent une convergence de dispositions en termes de fréquence de consommation, et celle-ci s'avère d'ailleurs, pour un certain nombre d'entre eux, parmi les plus élevées. Ils sont donc susceptibles de constituer les bases d'autant de publics potentiels d'un support transnational d'information.

Mais les schémas d'attitude se sont révélés variables d'un pays à l'autre. De plus, le comportement étudié (fréquence déclarée de consommation) ne constitue qu'une dimension des motivations et modes de consommation des médias d'information, et ne saurait donc fonder, à elle seule, la base du développement de tels supports. Les indices apparus dans notre étude relèvent de conditions nécessaires mais non suffisantes. Il faudrait que les individus composant le public pressenti partagent, de surcroît une « constellation d'intérêts culturels » [70].

La comparaison des étalements des données suivant les critères de différenciation semble indiquer que ce ne sont pas les critères sociodémographiques, mais bien *le découpage sur des bases géographiques qui définirait les groupes aux comportements les plus contrastés en matière de consommation des médias d'information*. Suivraient, par ordre d'importance, la profession, l'âge, les revenus, le sexe et, enfin, le type d'habitat. De plus, en comparant la dispersion suivant les différents critères géographiques et sociodémographiques, nous avons pu observer, pour les trois médias étudiés, le bien-fondé de l'agencement par nations. Cette dimension géographique est également au cœur des diverses manifestations d'un clivage entre le nord et le sud de l'Europe. Au-delà de divergences d'attitude entre ces deux zones, nous avons mis en évidence une plus grande variance des comportements au sud qu'au nord.

Notes

[1] Desrosières, 1992, p. 156.

[2] Environ 1 000 par pays, sauf au Luxembourg (500), en Allemagne (2 000) et Royaume-Uni (1 300).

[3] Selon IP, *European key facts — Television 96*, p. 66.

[4] *Information et Publicité* est un réseau européen d'agences d'achat d'espace publicitaire dans les médias (on parle de *régies publicitaires*).

[5] INRA *Global Survey,* enquête effectuée dans 43 pays du monde pour le 50e anniversaire de l'INRA. Résultats partiels publiés dans *Citizens of the World, Consumers of the World*; données complètes obtenues auprès de l'INRA.

[6] Données reprises dans *European Key Facts — Radio audience 1992* publié par IP.

[7] Seul le Luxembourg affiche, dans les données *European Key Facts* d'IP, une position en contradiction avec les données de l'*Eurobaromètre* (environ 50 pour cent de pénétration, ce qui le situe au niveau du Portugal).

[8] Bouillin-Dartevelle, 1984, p. 107.

[9] L'Eurobaromètre utilise une échelle de « revenus harmonisés » qui, regroupés en quatre niveaux des plus élevés aux plus faibles, permet la comparaison internationale directe.

[10] Cette situation qui justifie largement la préoccupation de bien des organes de presse toujours prompts à déployer des efforts considérables afin d'élargir leur public dans les tranches d'âge les plus jeunes afin d'assurer un renouvellement de leur public.

[11] Bouillin-Dartevelle, Thoveron & Noël, 1991, p. 129.

[12] Voyenne, 1962, p. 132.

[13] Fransen, 1993-1994, p. 36.

[14] Cette définition correspond à la fusion des catégories « +++ » et « ++ » de l'échelle de recours aux médias (*media use index*) utilisée dans l'*Eurobaromètre*.

[15] Cayrol, 1983, p. 179.

[16] Thoveron, 1990, p. 73.

[17] Kleinnijenhuis, 1991.

[18] Voyenne, 1962, p. 131.

[19] Voyenne, 1962, p. 130.

[20] Voyenne, 1962, p. 129.

[21] Hecht, Andersen & Ribeau, 1989, p. 168.

[22] Il s'agit en fait de l'ordre alphabétique des pays lorsque ceux-ci sont nommés dans leur langue nationale (Belgique, Danmark, Deutschland, Ellas, España, etc.)

[23] Ferry, 1992, p. 186.

[24] Labasse, 1991, p. 11.

[25] Harvie, 1994, p. 9.

[26] Bassand, 1990, p. 83.

[27] Labasse, 1991, p. 36.

[28] Capron, 1990, p. 24.

[29] Capron, 1990, p. 28.

[30] Capron & Thys-Clément, 1990, p. 51.

[31] Cité par Labasse, 1991, p. 30.

[32] Dubois, 1991, p. 13 & 16.

[33] Teyssier, 1991, p. 18.

[34] Voir notamment Bassand, 1990, p. 87.

[35] Labasse, 1991, p. 71 et suivantes.

[36] Bassand, 1990, p. 156-157.

[37] Labasse, 1991, p. 94.

[38] Labasse, 1991, p. 100-101.

[39] Voir notamment Lask, 1995 ; Capron & Thys-Clément, 1990, p. 51.

[40] Capron & Thys-Clément, 1990, p. 52-53.

[41] Labasse, 1991, p. 192.

[42] Labasse, 1991, p. 194.

[43] Capron & Thys-Clément, 1990, p. 52.

[44] Selon *Le Soir*, 16 novembre 1995, p. 20.

[45] Ouvrage de Janssen & Jacobs présenté dans *Le Soir*, 2 janvier 1994, p. 15.

[46] Harvie, 1994, p. 59.

[47] Les bornes de cette classe médiane ont été établies à partir de la moyenne et de l'écart-type des valeurs par pays (moyenne ± ½ écart-type).

[48] Le Danemark, l'Irlande et le Luxembourg étaient exclus du volet cartographique de cette étude en raison de l'absence de divisions administratives adaptées. Les données Eurobaromètre fournissent cependant des ventilations régionales pour l'ensemble des pays, permettant d'inclure l'ensemble de l'Union dans ce volet envisageant la dispersion interrégionale.

[49] Le coefficient de variation présente l'avantage d'inclure la moyenne dans la mesure d'étalement. Ainsi, ce coefficient est sans unité (généralement exprimé en pour cent) et permet de comparer directement l'étalement de séries, même si celles-ci ne sont pas du même ordre de grandeur ou si elles ne sont pas exprimées dans la même unité.

[50] Notion introduite par Bernard Berelson et Paul Lazarsfeld dans les années quarante, voir notamment Gryspeerdt, 1974, p. 20-21.

[51] Bouillin-Dartevelle, Thoveron & Noël, 1991, p. 123-127 ; Thoveron, Delepeleire & Olyff, 1988, p. 112-113.

[52] Certains dénoncent le référent national comme arbitraire (Noam, 1991, p. 23).

[53] Robertson, 1990, p. 24-25.

[54] Tomlinson, 1994, p. 69, notre traduction de « *the nation-state is the most significant political-economic unit into which the world is divided* ».

[55] Hofstede, 1991, p. 12 ; Usunier, 1992, p. 61.

[56] Olneck, 1989, p. 405.

[57] Habermas, 1992, p. 31.

[58] Konings, 1990, p. 173.

[59] Tomlinson, 1994, p. 69.

[60] Comte, 1992, p. 163.

[61] Bromberger, 1993, p. 50.

[62] Boddewyn, Soehl & Picard, 1986, p. 72.

[63] Clark, 1987, p. 36.

[64] Friedman, 1994, p. 96.

[65] Schlesinger, 1993, p. 9.

[66] Usunier, 1992, p. 202-203.

[67] Usunier, 1992, p. 367.

[68] Scardigli, 1993, p. 28 et suivantes.

[69] Capron & Thys-Clément, 1990, p. 51.

[70] Pour reprendre l'expression d'Axel Gryspeerdt, 1974, p. 181-182 et Gryspeerdt, *s.d.*, p. 277 et suivantes.

CHAPITRE II

Les médias d'information en Europe

1. Appréhender les médias

Envisager le bien-fondé d'une approche transnationale des médias d'information passe nécessairement par l'étude comparative des pratiques nationales en la matière, afin de prendre la mesure de cette variété éventuelle en examinant le contenu de médias d'information à travers l'Europe.

Même en se concentrant sur les médias « traditionnels » d'information (télévision, radio et presse écrite), les supports présentent une variété telle qu'ils peuvent chacun prétendre à la singularité. Nous postulons d'emblée que l'agencement des contraintes économiques, du public ciblé, de l'approche esthétique de la forme et de l'attitude philosophico-politique quant au fond, confèrent à chaque support une identité propre et un positionnement particulier sur le grand échiquier des médias d'information.

La complexité des composantes de cette identité est telle qu'il serait bien prétentieux de vouloir l'objectiver sous quelque forme de mesures ou de quantification. Tout au plus pouvons-nous tenter de définir une série de paramètres permettant de cerner suffisamment d'indices de différenciation pour constituer la base d'une comparaison pertinente. C'est par l'analyse de contenu que nous entendons aborder cette question.

L'appellation d'*analyse de contenu* recouvre autant de techniques et d'orientations théoriques qu'il existe de recherches de ce type. Dans sa forme intuitive, elle se pratique, d'une manière ou d'une autre, depuis qu'existe le langage. L'herméneutique, et en particulier l'exégèse religieuse, de même que la logique et la rhétorique constituèrent un terrain privilégié pour ce genre d'exercice. L'analyse de contenu constitue aujourd'hui une véritable discipline scientifique, grâce notamment aux efforts, dans les années trente, de Harold Dwight Lasswell puis, dans les années 40, de Paul Lazarsfeld [1] et Bernard Berelson.

Ce dernier publia en 1952 *Content analysis in communication research* qui fait encore autorité aujourd'hui, même si l'analyse de contenu s'est, depuis, spectaculairement développée et transformée, tant dans ses champs d'application que dans les techniques mises en œuvre (notamment depuis l'avènement de l'informatique).

Relevons également dans les propos du précurseur Berelson qu'il évoque l'utilisation d'analyses de contenu afin d'étudier des *publics* (des destinataires disait-on encore). Il s'agit de déceler les attitudes, les intérêts et les valeurs (il parle de « *cultural patterns* ») de groupes de population, sur la base de la présomption selon laquelle le contenu des médias exprime ou reflète une sorte d'esprit du temps (il parle de « *Zeitgeist* »). A ce propos, Berelson énonce de judicieuses mises en garde. Il rappelle notamment que l'inférence s'effectue à partir de contenus produits *pour*, et non *par* les publics. Si bien que, au mieux, le contenu reflète l'image que se font ses producteurs de leur public. Et de conclure que la question relève du problème traditionnel des causes et des effets : le contenu détermine-t-il les attitudes, ou est-ce l'inverse [2] ?

Dans la même perspective, Sparks et Campbell parlent de découvrir « le lecteur tel qu'il est inscrit » dans le journal [3]. D'autres auteurs identifient cette approche des publics par l'étude du contenu des médias qui leur sont destinés et/ou qu'ils consomment [4]. Plus précisément, les médias d'information constituent un terrain particulièrement pertinent de ce point de vue, puisqu'il « est couramment admis que les nouvelles diffusées par les médias reflètent les valeurs sociales de la classe dominante de la société dans laquelle elles sont créées » [5].

L'importance des moyens logistiques à déployer lorsqu'on entreprend une analyse de contenu digne de ce nom est telle, qu'il est nécessaire de concentrer l'étude sur un nombre limité de supports.

L'analyse thématique (par opposition à l'analyse textuelle) s'attache principalement à découper les messages étudiés en portions qui sont classées, répertoriées et comptabilisées parmi diverses rubriques définies suivant les besoins de l'étude. Ces « analyses de contenu des messages », pour reprendre la typologie de McQuail, prennent des formes purement quantitatives et constituent des outils avant tout descriptifs. McQuail les qualifie volontiers « d'analyses berelsoniennes » ; Ghiglione et Blanchet « d'analyses de contenu » [6] proprement dites qu'ils distinguent des « analyses du discours ». Lazar parle « d'analyses de contenu empiriques » qu'elle décrit notamment comme quantitatives, déductives et portant sur le contenu manifeste [7].

C'est cette seconde approche, descriptive et quantitative qui a guidé notre étude comparative des contenus des médias d'information en Europe. Elle s'applique généralement aux comparaisons synchroniques (notamment entre pays [8]) ou diachroniques (afin de révéler l'une ou l'autre évolution [9]).

Nous nous attacherons à la forme physique des messages et lorsque nous travaillerons sur leur contenu, il ne s'agira que de classer globalement les unités d'analyse (reportages, articles) dans des catégories relatives au type de sujet envisagé. En aucun cas, notre analyse ne portera sur la structure ou la signification des messages textuels. Mais nos travaux dépassent toutefois les simples *tables des matières quantifiées* [10] en envisageant dans une même *analyse catégorielle synchronique* à la fois des éléments *de forme et de fond*, d'esthétique et de substance, de contenant et de contenu (dans sa dimension thématique), en empiétant donc sur plusieurs genres, c'est-à-dire en empruntant des chemins peu fréquentés, sort de toute entreprise de ce type puisque, comme le souligne Laurence Bardin [11], « il n'y a pas de prêt-à-porter en analyse de contenu, simplement quelques patrons de base » [12].

Enfin, rappelons-nous, avec Jean-Louis Besson, que « les chiffres ne sont rien, ne valent rien sans un discours qui leur prête sens » [13]. L'analyse de contenu est à considérer au cœur d'un processus d'investigation qui n'engendrera un fait scientifique significatif et pertinent que dans la mesure où il est mené à son terme.

L'analyse s'est effectuée en trois volets. Le premier est consacré à la *presse quotidienne dite de qualité*. Une deuxième recherche examine les quotidiens économiques. Enfin, le troisième volet se concentre sur le *journal télévisé*, média d'information de masse par excellence.

2. La presse quotidienne *haut de gamme*

Ce premier volet de l'étude de contenu des médias d'information en Europe examine la presse quotidienne. Cette appellation couvre une multitude de supports offrant autant de profils singuliers en termes de publics ciblés (en fonction de critères socioprofessionnels), de nature de contenu (généraliste ou thématique, apolitique ou militant), de format, de prix, de tirage, etc.

Cette variété consubstantielle de la presse quotidienne n'est guère propice à l'étude comparative qui nécessite une certaine cohérence dans la nature et le positionnement des organes envisagés. Autrement dit, on ne peut comparer que ce qui est comparable. C'est pourquoi il a semblé adéquat de réaliser l'étude comparative sur un corpus de journaux présentant le plus possible de similitudes de positionnement dans leurs univers de diffusion respectifs.

Si l'on reconnaît au contenu des médias d'information la propriété d'indice concernant certaines caractéristiques de leurs publics [14], on peut raisonnablement penser que la presse *haut de gamme* (essentiellement les quotidiens *de qualité* et *économiques*), comprenez destinée aux classes sociales supérieures, est susceptible de présenter une certaine convergence de conception et de ciblage, à l'image de la convergence des pratiques professionnelles et même des modes de vie des populations concernées [15]. De plus, ils constituent un genre assez clairement identifié (particulièrement pour les quotidiens économiques).

Pour relative qu'elle soit, l'homogénéité du corpus demeura une priorité dans la constitution de notre échantillon, laquelle devait s'appuyer sur des bases aussi objectives que possible. Nous avons retenu le critère de positionnement sur les *classes supérieures*. Nous avons recherché d'éventuelles études attestant de la nature du public des quotidiens en Europe. Certains journaux disposent de statistiques plus ou moins complètes et fiables concernant la ventilation sociodémographique de leur lectorat, mais la diversité des méthodologies et des critères envisagés ne permet pas de comparaisons rigoureuses.

Plus intéressantes se sont révélées certaines études organisées internationalement et comportant un volet relatif à la consommation de presse quotidienne. Particulièrement prisés par les annonceurs publicitaires, ce sont les cadres et dirigeants d'entreprises qui sont l'objet des efforts d'étude les plus structurés. Ce segment correspondant de façon satisfaisante aux définitions des journaux haut de gamme exprimées en termes de *journaux des élites*, nous avons entrepris la constitution de l'échantillon sur la base des préférences exprimées par les milieux économiques et financiers. Le socle statistique étayant ce choix est constitué d'une enquête d'envergure européenne menée chaque année par *Research Services Ltd* pour une série de médias et d'agences de publicité. Il s'agit d'un sondage dont le questionnaire est conçu dans l'esprit des *études médias-produits*. L'objectif est d'appréhender les habitudes de lecture des journaux et magazines en regard des fonctions et responsabilités du répondant, de ses habitudes de consommation de produits très ciblés tels que voitures, ordinateurs, et de ses pouvoirs de décision quant à la consommation de biens et services spécifiques aux entreprises. Sous l'intitulé de *The European Business Readership Survey* (EBRS), un rapport annuel complet est publié par le *Financial Times*.

L'outil est donc conçu comme guide pour les insertions publicitaires, mais présente pour nous l'intérêt d'inclure un volet sur les journaux quotidiens « lus ou parcourus » la veille. Les chiffres de l'EBRS, sont d'ailleurs complétés par ceux d'une autre enquête réalisée dans le même esprit, par le même institut (mais pour d'autres partenaires), le *Pan European Survey* (PES). Ce sondage enquête sur un univers nettement plus vaste : sur les pays qui nous intéressent, l'univers des *cadres supérieurs et dirigeants des établissements de grande taille* de l'EBRS est estimé à 247 100 individus; l'univers des *professionals and executives in high status area* du PES est estimé à 4 739 000 personnes.

Les résultats sont notamment ventilés par pays et produisent les données suivantes pour l'aire que nous étudions (voir tableau 27).

L'étude des contenus de la presse quotidienne haut de gamme s'est articulée en deux volets : les quotidiens dits « de qualité » et les quotidiens économiques.

1. Quotidiens de qualité

Le clivage entre *quality* et *popular* marque une scission typique de la presse britannique, comme celle entre presse d'information et d'opinion est propre à la presse française [16]. Historiquement, signale Dierickx, il ne se manifestait, au départ, que dans les magazines, séparant les publications destinées aux intellectuels des autres. Transposé ensuite à la presse quotidienne, il marquait plutôt un hiatus en termes de classes sociales ou de fortune des lecteurs [17]. Sparks et Campbell combinent les deux approches en estimant que les *quality* sont destinés « à des gens qui ont recours à certaines capacités intellectuelles dans leur vie quotidienne » [18], et en reconnaissant qu'ils relèvent surtout des classes sociales supérieures.

Les quotidiens *de qualité*, également qualifiés de quotidiens *sérieux*, *d'élite*, *de prestige* [19], *Weltblätter* ou encore de *class* ou de *great*, sont décrits par Merrill comme ceux qui influencent et sont pris au sérieux par les élites intellectuelles, académiques, diplomatiques, économiques; ceux qui servent de modèle et sont volontiers cités, bref les journaux « qui ont le plus grand impact sur la pensée influente d'une nation, sur les processus de décision de base à l'égard du gouvernement d'une nation et d'autres gouvernements » [20]. Ils représentent une référence dans leur pays et ailleurs. Agee, Ault et Emery réservent ce label aux journaux qui offrent une information complète et impartiale, et qui font preuve de leur « sens des responsabilités en contribuant à former l'opinion de la communauté », tout en protégeant les libertés fondamentales de l'homme, tout en admettant qu'il s'agit là de critères fort peu opérationnels [21]. Thoveron préfère opposer l'informatif au ludique, le « sérieux » au « frivole » [22].

Tableau 27
Consommation de presse quotidienne par les cadres et dirigeants (lectorat moyen, en pour cent)

			EBRS (1993)	PES 5 (1992)
Allemagne		*Frankfurter Allgemeine*	59	21
	(*)	*Handelsblatt*	53	11
		Suddeutsche Zeitung	22	12
		Die Welt	21	6
Belgique (+ Lux.)	(*)	*L'Echo + Fin. Ekon. Tijd*	64	13
		De Standaard	34	20
		Le Soir	31	17
		La Libre Belgique	22	12
		Gazet van Antwerpen	11	7
Espagne		*El País*	58	29
	(*)	*Expansión*	42	7
		ABC	35	24
		Cinco Dias	33	5
		La Vanguardia	29	9
		El Mundo	27	12
France	(*)	*Les Echos*	64	12
		Le Figaro	41	14
		Le Monde	38	22
Irlande		*The Irish Times*	86	71
		The Irish Independent	49	38
	(*)	*Financial Times* (UK)	37	11
Italie	(*)	*Il sole 24 Ore*	79	19
		Corriere della Sera	68	27
		La Repubblica	52	28
		Il Giornale	20	11
		La Stampa	19	9
Pays-Bas	(*)	*Het Financieele Dagblad*	62	15
		NRC Handelsblad	45	31
		De Telegraaf	40	25
		Algemeen Dagblad	29	17
		De Volkskrant	22	22
Royaume-Uni	(*)	*Financial Times*	58	21
		The Daily Telegraph	37	20
		Daily Mail	24	15
		The Times	23	17
		Evening Standard	16	-
		Daily Express	15	10
		The Independent	15	13
		The Guardian	7	10

(*) : quotidien économique

Sources : *The European Business Readership Survey 1993* et *Pan European Survey 5*.

Pour un quotidien, être reconnu comme *de qualité* ne correspond pas à une appellation contrôlée répondant à des critères d'attribution clairement définis (voir ci-dessus). La polarisation de la presse quotidienne entre *qualité* et *populaire*, pour traditionnelle et répandue qu'elle soit, ne se révèle pas rigoureusement transposable à tous les pays d'Europe. Certains ne connaissent pas de véritable presse populaire (Espagne et Italie, par exemple), ou pas d'authentique presse de qualité, comme en Belgique, dont l'univers de diffusion représente un marché à ce point exigu que la presse que nous avons intégrée au groupe *de qualité* s'adresse à une portion plus large du spectre socioculturel. Ainsi, *La Libre Belgique* et *Le Soir* sont généralement reconnus comme les quotidiens les plus *sérieux* de Belgique francophone, mais s'adressent à un public nettement plus diversifié que ceux du *Times* ou du *Monde*, par exemple.

Il fut décidé d'étudier les deux quotidiens qui, dans chaque pays, s'affichaient comme les plus appréciés des cadres et dirigeants (enquête EBRS), à l'exclusion des quotidiens économiques qui seront étudiés distinctement. Quelques aménagements dans la composition de l'échantillon ont été imposés par des impératifs logistiques. Ainsi, en Allemagne, le choix s'est porté sur *Die Welt* (au coude à coude avec le *Suddeutsche Zeitung*) ; aux Pays-Bas, le *Volkskrant* a été préféré au *Telegraaf* et à l'*Algemeen Dagblad* ; au Royaume-Uni, l'étude a porté sur le *Times* et le *Guardian*. Dans ce dernier cas, le choix résulte notamment d'une volonté de continuité par rapport à des études antérieures qui ont généralement considéré les deux titres retenus comme les quotidiens de qualité en Grande-Bretagne [23], même si le second, de positionnement notoirement « de gauche », n'est pas le plus apprécié par les cadres. Ces exceptions n'affectent en rien la cohérence de l'échantillon puisque tous les journaux sélectionnés figurent parmi les publications favorites des cadres interrogés.

Les études disponibles en Belgique corroborent celles qui ont présidé au choix du *Soir* au détriment de *La Libre Belgique*. Ainsi, la septième édition de l'étude *Cadres et dirigeants* (1995) effectuée en Belgique par Sobemap Marketing montre un taux de pénétration du *Soir* de 25 pour cent contre 17 pour cent à *La Libre Belgique* [24]. Il est intéressant de constater que ces valeurs se situent presqu'exactement entre celles provenant des études EBRS et PES (voir tableau 27, p. 105).

Afin de compléter l'échantillon, nous avons choisi d'étudier l'*International Herald Tribune*, véritable monument et précurseur de la presse quotidienne transnationale. De plus, en vue d'équilibrer l'échantillon en termes de langues, nous avons décidé d'inclure un titre francophone que nous avons choisi en Suisse, *Le Journal de Genève*.

La comparaison a donc porté sur dix-sept quotidiens d'information générale publiés dans neuf pays d'Europe occidentale. Les éditions considérées ont été sélectionnées selon la technique de la *semaine éclatée*. Il s'agit d'inclure une édition de chaque jour de la semaine (un lundi, un mardi, etc.) afin de ne pas négliger d'éventuelles rubriques hebdomadaires, mais en évitant les éditions consécutives afin de réduire le biais qu'introduirait un événement important évoqué durant plusieurs jours [25].

L'application de cette méthode nous a conduit à constituer un échantillon jugé représentatif des journaux étudiés et rassemblant, au total, 103 exemplaires publiés entre le 29 octobre et le 24 novembre 1992.

Tableau 28
Quotidiens de qualité *: échantillon*

Pays	Titre	Effectif analysé
Allemagne	*Die Welt*	6
	Frankfurter Allgemeine	6
Belgique	*De Standaard*	6
	Le Soir	6
Espagne	*ABC*	6
	El País	7
France	*Le Figaro*	6
	Le Monde	6
Irlande	*The Irish Times*	6
Italie	*Corriere della Sera*	6
	La Repubblica	6
Pays-Bas	*De Volkskrant*	6
	NRC Handelsblad	6
Royaume-Uni	*The Guardian*	6
	The Times	6
Suisse	*Le Journal de Genève/ Gazette de Lausanne* [26]	6
Etats-Unis/Europe	*International Herald Tribune*	6
	Total	103

Semaine éclatée du 29 octobre au 24 novembre 1992.

Les journaux étudiés paraissent six fois par semaine, à l'exception d'*El País* édité sept fois par semaine. Sept éditions de ce dernier ont donc été analysées afin de respecter l'esprit de l'échantillonnage en *semaine éclatée* qui nécessite un exemplaire de chaque jour de la semaine.

La *grille d'analyse* est structurée autour de deux axes : la forme et le fond. Les mesures ont été effectuées en termes de surface ; l'unité de travail fut donc le mètre carré (m^2) et ses dérivés.

L'analyse relative au *fond* distinguera d'abord les portions relevant de l'actualité proprement dite du reste du journal, que nous avons intitulé, par opposition, la *non-actualité*. L'actualité est ventilée suivant son caractère *national* ou *international*, ces deux classes étant encore subdivisées suivant six catégories traditionnelles d'actualité : politique, économie, social, faits divers, culture, sport, le résidu étant répertorié comme *autres*. Cette dernière sous-classe accueille les portions d'actualité ne correspondant à aucune des catégories précitées, notamment les sujets relatifs à la santé, l'environnement, les sciences, etc.

La *non-actualité* se répartit en quatre catégories :

— les manifestations d'*opinion*, c'est-à-dire des commentaires de l'actualité (éditoriaux, courrier des lecteurs, caricatures, etc.) ;

or du journal (titre et logo du journal, sommaire, rubriques, pieds de pages têtes, etc.) ;

formations *service*, annonces, cours de bourse, programmes, jeux, bandes iées, météo, etc. ;

— a *publicité*, c'est-à-dire l'ensemble des insertions payantes à caractère promotionnel, y compris « l'auto-publicité » (annonce de suppléments ou de publications du journal, par exemple), mais à l'exclusion des annonces classées (celles-ci se distinguant de la publicité non par des critères de taille, mais parce qu'elles figurent sous un intitulé de rubrique).

Nous avons abordé la définition des catégories d'analyse dans une perspective fonctionnelle, c'est-à-dire par rapport à la fonction remplie par telle portion auprès du lecteur et non selon le caractère rémunérateur ou non de la section considérée. Ainsi, les annonces classées, source de revenus pour le journal au même titre que la publicité, ont été incluses dans la rubrique *service*, car le lecteur les consulte comme les programmes télévisés ou la météo, dans une démarche volontaire, contrairement à la publicité qui constitue un message « imposé ».

La figure 1 schématise les catégories d'analyse relatives au fond.

Figure 1
Quotidiens de qualité *: catégories d'analyse (fond)*

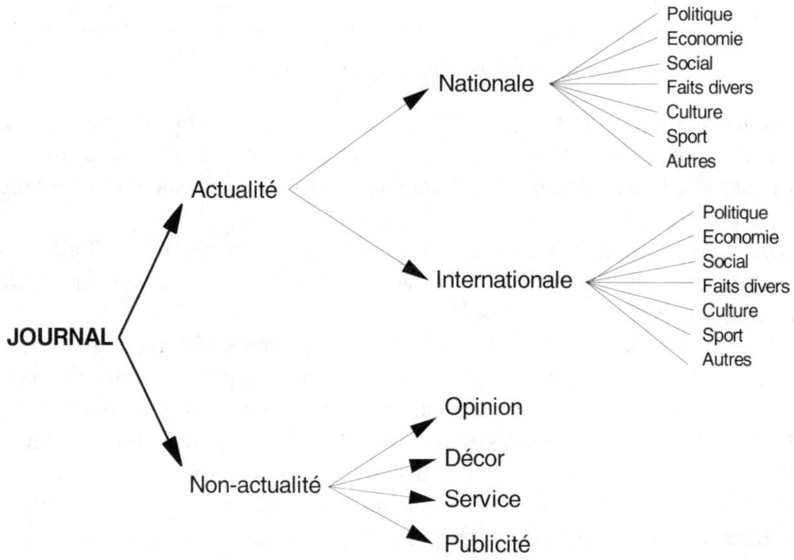

Seules les portions qualifiées d'*actualité* ont fait l'objet de l'examen relatif à la *forme*. Trois catégories de forme ont été distinguées (voir figure 2) :

— le *texte* comprenant le corps de l'article, le chapeau, ainsi que les titres, surtitres, sous-titres et intertitres;
— les *photographies*, *dessins* et autres illustrations, y compris les légendes correspondantes;
— les *tableaux* et *infographie*, c'est-à-dire les figures à vocation plus explicative qu'illustrative.

Figure 2
Quotidiens de qualité *: catégories d'analyse (forme)*

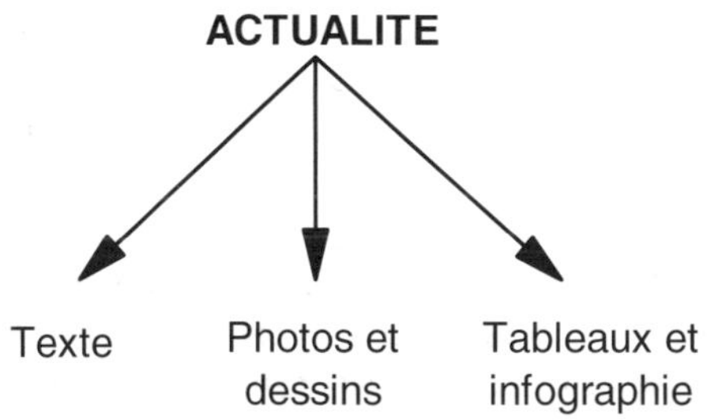

Les exemplaires constituant l'échantillon ont été rassemblés [27] et triés. L'exposé des catégories retenues révèle d'emblée la difficulté essentielle rencontrée dans l'exécution de l'analyse. Aussi clairs et précis que soient les critères de définition des différentes classes, on se heurte inévitablement à une part de subjectivité dans le chef de l'observateur, en particulier pour un certain nombre de cas limites. Autant les classes définies sur des nombres, par exemple, peuvent aisément, grâce à la terminologie mathématique, être formalisées sous forme de bornes précises, autant les classes faisant appel au jugement de l'observateur doivent, en guise de bornes, se contenter de « zones frontières », induisant une certaine ambivalence.

D'autres précautions ont été prévues afin de consolider et fiabiliser notre étude et ses résultats. Relevons d'abord le fait que le caractère individuel de nos travaux a pour conséquence qu'un seul observateur a effectué, en dernier ressort, le classement des séquences [28]. De ce fait, l'incertitude induite par la subjectivité de la tâche est sans conséquence pour l'utilisation comparative des données puisque *la même subjectivité* a affecté d'une façon similaire l'ensemble des observations. De plus, ce biais unique a pu être confronté, et donc éventuellement remis en cause ou disputé par la diversité des subjectivités des étudiants ayant prêté leur concours au dépouillement préliminaire. Seule une utilisation des résultats en valeur absolue (chiffres pour tel journal, par exemple) peut être suspectée de quelque déformation induite par le recours à des critères subjectifs de mesure, or le protocole développé pour nos travaux privilégie l'approche comparative.

Notons encore qu'il fut décidé d'appliquer, pour le classement, une *règle de prépondérance*. Concrètement, les journaux ont été découpés en unités d'analyse (articles, publicités, etc.) qui ne sont pas, sauf cas exceptionnels (dossiers spéciaux, par exemple), subdivisées en sous-séquences. De ce fait, si un sujet se révèle à la fois national et néanmoins quelque peu international, on classera l'ensemble de l'unité (article) dans la catégorie prépondérante. Les menues pertes d'information occasionnées par cette méthode sont largement compensées par l'accroissement de la fiabilité résultant de la manipulation d'unités plus importantes, moins nombreuses et moins fragmentées.

L'analyse des journaux, leur segmentation et la ventilation des portions suivant la grille d'analyse ne constituaient que la première phase de l'étude. L'outil informatique s'est révélé essentiel au dépouillement et au contrôle de la masse de données ainsi récoltées, à la synthèse des résultats par support et à la production des moyennes européennes. Divers mécanismes de vérification ont été instaurés de manière, notamment, à déceler les valeurs aberrantes qui peuvent indiquer des erreurs d'encodage ou même un oubli ou une imprécision au moment de l'analyse.

L'utilisation, le traitement et l'analyse de données quantitatives sont virtuellement indissociables de la notion de moyenne arithmétique. Derrière les apparences innocentes que nous inspire son omniprésence dans bien des circonstances de la vie, se cache en fait un indicateur statistique fort délicat à manipuler et vecteur d'un risque important d'erreur au moment de l'interprétation. Songeons simplement que si, sur une planète lointaine, la température s'élève à 150° C en journée et tombe à -110° C la nuit, on pourrait conclure précipitamment qu'il s'agit d'un monde bien agréable, la *température moyenne* y étant de 20° C.

Afin de nous prémunir contre de telles méprises, une série d'outils statistiques complémentaires constituent d'indispensables garde-fous. Parmi ceux-ci, nous nous servirons surtout des indicateurs d'étalement des données [29], principalement les maxima, minima, et coefficients de variation.

L'*écart-type* représente la racine carrée de la moyenne des écarts des données par rapport à la moyenne de la série. Cette indication de l'étalement ne se prête à la comparaison qu'en regard des moyennes respectives des séries envisagées. Or, le *coefficient de variation* est un paramètre de dispersion qui permet précisément de prendre conjointement en compte ces deux grandeurs (écart-type et moyenne) puisqu'il se définit comme le quotient de l'un par l'autre.

Soit s l'écart-type et $\overline{x}$ la moyenne arithmétique, le coefficient de variation $V = s/\overline{x}$.

Valeur sans unité, généralement exprimée en pour cent, le coefficient de variation autorise une comparaison directe de l'étalement de diverses séries [30]. Par souci de clarté et afin de faciliter la lecture des nombreux tableaux chiffrés qui émaillent cet ouvrage, nous continuerons à présenter les moyennes en caractères *gras*, les coefficients de variation en *italiques*, et donc les moyennes de coefficients de variation en *gras et italique*.

1. Sujets évoqués

La presse quotidienne, à plus forte raison lorsqu'elle est réputée *de qualité*, évoque l'archétype du média d'information par excellence. Sérieux, noble, fiable,

pertinent, « le journal » jouit d'une préséance implicite sur la plup
sources d'information.

Notre analyse révèle pourtant que, même dans le contexte *haut*
caractérise les supports étudiés, il est, quantitativement, bien peu ques
dans la presse quotidienne. Le graphique 63 représente les résultats n
après analyse des quotidiens de qualité suivant les catégories de fond.

Graphique 63
Quotidiens de qualité *:*
proportions moyennes des catégories de fond

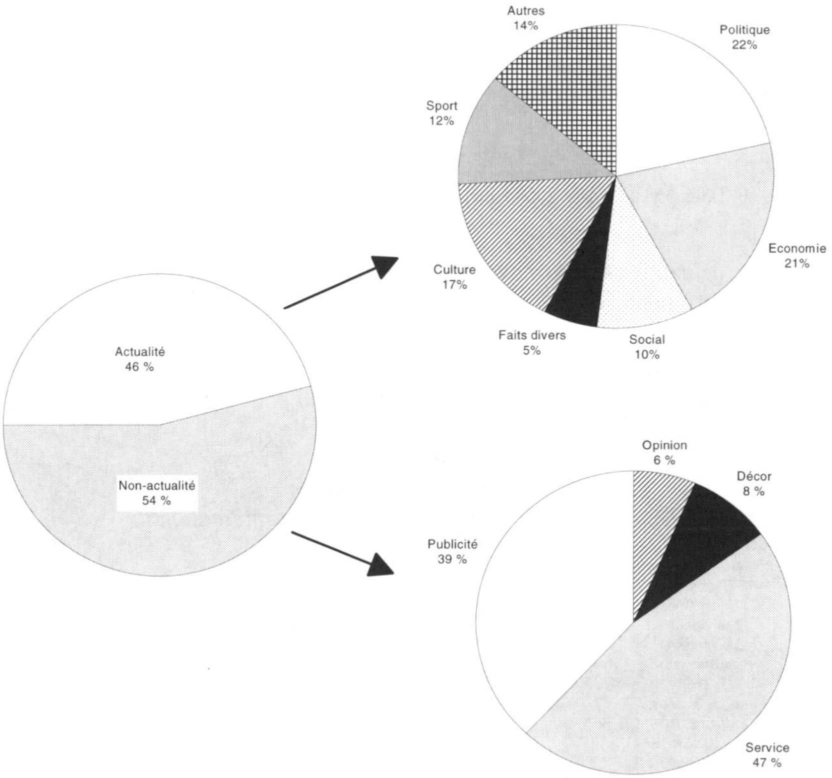

F. Heinderyckx, analyse de contenu de la presse quotidienne *de qualité* (1992-1993)

Sur les dix-sept journaux étudiés, la surface consacrée à l'*actualité* proprement dite ne représente que *46 pour cent* de la surface totale imprimée. Comme l'indique le graphique 64, cette proportion connaît des écarts spectaculaires entre le tiers d'actualité des journaux allemands (35 pour cent dans le *Frankfurter Allgemeine* et 36 dans *Die Welt*) et les deux tiers (65 pour cent) du *Guardian*.

Graphique 64

Quotidiens de qualité *: proportion d'actualité*

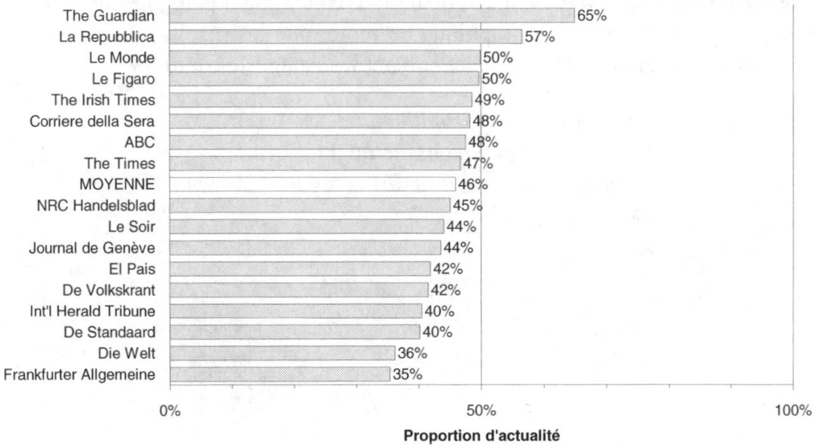

F. Heinderyckx, analyse de contenu de la presse quotidienne *de qualité* (1992-1993)

Coefficient de variation : 15 %.

Cette actualité est, en moyenne, principalement nationale (58 pour cent, voir graphique 65), mais avec, là encore, d'importants écarts. Les journaux italiens, ainsi que l'espagnol *ABC* et l'irlandais *Irish Times* se distinguent par un taux particulièrement élevé d'actualité nationale. A l'inverse, *NRC Handelsblad* et *Frankfurter Allgemeine* se maintiennent sous les 50 pour cent.

Graphique 65

Quotidiens de qualité *:*

Répartition entre actualité nationale et internationale [31]

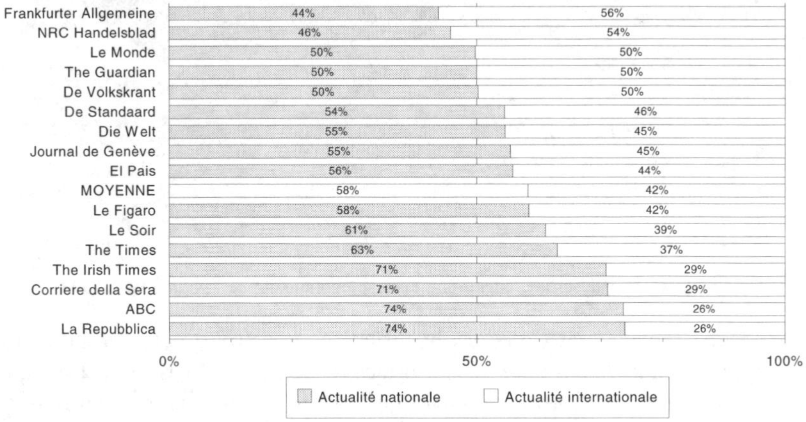

F. Heinderyckx, analyse de contenu de la presse quotidienne *de qualité* (1992-1993)

Coefficients de variation : 16 % (nationale) et 23 % (internationale)

Remarquons que les journaux situés au-dessus du taux moyen d'actualité nationale relèvent majoritairement de l'Europe méridionale. Cette observation constitue la première d'une série d'indices qui ponctueront cette analyse et qui semble encore suggérer quelque clivage entre le nord et le sud de l'Europe.

Le classement des surfaces par catégories de sujets rapporte les valeurs présentées sur le tableau 29.

Tableau 29
Quotidiens de qualité *:*
répartition de l'actualité par catégories de sujets (en pour cent)

	Poli-que	Eco-nomie	Social	Faits divers	Culture	Sport	Autres
Die Welt	14	34	5	6	17	9	16
Frankfurter Allgem.	18	26	7	5	15	7	22
De Standaard	18	16	13	5	19	14	15
Le Soir	17	13	9	10	14	22	16
ABC	30	15	5	6	23	9	12
El País	23	21	13	6	16	10	11
Le Figaro	21	26	14	3	12	7	17
Le Monde	28	19	7	5	24	1	16
The Irish Times	29	15	8	4	11	20	14
Corriere della Sera	21	19	13	10	16	11	10
La Repubblica	26	23	8	8	19	10	6
De Volkskrant	16	15	12	2	22	16	16
NRC Handelsblad	14	20	17	6	23	9	11
The Guardian	26	17	12	4	10	18	13
The Times	16	20	7	5	15	16	20
Journal de Genève	22	23	13	3	19	9	11
Int'l Herald Tribune	28	28	6	5	10	16	8
Moyenne	**22**	**21**	**10**	**5**	**17**	**12**	**14**
Coeff. de variation	*24 %*	*26 %*	*35 %*	*38 %*	*27 %*	*43 %*	*29 %*

F. Heinderyckx, analyse de contenu de la presse quotidienne de qualité (1992-1993)

On peut s'interroger sur l'inclination des journaux à favoriser la politique ou l'économie. En considérant les deux premières colonnes du tableau 29, nous pouvons construire une visualisation des proportions respectives de ces deux genres (voir graphique 66) qui s'avère édifiante.

Graphique 66
Quotidiens de qualité *: proportions des surfaces d'actualité consacrées à la politique et à l'économie*

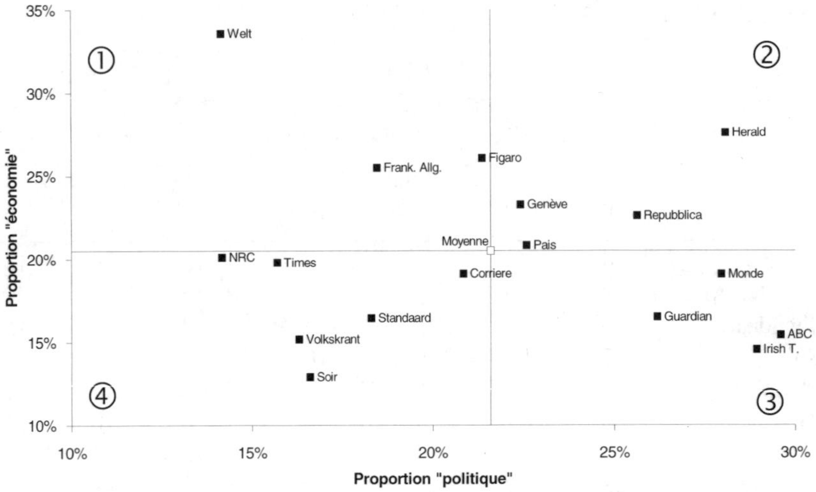

F. Heinderyckx, analyse de contenu de la presse quotidienne *de qualité* (1992-1993)

Si nous divisons le diagramme en quatre quadrants autour de la valeur moyenne, nous répartissons les journaux étudiés en quatre classes. La première comprend les journaux allemands (et *Le Figaro*) qui se révèlent donc particulièrement portés sur l'économie. A l'opposé, le troisième quadrant englobe les journaux qui marquent une préférence pour l'actualité politique (*Le Monde*, *The Guardian*, *ABC* et *The Irish Times*). Les journaux figurant dans le deuxième quadrant (*El País*, *Le Journal de Genève*, *La Repubblica* et l'*International Herald Tribune*) contiennent à la fois de fortes proportions d'actualité économique et politique, au détriment des autres genres, lesquels sont au contraire prisés par la classe antagoniste du quatrième quadrant (*NRC Handelsblad*, *The Times*, *De Standaard*, *De Volkskrant*, *Le Soir* et le *Corriere della Sera*).

Le graphique 67 présente les données relatives à deux catégories de contenu souvent perçues comme antagoniques : la culture et le sport.

La disposition des données en un nuage assez dispersé témoigne du fait que le lien négatif de corrélation entre les deux variables (r = -0,53) est moins marqué qu'on aurait pu le supposer. La droite diagonale marque la parité entre proportions de culture et de sport. Représentés au-dessus de cette limite, *The Irish Times*, *The Guardian*, l'*International Herald Tribune*, *Le Soir* et *The Times* favorisent le sport alors que les autres quotidiens prennent plutôt le parti de la culture. Les proportions d'actualité consacrées au sport démontrent un étalement particulièrement marqué. Les valeurs se répartissent entre 1 et 22 pour cent, engendrant un coefficient de variation de 43,5 pour cent.

Graphique 67
Quotidiens de qualité *:*
proportions des surfaces d'actualité consacrées à la culture et au sport

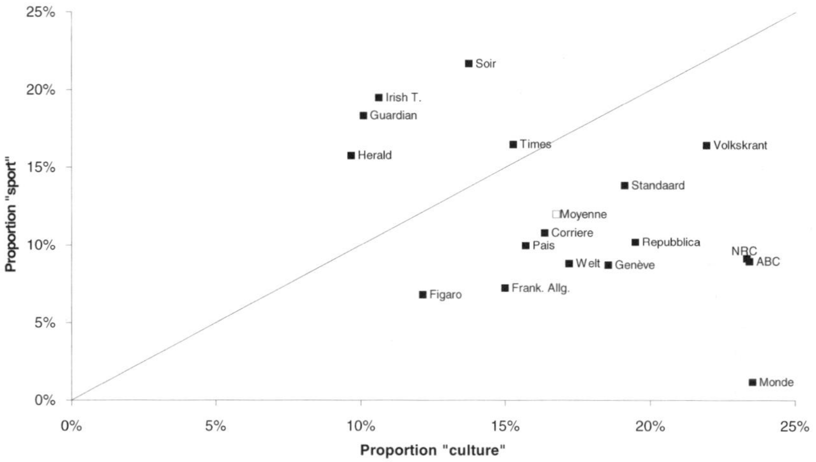

F. Heinderyckx, analyse de contenu de la presse quotidienne *de qualité* (1992-1993)

Cette variété pourrait constituer le signe d'un prestige inégal du sport dans les pays étudiés. Dans cette hypothèse, il faudrait voir le sport comme plus « populaire » en France, Allemagne, Espagne et Suisse (étant donné la moindre attention accordée au sport dans la presse *de qualité*) alors que les Britanniques accorderaient plus de majesté à ces manifestations.

Après retranchement des segments consacrés à l'actualité, les portions résiduelles de *non-actualité* méritent également quelques commentaires. Le tableau 30 présente les valeurs observées pour cet ensemble.

L'*opinion* occupe une part non négligeable des journaux étudiés. Rappelons à ceux qui s'étonneraient de voir figurer ces portions en « non-actualité » qu'il s'agit de commentaires ostensiblement subjectifs. Ces forums, clairement identifiés comme tels (rubrique ou marquage typographique) ont pour vocation d'alimenter les débats d'idées. Notons que les thèmes abordés n'en sont pas moins systématiquement liés aux événements rapportés par ailleurs. C'est donc pour distinguer la relation journalistique des événements de leur commentaire qu'il a été décidé d'exclure ces portions de la classe *actualité*. Cette différence fonctionnelle ne saurait pourtant cacher l'analogie thématique et la complémentarité des portions d'actualité et d'opinion, si bien qu'elles seront plus tard regroupées sous la bannière commune de *rédactionnel* par opposition aux portions moins « nobles » du journal.

Tableau 30
Quotidiens de qualité : *non-actualité*
(proportions de la surface imprimée, en pour cent)

	Opinion	Décor	Service	Publicité
Die Welt	4	5	33	22
Frankfurter Allgem.	3	3	33	26
De Standaard	3	5	37	15
Le Soir	2	6	34	14
ABC	4	4	23	22
El País	4	4	19	32
Le Figaro	2	6	28	14
Le Monde	3	9	20	18
The Irish Times	6	4	28	13
Corriere della Sera	2	3	13	34
La Repubblica	2	4	13	25
De Volkskrant	3	3	37	17
NRC Handelsblad	6	3	23	23
The Guardian	6	6	13	10
The Times	4	5	20	24
Journal de Genève	1	6	34	15
Int'l Herald Tribune	6	4	26	23
Moyenne	**4**	**5**	**25**	**20**
Coeff. de variation	*44 %*	*33 %*	*32 %*	*32 %*

F. Heinderyckx, analyse de contenu de la presse quotidienne *de qualité* (1992-1993)

Les journaux étudiés consacrent entre 1 et 6 pour cent de leur surface imprimée aux commentaires. Cette rubrique ne prend en compte que les portions clairement identifiées comme telles. On peut soupçonner les journaux affichant des proportions modestes d'intégrer plus discrètement les commentaires dans le corps des articles. A défaut d'une analyse complémentaire, il serait inopportun d'en déduire une quelconque différenciation entre journaux neutres et presse d'opinion ou entre organe pluraliste et ligne rédactionnelle cadenassée.

En moyenne, ce que nous avons qualifié de *décor* du journal constitue 5 pour cent de la surface imprimée. Cet habillage représente une composante essentielle de l'identité du journal et fait d'ailleurs l'objet de modifications au gré des repositionnements ou des restructurations des rédactions. Les quotidiens hollandais, le *Corriere della Sera* et le *Frankfurter Allgemeine* n'abandonnent que 3 pour cent de leur surface imprimée à ces indications. *Le Monde* occupe l'autre extrémité avec 9 pour cent.

Les journaux belges et allemands, le *Volkskrant* et *Le Journal de Genève* sacrifient au moins un tiers de leur surface imprimée aux *services*. Le *Guardian* et les quotidiens italiens semblent, au contraire, peu portés sur ce genre de contenu. Les annonces classées interviennent parfois pour une part importante dans ces proportions. Notons à cet égard que la surface totale du journal n'est en rien liée à la proportion de *service* (coefficient de corrélation nul), alors qu'on aurait pu penser que les annonces classées, par exemple, seraient susceptibles d'accroître significativement le volume total du journal. Par contre, un lien de corrélation négatif existe bien entre cette rubrique et la proportion d'actualité (r = -0,71), comme en atteste le graphique 68.

Graphique 68
Quotidiens de qualité *:*
proportion d'actualité en fonction de la proportion de service

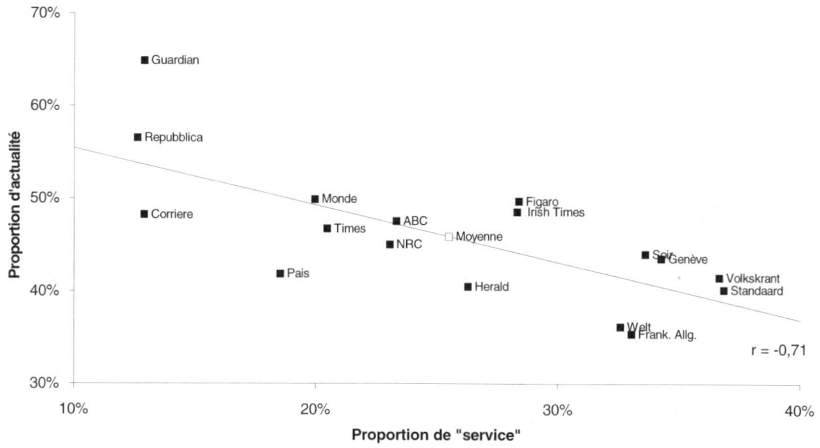

F. Heinderyckx, analyse de contenu de la presse quotidienne *de qualité* (1992-1993)

Constituant une sous-classe distincte, la *publicité* n'en demeure pas moins imposante. Le graphique 69 présente, par ordre croissant, les proportions de publicité observées sur notre échantillon. En moyenne, environ un cinquième de la surface imprimée des journaux étudiés est sacrifiée à la publicité. Les écarts sont d'une ampleur surprenante entre 10 pour cent dans le *Guardian* et un tiers dans *El País* et le *Corriere della Sera*.

Les journaux peu chargés en publicité souffrent-ils d'une carence d'annonceurs ou s'agit-il d'une politique délibérée ? La proportion de publicité est-elle liée au prix de l'insertion ou au prix de vente au numéro ? Autant de questions suscitées par ces chiffres et auxquelles nous tenterons de répondre lorsque nous aborderons la question du prix (p. 125 et suivantes).

Si l'on considère non plus la proportion mais bien la surface consacrée à la publicité (première colonne du tableau 30, p. 116), la hiérarchie établie ne se trouve pas fondamentalement bouleversée. Notons quand même que le *Frankfurter Allgemeine* rejoint nettement le *Corriere della Sera* et *El País*, les trois journaux présentant presque la même surface de publicité par numéro.

Graphique 69
Quotidiens de qualité : *proportion de publicité*

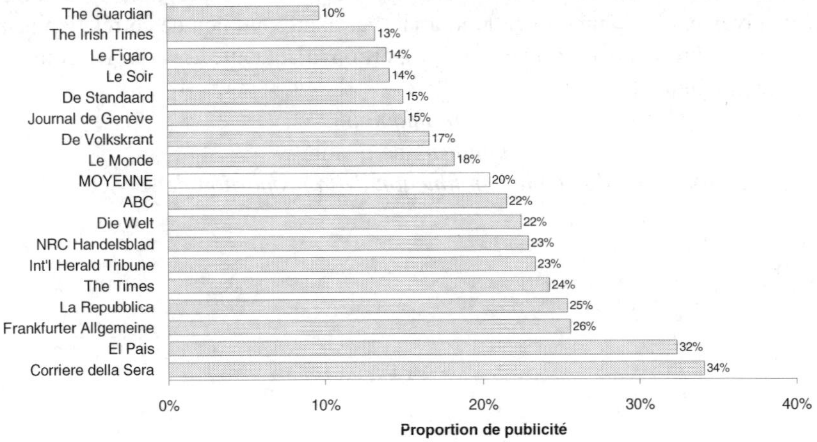

F. Heinderyckx, analyse de contenu de la presse quotidienne *de qualité* (1992-1993)

Le graphique 70 présente les surfaces moyennes de publicité par numéro en fonction des surfaces totales imprimées.

Graphique 70
Quotidiens de qualité *:*
Surface de publicité en fonction de la surface totale imprimée

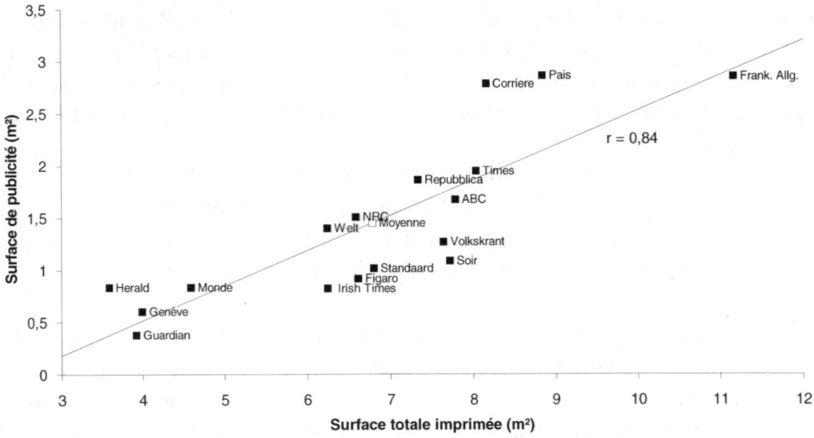

F. Heinderyckx, analyse de contenu de la presse quotidienne *de qualité* (1992-1993)

La surface de publicité et la surface totale se révèlent, globalement, nettement corrélées. On constate pourtant, par exemple, que le *Corriere della Sera* contient plus de deux fois et demi la surface de publicité observée dans *Le Soir*, alors que les deux journaux présentent pratiquement la même surface totale imprimée. Cet écart se traduit naturellement dans les valeurs calculées pour les proportions de publicité.

Tableau 31
Quotidiens de qualité *: publicité (en moyenne, par numéro)*

	Surface totale de publicité	Nombre de publicités	Surface moyenne par publicité	
Die Welt	1,40 m²	40	350 cm²	0,19 page
Frankfurter Allgem.	2,85 m²	58	492 cm²	0,26 page
De Standaard	1,02 m²	35	290 cm²	0,15 page
Le Soir	1,09 m²	35	311 cm²	0,16 page
ABC	1,67 m²	123	136 cm²	0,25 page
El País	2,86 m²	107	267 cm²	0,32 page
Le Figaro	0,92 m²	62	148 cm²	0,10 page
Le Monde	0,84 m²	50	167 cm²	0,14 page
The Irish Times	0,82 m²	27	305 cm²	0,16 page
Corriere della Sera	2,78 m²	66	421 cm²	0,23 page
La Repubblica	1,86 m²	61	305 cm²	0,27 page
De Volkskrant	1,27 m²	53	240 cm²	0,12 page
NRC Handelsblad	1,51 m²	72	209 cm²	0,10 page
The Guardian	0,38 m²	17	223 cm²	0,14 page
The Times	1,95 m²	40	486 cm²	0,28 page
Journal de Genève	0,60 m²	36	167 cm²	0,14 page
Int'l Herald Tribune	0,84 m²	29	288 cm²	0,16 page
Moyenne	**1,45 m²**	**54**	**283 cm²**	**0,19 page**
Coeff. de variation	*52%*	*50%*	*37%*	*35%*

F. Heinderyckx, analyse de contenu de la presse quotidienne *de qualité* (1992-1993)

Le format des publicités varie également considérablement (voir tableau 31). Les annonces publicitaires en *pleine page* ne sont pas rares, mais la taille moyenne est comprise entre un dixième de page (notamment dans les journaux hollandais) et un tiers de page (dans *El País*). Le *Guardian* contient, en moyenne, 17 insertions publicitaires, alors que les journaux espagnols dépassent la centaine (107 pour *El País* et 123 pour *ABC*), soit un rapport de 1 à 7,2 entre les extrêmes.

2. *Présentation*

Les *caractéristiques physiques* des journaux présentent une importante variété (voir tableau 32). Un numéro du *International Herald Tribune* représente 4,4 m² de surface papier contre 13,7 m² pour le *Frankfurter Allgemeine*. Même le format varie du simple au triple, entre 32 x 24 cm d'ABC (770 cm²) et les 59,5 x 41 cm du *Standaard* (2440 cm²).

Tableau 32
Quotidiens de qualité *: caractéristiques physiques*

	Surface papier par numéro	Taux d'impression (hors marges)	Surface imprimée	Surface par page	Nombre de pages
Die Welt	7,5 m²	83 %	6,2 m²	0,23 m²	33
Frankfurter Allgem.	13,7 m²	82 %	11,2 m²	0,23 m²	60
De Standaard	8,5 m²	80 %	6,8 m²	0,24 m²	35
Le Soir	9,5 m²	81 %	7,7 m²	0,24 m²	40
ABC	10,8 m²	72 %	7,8 m²	0,08 m²	141
El País	11,5 m²	77 %	8,8 m²	0,11 m²	105
Le Figaro	8,3 m²	79 %	6,6 m²	0,19 m²	45
Le Monde	5,9 m²	78 %	4,6 m²	0,15 m²	39
The Irish Times	7,7 m²	82 %	6,2 m²	0,23 m²	33
Corriere della Sera	10,4 m²	78 %	8,2 m²	0,23 m²	45
La Repubblica	9,5 m²	77 %	7,3 m²	0,15 m²	65
De Volkskrant	9,0 m²	85 %	7,6 m²	0,24 m²	38
NRC Handelsblad	7,6 m²	86 %	6,6 m²	0,24 m²	32
The Guardian	5,3 m²	74 %	3,9 m²	0,23 m²	24
The Times	9,9 m²	81 %	8,0 m²	0,21 m²	46
Journal de Genève	5,0 m²	80 %	4,0 m²	0,15 m²	33
Int'l Herald Tribune	4,4 m²	81 %	3,6 m²	0,22 m²	20
Moyenne	**8,5 m²**	**80 %**	**6,8 m²**	**0,20 m²**	**49**
Coeff. de variation	*28 %*	*4 %*	*28 %*	*25 %*	*61 %*

F. Heinderyckx, analyse de contenu de la presse quotidienne *de qualité* (1992-1993)

La *surface imprimée* (SI) est définie comme la surface papier après déduction des marges extérieures de chaque page. Cette mesure ne tient pas compte des espaces blancs séparant les colonnes ou entourant les titres, par exemple. Les quelques repères fournis par des études similaires antérieures indiquent une augmentation de la surface imprimée. Le *Corriere della Sera* présentait une surface imprimée d'environ 1,4 m² en 1951 [32] (contre 8,2 m² selon notre étude en 1992) ; *Le Soir*, 6 m² en 1957 et 7,1 m² en 1973 [33] (contre 7,7 m² en 1992).

Le rapport entre surfaces *papier* et *imprimée* (taux d'impression) révèle que les deux journaux hollandais impriment 85 pour cent de leur surface papier alors qu'à l'autre extrémité, les journaux de petit format descendent parfois largement sous les 80 pour cent (*ABC* : 72 pour cent ; *The Guardian* : 74 pour cent). De toutes les caractéristiques physiques, c'est la pagination qui présente les écarts les plus spectaculaires (coefficient de variation : 61 pour cent) entre les 20 pages du *International Herald Tribune* et les 141 pages d'*ABC*. Bien sûr, ce dernier se présente sous le plus petit format. Pourtant, le lien de corrélation négative liant le format et le nombre de pages n'est pas aussi marqué qu'on ne pourrait le croire ($r = -0,79$), comme en témoignent, par exemple, à format égal, les 33 pages, en moyenne, de *Die Welt* pour 60 au *Frankfurter Allgemeine*. Il s'agit simplement d'une nouvelle manifestation de l'étalement des valeurs de surface totale.

Un examen plus approfondi de la *forme* a été entrepris sur les portions relatives à l'*actualité*. Trois catégories de formes ont été distinguées (texte, photographies-dessins et tableaux-infographie). Le tableau 33 présente les proportions observées de ces trois classes pour les 17 journaux étudiés.

Tableau 33
Quotidiens de qualité : *forme de l'actualité*
(proportions de la surface consacrée à l'actualité, en pour cent)

	Texte & titres	Photos & dessins	Tableaux & infographie
Die Welt	80	17	3
Frankfurter Allgem.	84	14	2
De Standaard	80	19	1
Le Soir	73	23	4
ABC	77	20	3
El País	71	25	4
Le Figaro	82	16	2
Le Monde	91	7	2
The Irish Times	72	25	3
Corriere della Sera	79	18	3
La Repubblica	76	21	4
De Volkskrant	73	24	3
NRC Handelsblad	73	25	2
The Guardian	69	30	2
The Times	69	28	3
Journal de Genève	81	17	2
Int'l Herald Tribune	80	15	5
Moyenne	**77**	**20**	**3**
Coeff. de variation	*7 %*	*28 %*	*33 %*

F. Heinderyckx, analyse de contenu de la presse quotidienne *de qualité* (1992-1993)

Les portions de *texte* représentent toujours plus des deux tiers de la surface consacrée à l'actualité. Le *Monde*, particulièrement peu illustré, dépasse les 90 pour cent. Le graphique 71 concrétise l'indication de faible étalement des valeurs entre journaux (coefficient de variation 7 pour cent). Au total, la répartition texte/illustrations varie de 70/30 pour cent (*The Guardian*) à 90/10 pour cent (*Le Monde*).

Graphique 71
Quotidiens de qualité *: proportion de texte (actualité)*

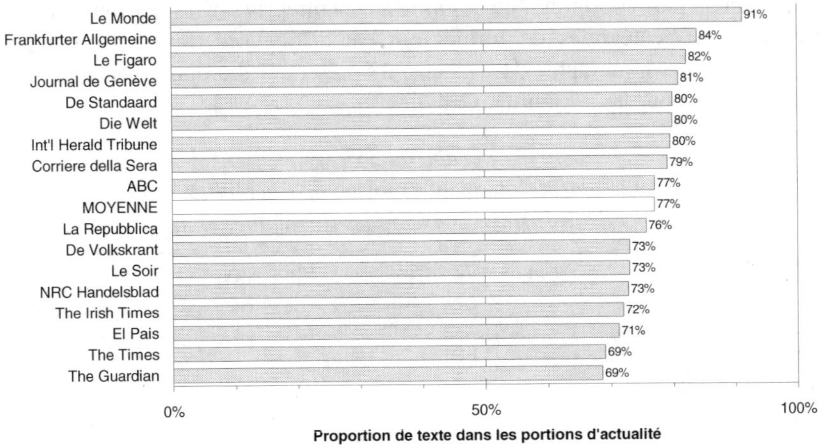

F. Heinderyckx, analyse de contenu de la presse quotidienne *de qualité* (1992-1993)

Une série de mesures ont permis de quantifier distinctement les *titres* (y compris les sur- et sous-titres). Le graphique 72 présente les données relatives à cette sous-catégorie de forme.

Graphique 72
Quotidiens de qualité *: proportion de titres (texte)*

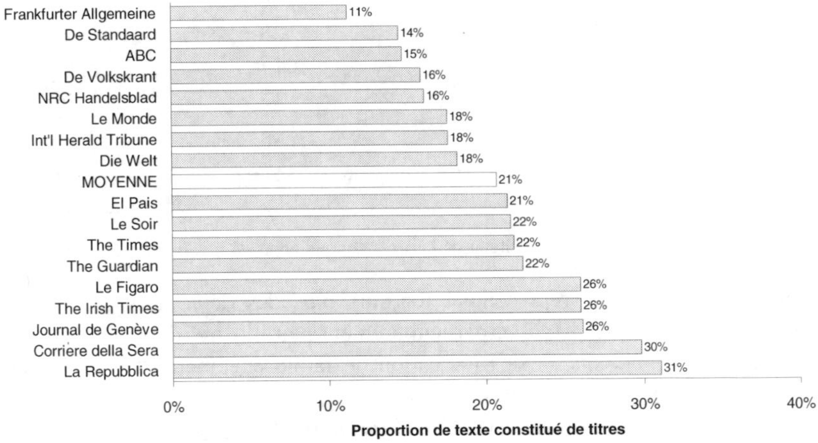

F. Heinderyckx, analyse de contenu de la presse quotidienne *de qualité* (1992-1993)
Coefficient de variation : 27 %.

Cette opération permet de rationaliser l'impression qui se dégage lorsqu'on parcourt les différents journaux : les journaux italiens sacrifient aux titres près d'un tiers de l'espace occupé par les textes relatifs à l'actualité, contre un cinquième en moyenne. De plus, leur *mise en page* est distinctement plus « nébuleuse » et l'aspect désordonné qui en résulte détonne dans l'austérité endémique des quotidiens *de qualité*. A l'opposé de la tendance italienne, le *Frankfurter Allgemeine* ne concède que 11 pour cent de *surface texte* aux titres, et une mise en page symétrique ou en blocs rectangulaires procure une impression de sobriété considérable.

Inversement proportionnelle à l'abondance de texte, la part de *photographies* et *dessins* représente, en moyenne, un cinquième de la surface consacrée à l'actualité. Les journaux hollandais, britanniques et irlandais sont les plus copieusement illustrés de même qu'*El País* et *Le Soir* (23 pour cent et plus). Avec 7 pour cent, *Le Monde* s'affirme comme le moins illustré (ses pages sont toutefois égayées par des publicités souvent riches en images et d'autant plus voyantes).

Le graphique 73 indique l'existence d'un lien significatif entre sport et illustration (r = 0,7).

Graphique 73
Quotidiens de qualité *: actualité sportive et illustration*

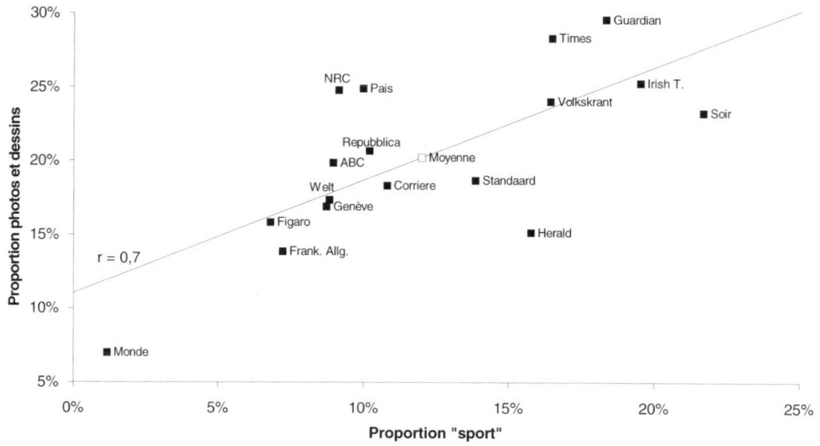

F. Heinderyckx, analyse de contenu de la presse quotidienne *de qualité* (1992-1993)

Cette relation tend à induire que plus un journal contient d'actualité sportive, plus son public est susceptible d'apprécier l'abondance d'illustrations. Mais ne confondons pas corrélation et lien de cause à effet. A moins que l'actualité sportive ne se prête particulièrement bien à l'illustration ? Les valeurs présentées dans le tableau 34 semblent démentir cette hypothèse.

Tableau 34
Quotidiens de qualité :
proportions d'illustration selon les catégories d'actualité

Politique	19 %
Économie	14 %
Social	22 %
Fait divers	20 %
Culture	26 %
Sport	22 %
Autres	24 %
Total actualité	21 %

F. Heinderyckx, analyse de contenu de la presse quotidienne *de qualité* (1992-1993)

L'actualité sportive ne donne lieu, en moyenne, à aucune proportion plus importante d'illustration. Les sujets culturels ou « autres » semblent légèrement plus illustrés, alors que les articles économiques se démarquent par des valeurs nettement inférieures.

L'utilisation d'*infographie* et de *tableaux* reste marginale. L'actualité économique, peu illustrée, se prête bien, pourrait-on croire, à ce genre de figure. Or, on ne constate pas de corrélation entre proportions d'actualité économique et d'infographie et tableaux. Voyons, plus en détail, les genres d'actualité les plus portés sur cette forme d'expression (tableau 35).

Tableau 35
Quotidiens de qualité *:*
Proportions d'infographie et tableaux selon les catégories d'actualité

Politique	2 %
Économie	4 %
Social	1 %
Fait divers	1 %
Culture	1 %
Sport	9 %
Autres	2 %
Total actualité	3 %

F. Heinderyckx, analyse de contenu de la presse quotidienne *de qualité* (1992-1993)

Sous cette perspective, les articles évoquant l'économie recourent davantage à l'infographie et aux tableaux, mais le genre sportif semble encore bien plus porté sur cette forme.

3. *Prix et tirages*

Afin de faciliter la comparaison, toutes les valeurs exprimées en unités monétaires ont été converties en ECU, cet embryon de monnaie unique européenne, ancêtre de l'EURO, dont la Commission européenne fixe la parité officielle par rapport aux principales monnaies [34].

Cette simple conversion dévoile que le prix de vente au numéro varie presque du simple au triple (voir graphique 74) entre les 0,56 ECU du *Times* [35] et les 1,48 ECU de l'*International Herald Tribune*.

Graphique 74
Quotidiens de qualité *: prix de vente au numéro*

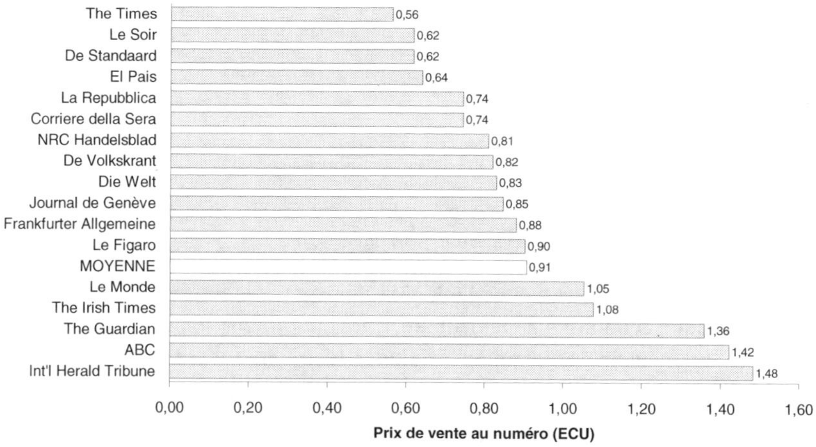

F. Heinderyckx, analyse de contenu de la presse quotidienne *de qualité* (1992-1993)
Coefficient de variation : 30 %.

Ces prix de vente et les différents paramètres dérivés que nous allons calculer sont à comparer avec bien des réserves et des précautions tant peuvent varier, d'un pays à l'autre, les pratiques en matière de prix (tantôt libre comme au Royaume-Uni, tantôt quasi fixe comme en Belgique) et les aides directes et indirectes dont bénéficie la presse (subventions, réductions de TVA, rabais sur les frais postaux, etc.).

Par hypothèse, les journaux étudiés ont été jugés équivalents en termes de positionnement dans leur pays respectif. La première partie de cette analyse a pourtant démontré à quel point leurs caractéristiques pouvaient diverger. Il convient donc à présent d'entreprendre l'interprétation des différences de prix à partir des nuances constatées dans la forme et le contenu.

Des écarts spectaculaires séparent les journaux étudiés en termes de *tirage* (coefficient de variation : 57 pour cent). Le graphique 75 montre l'ampleur des intervalles entre les plus de 670 000 exemplaires des journaux italiens contre à peine 31 000 pour le *Journal de Genève*.

Graphique 75
Quotidiens de qualité *: tirage*

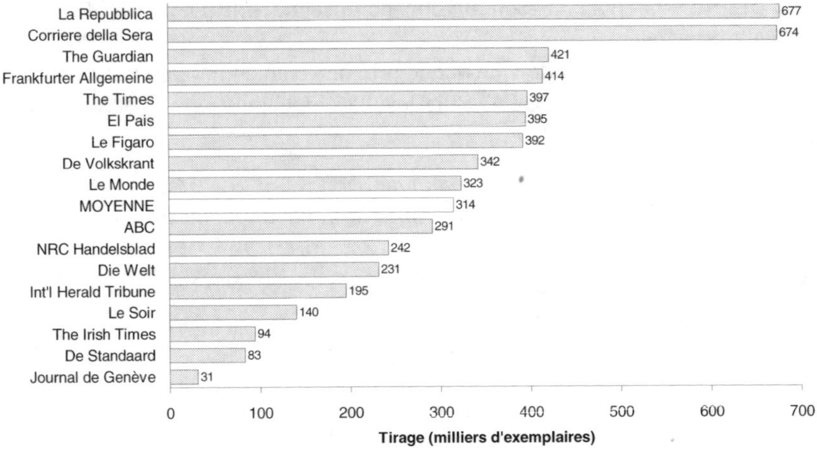

Source : Carat, ainsi que divers contacts auprès des quotidiens étudiés
Coefficient de variation : 57 %.

Aucune relation significative ne lie le prix de vente et le tirage, malgré l'intuition, inspirée de logique économique élémentaire, qui voudrait que le prix unitaire diminue à mesure qu'augmentent les quantités produites (économie d'échelle). Le graphique 76 illustre l'absence complète de lien entre les deux grandeurs (r = -0,11).

Graphique 76
Quotidiens de qualité *: prix de vente en fonction du tirage*

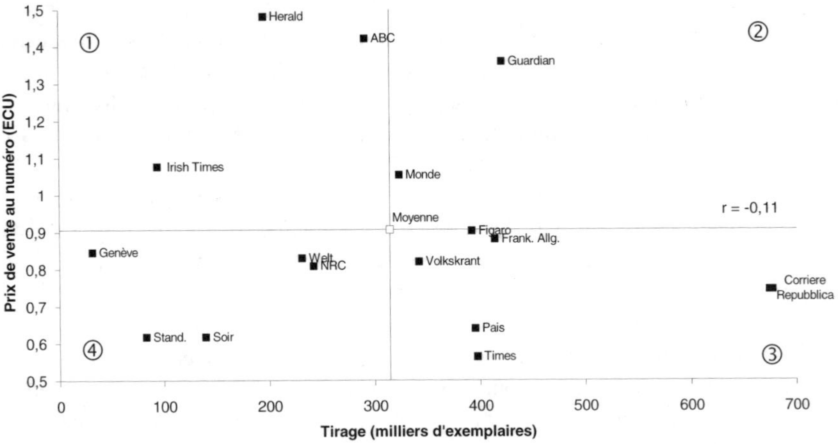

F. Heinderyckx, analyse de contenu de la presse quotidienne *de qualité* (1992-1993) et Carat, ainsi que divers contacts auprès des quotidiens étudiés

Seuls les journaux situés dans les premier et troisième quadrants et autour de la moyenne se conforment à la logique simpliste évoquée ci-dessus. Dans le quatrième quadrant, le *Journal de Genève* et surtout les journaux belges sont à la fois peu onéreux et à faible tirage. A l'inverse, dans le deuxième quadrant, le *Guardian* se situe parmi les plus dispendieux alors que son tirage est nettement supérieur à la moyenne.

Graphique 77
Quotidiens de qualité *: prix de vente et surface totale*

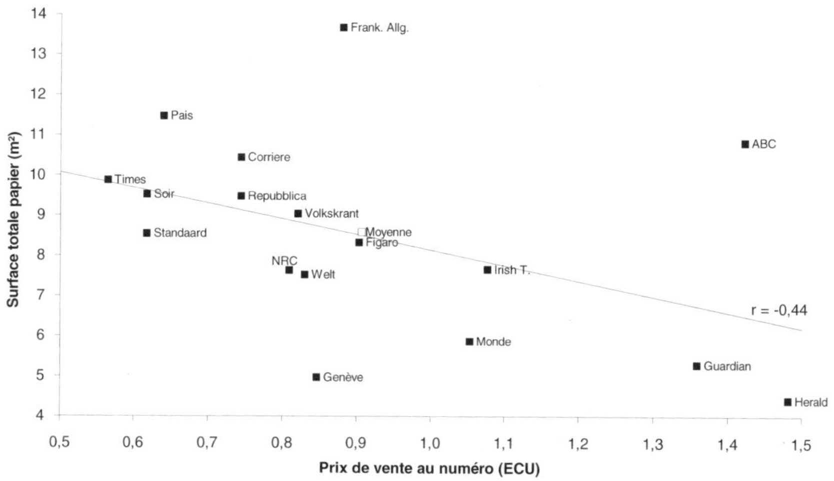

F. Heinderyckx, analyse de contenu de la presse quotidienne *de qualité* (1992-1993)

Le prix n'est pas non plus fonction du volume du journal. Ces deux grandeurs présentent même une légère corrélation négative (graphique 77), si bien qu'en moyenne, on constate pratiquement que plus un journal est volumineux, moins il est onéreux. Ce qui peut sembler paradoxal s'explique en partie lorsqu'on observe que le volume total du journal est nettement corrélé avec la surface de publicité (r = 0,85), si bien que la baisse du prix de vente lorsqu'augmente le volume total s'explique par la quantité croissante de publicité et des recettes afférentes.

Gageons toutefois que les journaux ne sont pas achetés pour le papier dont ils sont faits mais pour ce qui s'y trouve imprimé et définissons la *surface rédactionnelle* (SR) comme la somme des surfaces consacrées à l'actualité et aux opinions (éditoriaux, courrier des lecteurs, etc.). Dans l'hypothèse selon laquelle le lecteur achète son journal *de qualité* avant tout pour son contenu relatif à l'actualité, nous pouvons considérer qu'en calculant la SR, nous isolons le substrat du journal, sa matière noble, sa raison d'être.

Graphique 78

Quotidiens de qualité *: proportion de surface rédactionnelle (SR)*

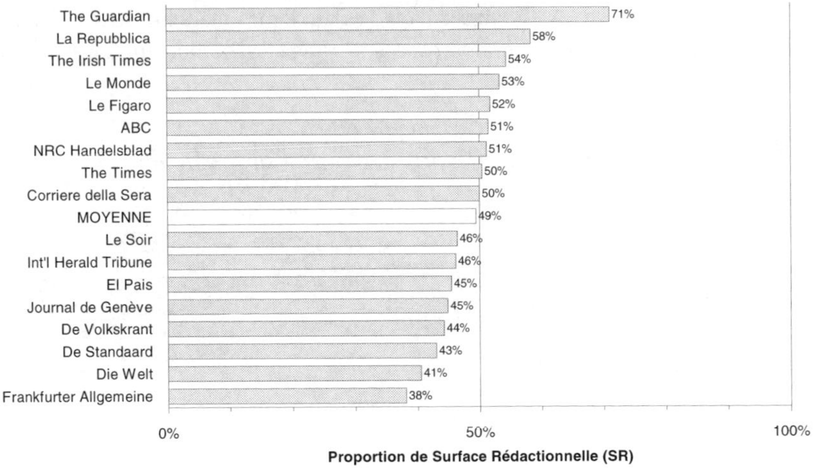

F. Heinderyckx, analyse de contenu de la presse quotidienne *de qualité* (1992-1993)
Coefficient de variation : 15,0 %.

Sous cette perspective (voir graphique 78), neuf des dix-sept journaux atteignent ou dépassent le seuil des 50 pour cent. Mais puisqu'il s'agit d'apprécier un prix en fonction de la quantité de produit offerte, nous allons considérer non plus les proportions de SR, mais bien les surfaces (graphique 79). Cette approche révèle des écarts impressionnants entre les 4,3 m² de *La Repubblica* et du *Frankfurter Allgemeine* et les 1,7 m² de l'*International Herald Tribune*.

Graphique 79

Quotidiens de qualité *: surfaces rédactionnelles (m²)*

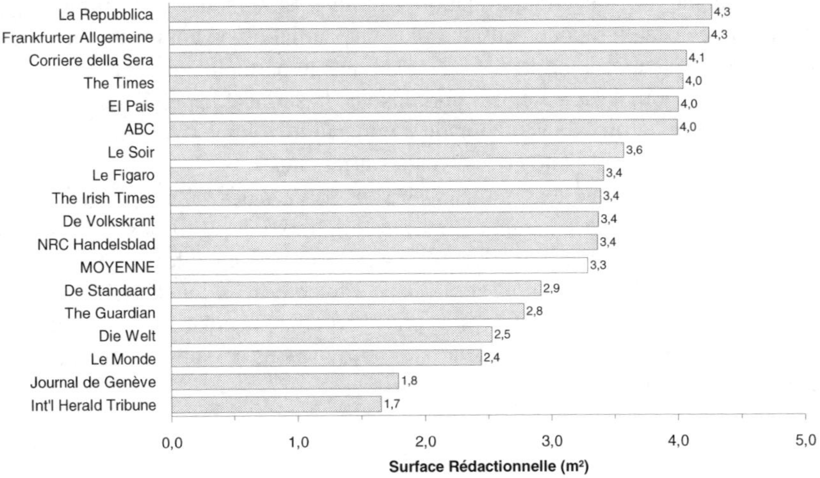

F. Heinderyckx, analyse de contenu de la presse quotidienne *de qualité* (1992-1993)
Coefficient de variation : 24 %.

Reste à mettre en relation la SR et le prix afin de déterminer si les journaux les plus onéreux proposent une SR plus importante. Le graphique 80 montre qu'il n'en est rien. Les données se disposent dans la plus grande dispersion, et le maigre lien de corrélation entre prix et SR est encore négatif (r = -0,41). A SR égale, remarquons comme le prix de vente au numéro peut varier entre *ABC* et le *Times* (droite du diagramme) ou entre le *Guardian* et le *Standaard* (centre du diagramme).

Graphique 80

Quotidiens de qualité *: prix de vente en fonction de la SR*

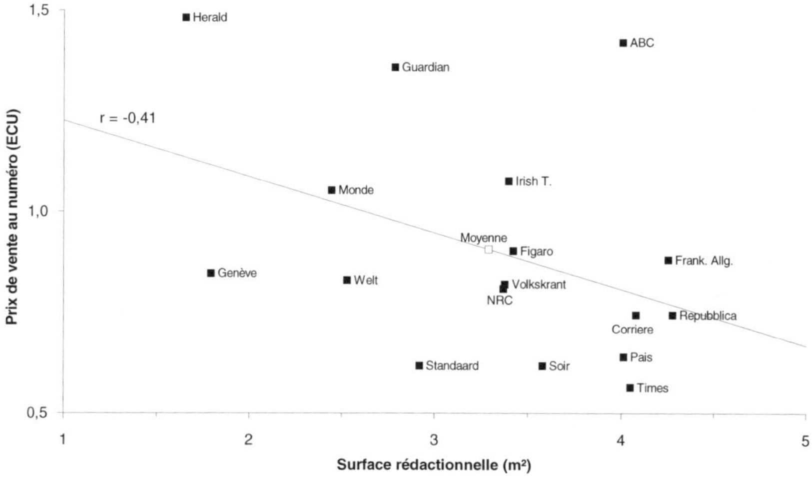

F. Heinderyckx, analyse de contenu de la presse quotidienne *de qualité* (1992-1993)

Le quotient du prix de vente au numéro par la SR nous fournit un très précieux *prix du mètre carré de SR*, un peu comme on calcule le prix à l'unité d'une marchandise hors emballage (voir graphique 81). Curieusement, les disparités sont encore plus marquées que celles constatées dans les prix au numéro. Un mètre carré de SR coûte 0,14 ECU dans le *Times* contre 0,90 ECU dans l'*International Herald Tribune*, soit un rapport de 1 à 6,4 entre les extrêmes et un coefficient de variation de 58 pour cent alors que les écarts au niveau des prix de vente ne présentent qu'un rapport de 1 à 2,6 (coefficient de variation : 30 pour cent).

En tentant d'expliquer les écarts de prix par des variations similaires des quantités de SR, nous avons montré qu'en réalité ces deux variables n'étaient nullement liées et que, par conséquent, un journal plus onéreux n'était ni plus volumineux, ni plus riche en contenu rédactionnel.

Notons qu'une corrélation positive (r = 0,72) se manifeste entre proportion d'actualité consacrée au *politique* et prix de vente au numéro [36] (voir graphique 82).

Graphique 81

Quotidiens de qualité : *prix par mètre carré de SR*

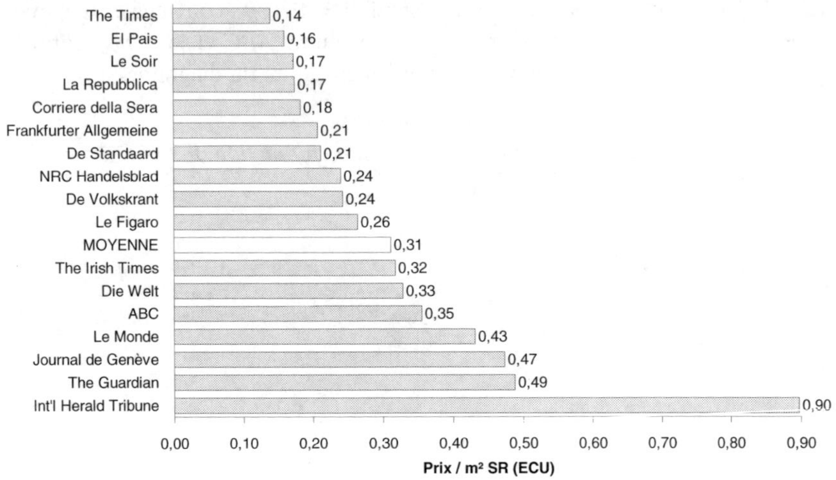

F. Heinderyckx, analyse de contenu de la presse quotidienne *de qualité* (1992-1993)
Coefficient de variation : 58 %

Graphique 82

Quotidiens de qualité :

prix de vente en fonction de la proportion d'actualité politique

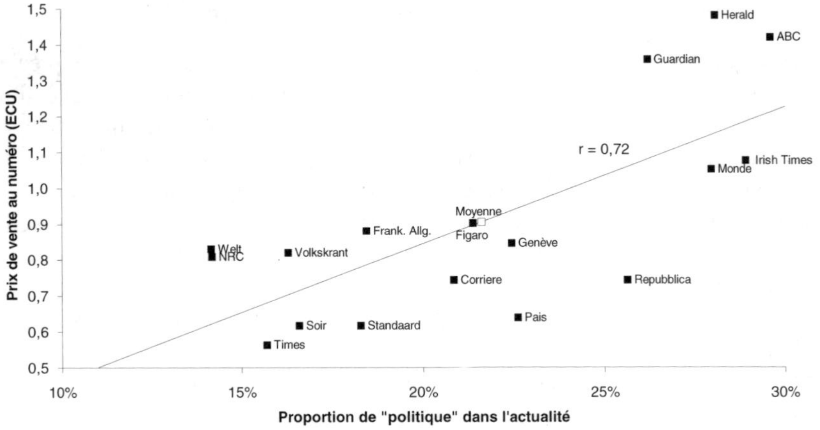

F. Heinderyckx, analyse de contenu de la presse quotidienne *de qualité* (1992-1993)

En déduire que l'actualité politique engendre des coûts supérieurs aux autres genres constituerait un raccourci dangereux. Tout au plus pourrait-on émettre l'hypothèse qu'il s'agit là de deux manifestations du positionnement des journaux concernés : plus orientés vers la politique et, de ce fait, plus spécialement destinés à une certaine élite, ils se positionnent comme plus onéreux.

Les différences de prix pourraient encore s'expliquer par les écarts constatés dans la proportion de surface consacrée à la publicité [37] (voir graphique 69, p. 118). Mais, là encore, l'intuition se trouve démentie par les chiffres qui, après analyse de corrélation, ne révèlent aucun lien significatif entre ces deux grandeurs, comme en atteste la dispersion des données sur le graphique 83 (coefficient de corrélation de -0,26).

Graphique 83
Quotidiens de qualité *:*
prix de vente en fonction de la proportion de publicité

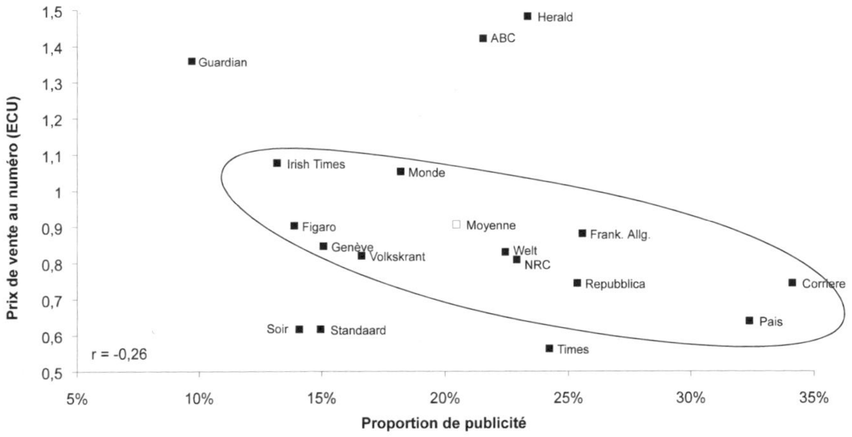

F. Heinderyckx, analyse de contenu de la presse quotidienne *de qualité* (1992-1993)

On peut toutefois observer que les valeurs correspondant à bon nombre des journaux étudiés peuvent être considérées comme formant un agrégat d'allure générale descendante, et donc en relative conformité avec le raisonnement du prix inversement proportionnel au taux de publicité. Autrement dit, le graphique 83 relativise la sévérité des indications du coefficient de corrélation, puisqu'en dépit de sa faible valeur, on constate une certaine tendance à un lien négatif entre proportion de publicité et prix de vente. Quatre journaux présentent des valeurs véritablement aberrantes par rapport à ce lien : les quotidiens belges semblent se vendre pour un prix assez réduit compte tenu de leur taux de publicité (environ 15 pour cent de leur surface imprimée), alors que *ABC* et l'*International Herald Tribune* détonnent par un prix très élevé pour une proportion de publicité pourtant proche de la moyenne.

S'interroger sur l'impact de la publicité comme facteur explicatif des écarts de prix nécessite l'introduction de données supplémentaires. Car les encarts publicitaires constituent des insertions contre rémunération, suivant des tarifs également très variables d'un journal à l'autre. De plus, la prise en considération des tarifs d'insertion publicitaire doit nécessairement s'accompagner des chiffres relatifs au tirage (voir graphique 75, p. 126), tant il serait vain de comparer le prix d'une publicité sans connaître l'ampleur de sa diffusion.

Tout aussi éloquent devrait être le *nombre de lecteurs par exemplaire*. Certaines données disponibles auprès des milieux publicitaires indiquent de grandes différences d'un journal à l'autre. Les 4,3 lecteurs par exemplaire annoncés pour le *Corriere della Sera* et les 5,2 pour *La Repubblica* contrastent avec les 2,5 lecteurs estimés pour les journaux britanniques, allemands et hollandais de notre échantillon [38]. Malheureusement, ces audiences sont généralement estimées par des études menées indépendamment dans chaque pays, voire par chaque journal, sans que la méthodologie ou la périodicité ne fasse état d'une quelconque unicité. Pour ces raisons, nous devrons nous résoudre à renoncer à intégrer ces données dans notre comparaison.

4. *Diversité*

Les difficultés rencontrées dans l'interprétation des résultats tiennent dans l'impossibilité d'isoler une variable déterminée. Telle caractéristique peut-elle être attribuée au positionnement du journal ou aux traits culturels de son univers de diffusion ou du pays où il est établi ou encore à une volonté de son propriétaire, ou simplement à son histoire ? Ces contraintes étaient connues d'emblée et ont eu pour principal effet le recours appuyé, dans notre exposé, aux formes conditionnelles et autres précautions oratoires.

Ce long volet de notre étude suscite pourtant d'importantes conclusions. Forme, fond, prix de vente et tarifs publicitaires : les quotidiens de qualité étudiés démontrent une diversité *multidimensionnelle* d'une ampleur significative. Mais le long exposé des diverses caractéristiques envisagées comme autant d'axes de comparaison ne doit pas nous leurrer. Au-delà des divergences et différences, les quotidiens de qualité partagent bien des traits, héritage encore peu dénaturé dans ce segment réputé « conservateur » d'une filiation commune à la grande tradition du journalisme imprimé. Merrill parle, pour évoquer le tronc commun des quotidiens de qualité, d'un style, d'un ton, d'un souci d'évoquer plutôt les nouvelles dont la portée dépasse les simples faits et sont porteuses d'idées [39].

Les quotidiens de qualité ne témoignent pas d'une audace démesurée dans leur conception ni dans celle de la démarche journalistique et rédactionnelle qui les sous-tend.

2. *Quotidiens* économiques

Une certaine cohérence transnationale du positionnement, et donc des lecteurs, des quotidiens *de qualité* constituait l'une des hypothèses qui guida notre choix d'analyse vers ce segment particulier de la presse quotidienne. Afin d'affiner cette hypothèse, une nouvelle étude de contenu fut entreprise sur un créneau bien plus pointu encore, celui des quotidiens économiques.

Leur univers de diffusion, bien que chevauchant copieusement celui des quotidiens *de qualité*, se veut confiné à des classes socioprofessionnelles particulièrement restreintes et clairement bornées. Les individus composant ces classes présentent une telle convergence de contraintes, de motivation, de méthode et d'environnement de travail, qu'ils constituent un groupe reconnu pour sa faible variabilité, voire une certaine homogénéité. Nous avons d'ailleurs trouvé dans notre étude des publics quelques traces d'une telle configuration au niveau des comportements de consommation des médias d'information.

Cette deuxième étude de contenu des médias d'information en Europe présente donc un triple intérêt :

— enrichir le corpus de quotidiens envisagés dans différents pays ainsi qu'accroître la quantité et la fiabilité du fonds de données expérimentales alimentant notre propos ;
— affiner la comparaison internationale des organes de presse quotidienne en étudiant un segment réputé homogène ;
— explorer la variabilité d'un support destiné à un segment ayant démontré un faisceau d'attitudes convergentes dans notre étude des publics (voir chapitre suivant).

Par souci de cohérence, la méthodologie d'analyse des quotidiens économiques a été développée en transposant celle mise en œuvre lors de l'étude des quotidiens *de qualité*, moyennant quelques adaptations dictées par les caractéristiques propres à ce genre de presse.

L'*échantillon* a été construit autour de huit titres publiés dans sept pays, ainsi qu'un titre à diffusion transnationale. Le nombre limité de publications relevant de cette catégorie et la moindre fréquence de parution (souvent cinq éditions par semaine) réduisent d'autant la taille de l'échantillon. Celui-ci rassemble néanmoins un effectif de 49 exemplaires (voir tableau 36), sélectionnés suivant le principe de la *semaine éclatée* (comme expliqué p. 106), sur la période du 5 au 30 novembre 1993.

Tableau 36
Quotidiens économiques : échantillon

Pays	Titre	Effectif analysé
Allemagne	*Handelsblatt*	5
Belgique	*L'Echo*	5
	De Financieel Ekonomische Tijd	5
Espagne	*Expansión*	6
France	*Les Echos*	5
Italie	*Il Sole 24 Ore*	7
Pays-Bas	*Het Financieele Dagblad*	5
Royaume-Uni	*Financial Times*	6
Etats-Unis/Europe	*The Wall Street Journal Europe*	5
	total :	49

Semaine éclatée du 5 au 30 novembre 1993.

Les catégories de *fond* ont dû être adaptées au présent volet (voir figure 3).

Figure 3
Quotidiens économiques : catégories d'analyse (fond)

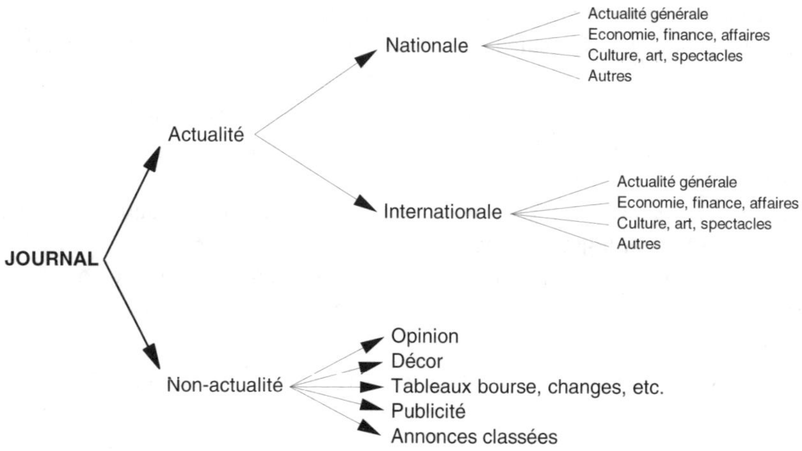

Les catégories relatives à l'actualité distinguent :

— l'*actualité générale*, définie comme relatant des événements qui ne relèvent pas directement et principalement des domaines économiques et financiers ;
— l'*actualité économique*, financière et des affaires rassemble les articles cadrant spécifiquement avec l'orientation thématique des quotidiens économiques, même si l'événement présente une ampleur telle qu'il en est fait mention dans les médias généralistes ;
— la *culture*, l'art et les spectacles, principalement sous forme de chroniques, critiques et articles didactiques, à l'exclusion des programmes qui relèvent, ici, du *décor* (voir *infra*) ;
— l'actualité *autre*, reprenant les articles ne correspondant à aucune des trois autres sous-classes.

Les rubriques relatives à la *non-actualité* ventilent les portions résiduelles des journaux en cinq catégories :

— les expressions d'*opinion,* suivant la même définition que dans le cadre des quotidiens *de qualité* ;
— le *décor*, qui correspond à la fusion des rubriques *décor* et *service* définies pour l'analyse des quotidiens *de qualité*, à l'exclusion des annonces classées ;
— les tableaux reprenant les *cours de bourse* (actions, obligations, et autres valeurs) et taux de changes occupent un espace tel qu'ils se sont vus attribuer une rubrique propre ;
— la *publicité* ;

— les *annonces classées*, qui se définissent comme insertions payantes figurant sous un intitulé de rubrique (c'est donc le caractère *classé* qui distingue cette catégorie de la publicité et non la taille de l'annonce).

Les tableaux de bourse n'ont pas été considérés comme relevant de l'actualité. Ces tableaux contiennent bien des informations (au sens premier du terme) dont l'importance est avérée pour le lecteur ciblé, mais leur nature récurrente ne lie leur insertion à aucune circonstance particulière, même si un événement majeur (traité et comptabilisé en actualité par ailleurs) peut laisser des traces ou trouver son origine dans ces sections.

Les catégories de *forme* ne sont appliquées qu'aux portions consacrées à l'actualité, et demeurent inchangées par rapport à celles définies lors de l'analyse des quotidiens *de qualité*.

Figure 4
Quotidiens économiques : catégories d'analyse (forme)

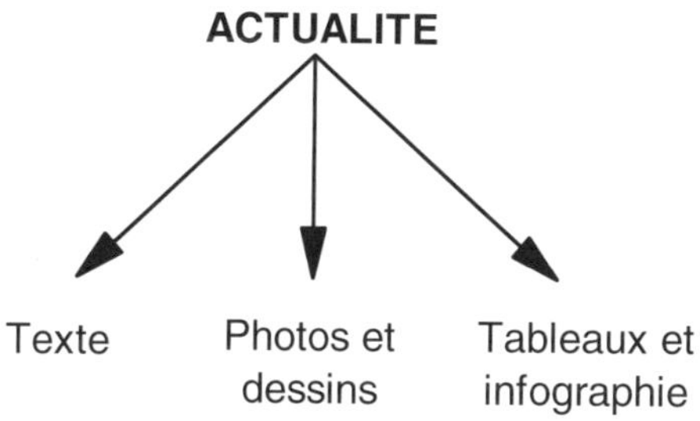

1. Sujets évoqués

Le quotidien économique assume la double fonction de média d'information et d'outil de travail. A ces deux fonctions correspondent deux portions du journal : le contenu rédactionnel d'une part, les tableaux de changes et cours de bourse, d'autre part. Devant l'importance quantitative de cette seconde, il n'apparaît guère surprenant que la part consacrée par ces journaux à l'actualité proprement dite (40 pour cent) soit inférieure encore à celle observée pour les quotidiens *de qualité* (46 pour cent).

Le graphique 84 présente les valeurs moyennes observées pour les différentes catégories. Plus des deux tiers de l'actualité relèvent de l'économie, de la finance ou des affaires, respectant l'orientation thématique des journaux étudiés. Remarquons également que les quotidiens économiques accordent une importance moindre à l'actualité générale (16 pour cent) que celle observée par les quotidiens généralistes (*de qualité*) à l'actualité économique (21 pour cent).

Graphique 84
Quotidiens économiques :
proportions moyennes des catégories de fond

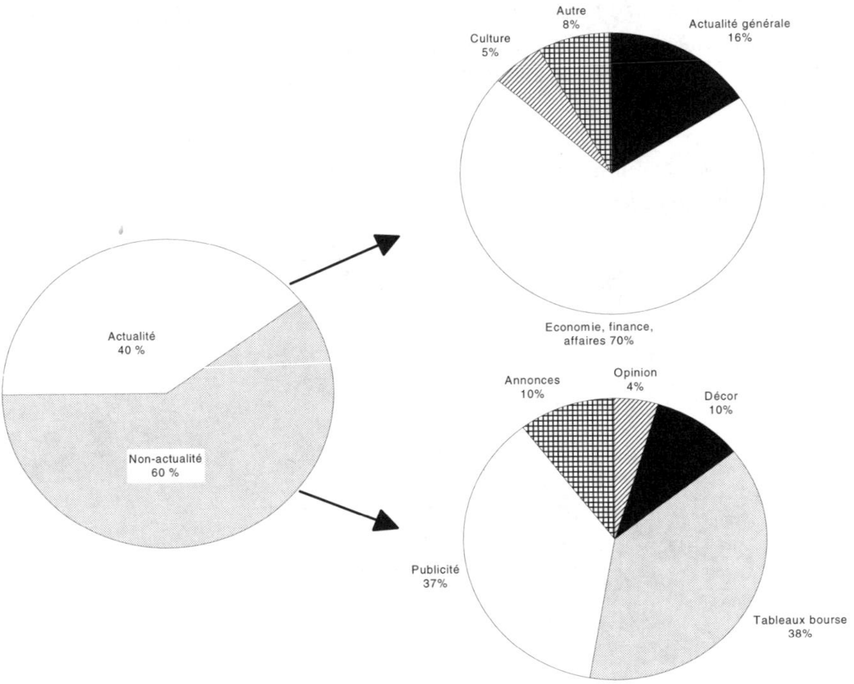

F. Heinderyckx, analyse de contenu de la presse quotidienne économique (1993-1994)

Cette proportion d'*actualité* varie assez peu autour de la moyenne de 40 pour cent (voir graphique 85).

Par contre, les observations s'avèrent nettement plus diversifiées en ce qui concerne le caractère *national ou international* de l'actualité [40]. Les écarts sont considérables entre *Sole 24 Ore* ou *Expansión* dont l'actualité est à plus de deux tiers nationale et le *Financial Times* qui présente la répartition inverse (un tiers de national pour deux tiers d'international). La valeur moyenne (55 contre 45 pour cent) diffère peu de celle que nous avions observée pour les quotidiens de qualité (58 contre 42 pour cent). Le graphique 86 permet de prendre visuellement la mesure de ces écarts.

Graphique 85
Quotidiens économiques : proportion d'actualité

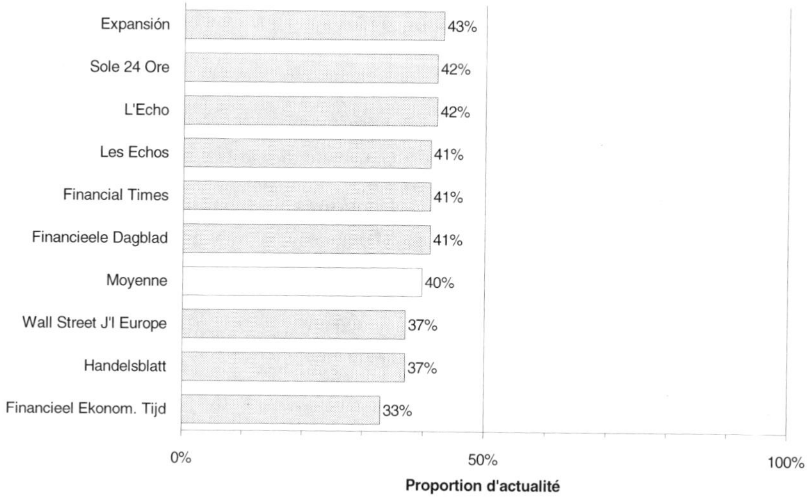

F. Heinderyckx, analyse de contenu de la presse quotidienne économique (1993-1994)

Graphique 86
Quotidiens économiques :
répartition entre actualité nationale et internationale

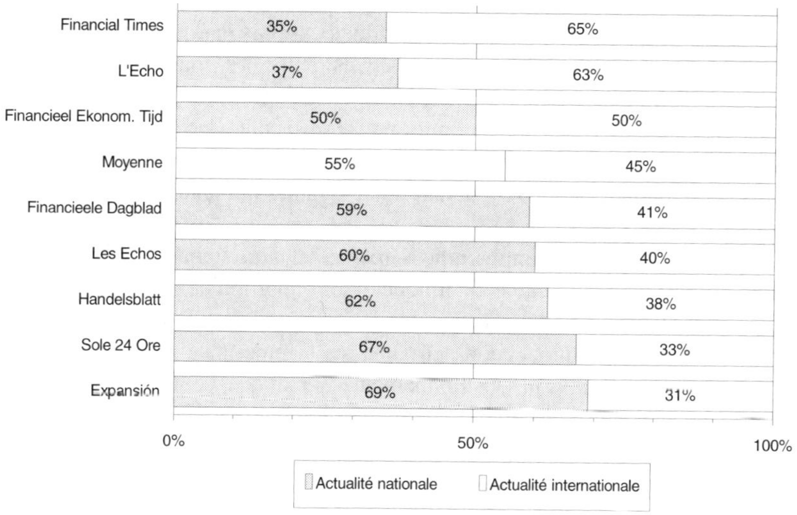

F. Heinderyckx, analyse de contenu de la presse quotidienne économique (1993-1994)

La position du *Sole 24 Ore* constitue le deuxième indice montrant les médias italiens d'information parmi les plus portés sur l'actualité nationale (les quotidiens de qualité italiens figuraient déjà en tête de cet indice).

Le tableau 37 présente les valeurs observées quant au classement des articles d'actualité en fonction des *catégories de fond.*

Tableau 37
Quotidiens économiques :
répartition de l'actualité par catégories de sujets (en pour cent)

	Actualité générale	Economie, finance, affaires	Culture	Autres
Handelsblatt	13	64	4	19
L'Echo	19	73	4	4
Financieel Ekonom. Tijd	18	71	3	8
Expansión	12	78	4	6
Les Echos	12	78	4	6
Sole 24 Ore	17	64	12	7
Financieele Dagblad	19	69	10	2
Financial Times	19	62	5	14
Wall Street J'l Europe	18	75	3	4
Moyenne	**16**	**70**	**5**	**8**
Coefficient de variation	*16 %*	*8 %*	*56 %*	*64 %*

F. Heinderyckx, analyse de contenu de la presse quotidienne économique (1993-1994)

Expansión et *Les Echos* semblent thématiquement plus marqués [41] (78 pour cent de l'actualité est économique), mais les écarts entre les journaux ne sont pas spectaculaires, comme en atteste le coefficient de variation (8 pour cent). A titre de comparaison, rappelons que l'économie ne représentait que 21 pour cent, en moyenne, de l'actualité des quotidiens *de qualité*. Les 70 pour cent affichés par les quotidiens économiques ne laissent aucun doute quant à la réalité de leur orientation thématique.

L'étude des corrélations entre indices révèle un lien significativement négatif entre cette proportion d'actualité économique et la proportion de publicité (r = -0,68), le tirage (r = -0,69) et surtout la surface totale imprimée (r = -0,86). Autrement dit, plus un quotidien économique consacre une part importante de son actualité à l'économie (et donc plus son positionnement thématique se manifeste de façon prononcée), moins il sera épais, moins son tirage sera important et moins il contiendra de publicité. La visualisation graphique de cette tendance moyenne observée sur notre échantillon est éloquente (voir graphique 87).

Graphique 87
Quotidiens économiques : proportion d'actualité économique en fonction de la surface totale imprimée

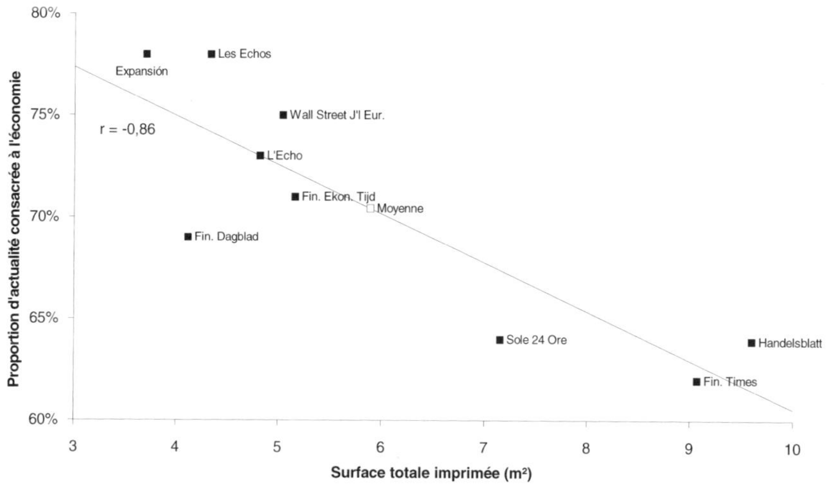

F. Heinderyckx, analyse de contenu de la presse quotidienne économique (1993-1994)

Les indices de dispersion signalent des variations nettement plus marquées quant à la proportion d'actualité consacrée à la culture et aux sujets « autres ». Dans le premier cas, relevons surtout les valeurs plus élevées de *Sole 24 Ore* et *Financieele Dagblad* (respectivement 12 et 10 pour cent) alors que la moyenne avoisine les 5 pour cent. Dans le second cas, *Handelsblatt* et le *Financial Times* portent la responsabilité de la valeur élevée de l'indice de dispersion tant sont détonnants les 19 et 14 pour cent qu'ils affichent respectivement.

Les articles qualifiés de « autres » semblent prendre une part active dans le volume total du journal. On observe en effet que plus un quotidien économique consacre une forte proportion de son actualité à des sujets « autres », plus sa surface totale imprimée est importante. Le graphique 88 permet de visualiser ce lien de corrélation particulièrement marqué (r = 0,9).

L'importante portion de *non-actualité* (en moyenne, 60 pour cent de la surface totale imprimée, voir graphique 84 p. 136) se compose principalement de volumineux tableaux de bourse et de publicité (respectivement un quart et un cinquième de la surface totale imprimée des journaux, voir tableau 38).

Graphique 88
Quotidiens économiques :
proportion d'actualité « autres » en fonction de la surface totale imprimée

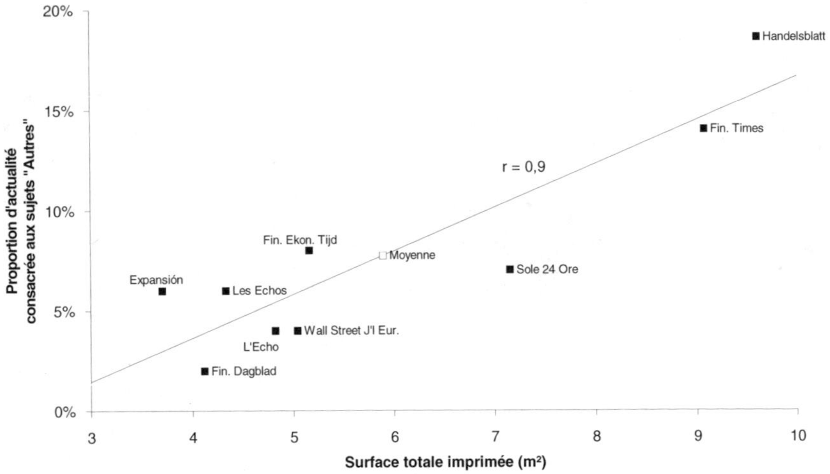

F. Heinderyckx, analyse de contenu de la presse quotidienne économique (1993-1994)

Tableau 38
Quotidiens économiques : non-actualité
(proportions de la surface imprimée, en pour cent)

	Opinion	Décor	Bourse	Publicité	Annonces
Handelsblatt	2	4	14	30	14
L'Echo	1	7	28	16	6
Financieel Ekonom. Tijd	1	6	30	18	12
Expansión	5	6	27	19	1
Les Echos	1	6	25	22	5
Sole 24 Ore	6	11	17	23	1
Financieele Dagblad	4	6	23	24	3
Financial Times	2	5	21	26	5
Wall Street J'l Europe	4	5	38	14	2
Moyenne	**3**	**6**	**25**	**21**	**6**
Coefficient de variation	*64 %*	*30 %*	*28 %*	*23 %*	*80 %*

F. Heinderyckx, analyse de contenu de la presse quotidienne économique (1993-1994)

Les quotidiens économiques semblent apporter un soin appuyé à la réalisation des copieuses sections consacrées aux tableaux reprenant les cours de *bourse*, taux de change, etc. Certains en font même un cahier distinct. Toutefois, le souci d'économie de surface contraint à des présentations d'une densité telle qu'on atteint les limites de la lisibilité. Ainsi, les tableaux du *Financial Times*, par exemple, dépassent parfois les cent signes typographiques par centimètre carré ! Le *Wall Street Journal Europe* accorde une importance particulière à cette section puisqu'il y consacre pas moins de 38 pour cent de sa surface totale. *Sole 24 Ore* et *Handelsblatt*, à l'autre bout de l'échelle, n'y sacrifient respectivement que 17 et 14 pour cent. Pourtant, ces sections ne semblent pas influencer directement le volume total du journal. Au contraire, on observe même un lien de corrélation négatif (r = -0,66) entre ces deux grandeurs.

On constate par ailleurs une certaine convergence entre la proportion d'actualité consacrée à l'économie et la proportion de surface totale consacrée aux tableaux de bourse, c'est-à-dire les deux indices du caractère plus ou moins marqué de l'orientation thématique (économique) de ces quotidiens. Le graphique 89 montre les données disposées le long de la droite des moindres carrés, concrétisant la valeur significative du coefficient de corrélation (0,7).

Graphique 89
Quotidiens économiques : proportion de tableaux de bourse en fonction de la proportion d'actualité économique

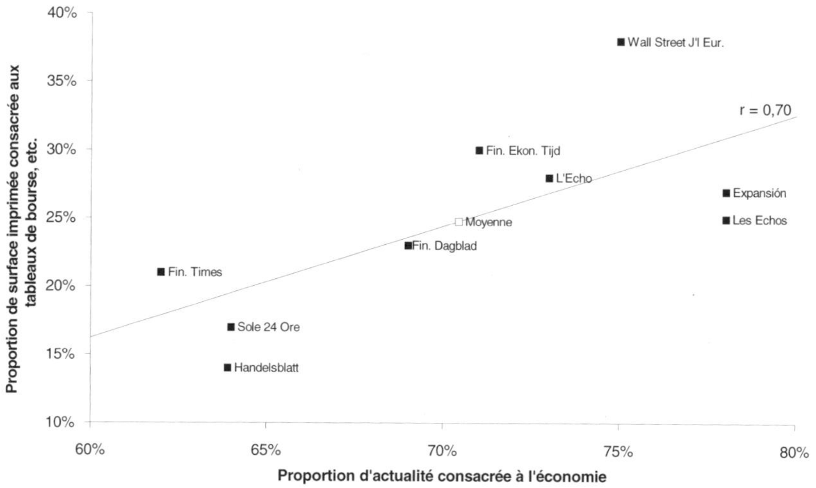

F. Heinderyckx, analyse de contenu de la presse quotidienne économique (1993-1994)

L'*opinion*, marginale en moyenne, oscille entre 1 (journaux français et belges) et 6 pour cent (*Sole 24 Ore*). La proportion moyenne de *publicité* (21 pour cent) est remarquablement proche de celle observée pour les quotidiens de qualité (20 pour cent). Les surfaces consacrées à la publicité feront l'objet de commentaires détaillés lorsque nous évoquerons les prix et tirages, mais remarquons déjà d'importantes variations entre les 14 pour cent du *Wall Street Journal Europe* et les 30 pour cent du *Handelsblatt*. Ce dernier présente également la proportion la plus importante d'*annonces classées* (14 pour cent) alors qu'elles sont pratiquement absentes d'*Expansión* et de *Sole 24 Ore*. Notons encore que l'insertion d'annonces classées semble se faire au détriment du contenu rédactionnel puisque la proportion d'annonces présente un lien négatif de corrélation à la fois avec la proportion de surface rédactionnelle [42] (r = -0,82) aussi bien qu'avec les proportions des deux composantes de cette dernière (actualité : r = -0,7; opinion : r = -0,7).

La publicité occupe les pages des quotidiens économiques de façon assez variable, comme l'illustre le graphique 90.

Graphique 90
Quotidiens économiques : proportion de publicité

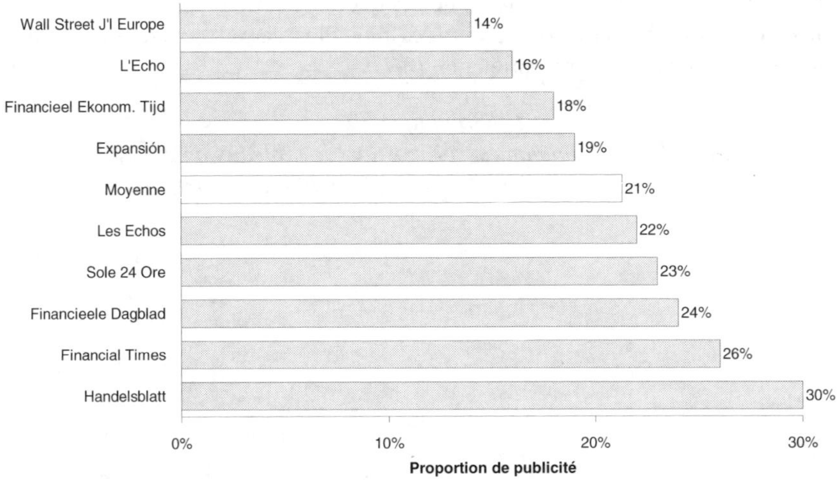

F. Heinderyckx, analyse de contenu de la presse quotidienne économique (1993-1994)
Coefficient de variation : 22 %

Au-delà des proportions observées de publicité, les surfaces effectivement occupées par ces insertions ainsi que leur nombre font preuve d'un étalement plus important encore (coefficient de variation de 57 pour cent, voir tableau 39, contre 22 pour cent pour les proportions).

La publicité *pleine page* ne constitue pas la règle puisque la moyenne avoisine le cinquième de page. De ce point de vue, cinq des journaux étudiés se situent au dixième de page ou un peu au-dessus, trois entre un dixième et un quart de page, et *Les Echos* dépasse le tiers de page pour la taille moyenne d'une insertion publicitaire. Remarquons que l'analyse des quotidiens *de qualité* révélait également une taille moyenne de publicité d'un cinquième de page, mais le nombre d'annonces publicitaires était supérieur (54) alors que le format en était inférieur (283 cm²).

Tableau 39
Quotidiens économiques : publicité (en moyenne, par numéro)

	Surface totale de publicité	Nombre de publicités	Surface moyenne par publicité	
Handelsblatt	2,88 m²	56	513 cm²	0,22 page
L'Echo	0,75 m²	28	271 cm²	0,11 page
Financieel Ekonom. Tijd	0,93 m²	35	267 cm²	0,11 page
Expansión	0,70 m²	38	184 cm²	0,16 page
Les Echos	0,96 m²	23	409 cm²	0,34 page
Sole 24 Ore	1,64 m²	70	233 cm²	0,10 page
Financieele Dagblad	0,96 m²	34	283 cm²	0,12 page
Financial Times	2,38 m²	98	242 cm²	0,11 page
Wall Street J'l Europe	0,72 m²	13	536 cm²	0,23 page
Moyenne	**1,32 m²**	**44**	**326 cm²**	**0,17 page**
Coefficient de variation	*57 %*	*57 %*	*37 %*	*45 %*

F. Heinderyckx, analyse de contenu de la presse quotidienne économique (1993-1994)

2. *Présentation*

Le tableau 40 présente les *caractéristiques physiques* des quotidiens économiques. Le *Handelsblatt* se distingue comme le plus volumineux (11,2 m² de surface papier) alors que les lecteurs du *Financieele Dagblad* se satisfont de 4,5 m².

Tableau 40
Quotidiens économiques : caractéristiques physiques

	Surface papier par numéro	Taux d'impression (hors marges)	Surface imprimée	Surface par page	Nombre de pages
Handelsblatt	11,2 m²	86 %	9,6 m²	0,23 m²	49
L'Echo	5,5 m²	87 %	4,8 m²	0,24 m²	23
Financieel Ekonom. Tijd	6,2 m²	83 %	5,2 m²	0,25 m²	26
Expansión	4,6 m²	80 %	3,7 m²	0,11 m²	41
Les Echos	5,6 m²	78 %	4,3 m²	0,12 m²	46
Sole 24 Ore	8,5 m²	84 %	7,2 m²	0,22 m²	38
Financieele Dagblad	4,5 m²	92 %	4,1 m²	0,24 m²	19
Financial Times	10,7 m²	85 %	9,0 m²	0,21 m²	50
Wall Street J'l Europe	5,6 m²	90 %	5,0 m²	0,24 m²	24
Moyenne	**6,9 m²**	**85 %**	**5,9 m²**	**0,21 m²**	**35**
Coefficient de variation	*35 %*	*5 %*	*35 %*	*24 %*	*33 %*

F. Heinderyckx, analyse de contenu de la presse quotidienne économique (1993-1994)

Entre 78 pour cent (*Les Echos*) et 92 pour cent (*Financieele Dagblad*) de cette surface est imprimée, alors que le format varie de 29 x 39 cm (1130 cm²) pour l'*Expansión*) à 60 x 41 cm (2460 cm²) pour le *Financieel Ekonomische Tijd*. L'étalement des valeurs s'inscrit dans le même ordre de grandeur (coefficient de variation d'environ 35 pour cent), que l'on considère la surface papier, la surface imprimée ou le nombre de pages. On remarque en outre un lien significatif entre proportion de publicité et surface totale imprimée (r = 0,71). Pour poursuivre la comparaison, signalons que les quotidiens économiques sont moins volumineux que leurs homologues *de qualité* : 35 contre 49 pages, d'un format proche, pour un total de 5,9 contre 6,8 m² de surface imprimée.

Le classement par catégories de *forme* (pour les portions d'actualité) aboutit aux résultats figurant sur le tableau 41.

Tableau 41
Quotidiens économiques : forme de l'actualité
(proportions de la surface consacrée à l'actualité, en pour cent)

	Texte & titres	Photos & dessins	Tableaux & infographie
Handelsblatt	86	10	4
L'Echo	88	9	3
Financieel Ekonom. Tijd	87	9	4
Expansión	85	8	6
Les Echos	96	0	4
Sole 24 Ore	88	6	6
Financieele Dagblad	83	15	3
Financial Times	85	11	4
Wall Street J'l Europe	97	0	3
Moyenne	**88**	**8**	**4**
Coefficient de variation	*5 %*	*58 %*	*30 %*

F. Heinderyckx, analyse de contenu de la presse quotidienne économique (1993-1994)

En dehors des *Echos* et du *Wall Street Journal Europe* (peu illustrés) et du *Financieele Dagblad* (abondamment illustré), on observe assez peu de variance des taux de texte et d'illustrations entre les journaux étudiés. Remarquons également que les tableaux et infographies demeurent marginaux, en dépit du préjugé qui laisserait penser que l'actualité économique s'accommode particulièrement bien de présentations sous cette forme. Rappelons encore que les tableaux proposant les cours d'actions, devises, obligations, et autres taux d'intérêts ainsi que les graphiques afférents (en dehors de tout contexte d'actualité) n'entrent pas en considération dans cette rubrique et ont fait l'objet d'une quantification distincte (*non-actualité*). Sans surprise, les quotidiens économiques se révèlent nettement moins illustrés que leurs homologues *de qualité* (8 contre 20 pour cent de photos et dessins dans l'actualité).

3. *Prix et tirages*

Les prix de vente au numéro (voir tableau 42) s'échelonnent de 0,75 ECU (*Sole 24 Ore*) à 1,6 ECU (*Wall Street Journal Europe* et *Handelsblatt*), soit environ du simple au triple. Bien plus spectaculaires encore sont les écarts de tirage entre le très confidentiel *L'Echo* (20 000 exemplaires) et l'impressionnant *Sole 24 Ore* (304 000 exemplaires). Le coefficient de variation observé pour cette série (86 pour cent) se distingue comme le plus élevé de toutes les variables étudiées.

Tableau 42
Quotidiens économiques :
prix de vente au numéro et tirages moyens

	Prix de vente au numéro [43]	Tirage
Handelsblatt	1,56 ECU	173 000
L'Echo	0,85 ECU	20 000
Financieel Ekonom. Tijd	0,92 ECU	31 000
Expansión	0,81 ECU	59 000
Les Echos	0,90 ECU	121 000
Sole 24 Ore	0,75 ECU	304 000
Financieele Dagblad	0,98 ECU	40 000
Financial Times	0,86 ECU	285 000
Wall Street J'l Europe	1,59 ECU	54 000
Moyenne	**1,02 ECU**	**120 756**
Coefficient de variation	*29%*	*86%*

F. Heinderyckx, analyse de contenu de la presse quotidienne économique (1993-1994), ainsi que Carat et Publicitas.

Les quotidiens économiques se vendent un dixième d'ECU plus cher que les journaux *de qualité*, ces derniers « tirant » plus de deux fois et demie autant d'exemplaires. Mais, comme nous l'avons évoqué lors de l'étude des quotidiens *de qualité*, ces écarts de prix de vente doivent être examinés à la lumière des caractéristiques observées.

La surface totale imprimée n'intervient semble-t-il pas directement dans le prix de vente (r = 0,29). Il convient donc de revenir à la notion de surface rédactionnelle telle que définie précédemment [44]. Le graphique 91 montre qu'aucun des journaux étudiés n'atteint les 50 pour cent de surface rédactionnelle, substrat noble du quotidien d'information. Le même ratio calculé pour les quotidiens *de qualité* présentait des valeurs sensiblement supérieures (49 pour cent, en moyenne).

Mais dans l'étude du prix qui nous occupe, les quantités nous importent davantage que les proportions. Le graphique 92 montre que les journaux étudiés se répartissent en deux groupes de part et d'autre de la moyenne. Les moins fournis proposent environ deux mètres carrés et moins de SR, alors que le *Sole 24 Ore*, le *Handelsblatt* et le *Financial Times* dépassent largement les trois mètres carrés. A titre de comparaison, les quotidiens *de qualité* proposaient environ un tiers de surface rédactionnelle en plus.

Graphique 91
Quotidiens économiques : proportion de surface rédactionnelle (SR)

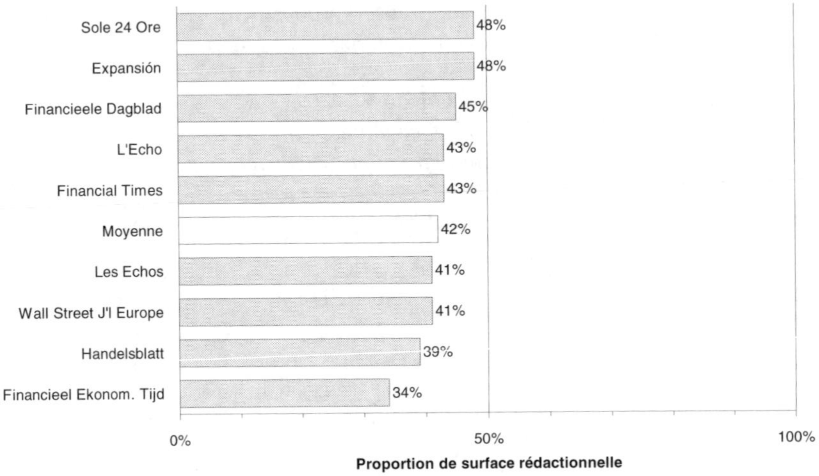

F. Heinderyckx, analyse de contenu de la presse quotidienne économique (1993-1994)

Graphique 92
Quotidiens économiques : surfaces rédactionnelles (m²)

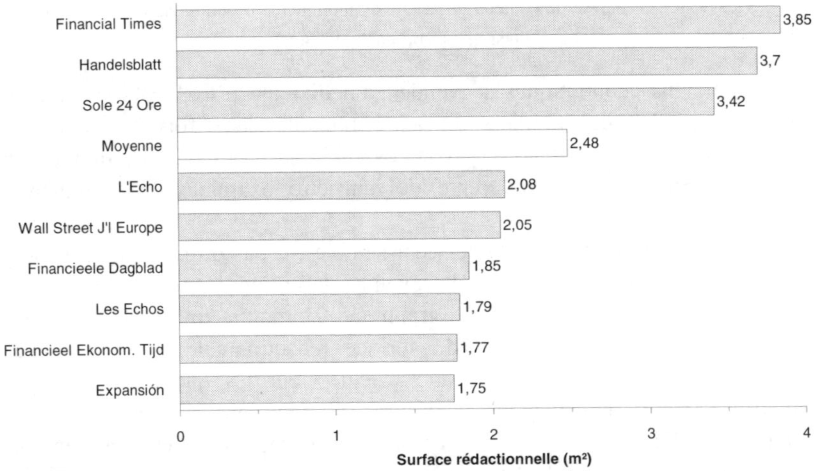

F. Heinderyckx, analyse de contenu de la presse quotidienne économique (1993-1994)

L'étude du prix de vente en fonction de la surface rédactionnelle permet de déterminer si les journaux plus onéreux offrent un contenu rédactionnel plus abondant.

Graphique 93

Quotidiens économiques : prix de vente en fonction de la SR

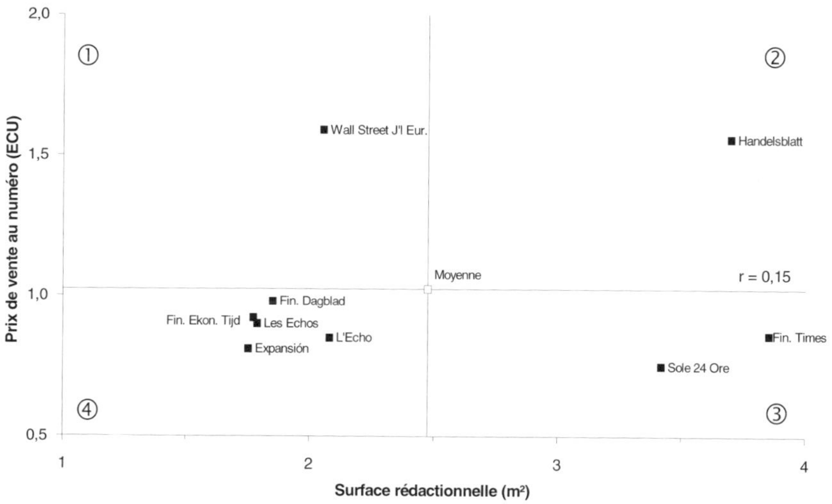

F. Heinderyckx, analyse de contenu de la presse quotidienne économique (1993-1994)

Le graphique 93 illustre l'absence complète de lien entre prix et importance quantitative du contenu rédactionnel (coefficient de corrélation r = 0,15). Pourtant, l'examen du graphique révèle quelque cohérence. Ainsi, le *Handelsblatt* combine un prix élevé et une importante SR (deuxième quadrant), alors qu'un groupe de cinq titres présente des prix nettement plus raisonnables mais, en contrepartie, une SR nettement inférieure (quatrième quadrant). Par contre, les journaux situés dans les premier et troisième quadrants présentent des valeurs particulièrement aberrantes (au sens statistique du terme) : le *Financial Times* et le *Sole 24 Ore* sont peu onéreux et offrent une importante SR, au contraire du *Wall Street Journal Europe* (onéreux et peu fourni en SR).

Nous prendrons la mesure des écarts en calculant le *prix du mètre carré de SR* par quotient du prix de vente au numéro par la surface rédactionnelle (voir graphique 93).

Sans surprise, *Financial Times* et *Sole 24 Ore* proposent la SR la moins onéreuse (voir commentaire du graphique 93) et, détonnant à l'autre bout de l'échelle, le mètre carré de SR du *Wall Street Journal Europe* se vend trois fois et demi plus cher (0,77 contre 0,22 ECU/m² SR). Entre ces deux extrêmes, un peloton assez compact propose des prix entre 0,4 et un peu plus de 0,5 ECU/m² SR. Le prix moyen du mètre carré de surface rédactionnel des journaux économiques dépasse de 45 pour cent celui calculé pour les quotidiens *de qualité*. Seule exception à cette tendance, l'*International*

Herald Tribune (*de qualité*) surclasse l'ensemble des quotidiens étudiés, y compris le plus onéreux des quotidiens économiques (*Wall Street Journal Europe*) avec ses 0,9 ECU/m² SR.

Graphique 94
Quotidiens économiques : prix par mètre carré de SR

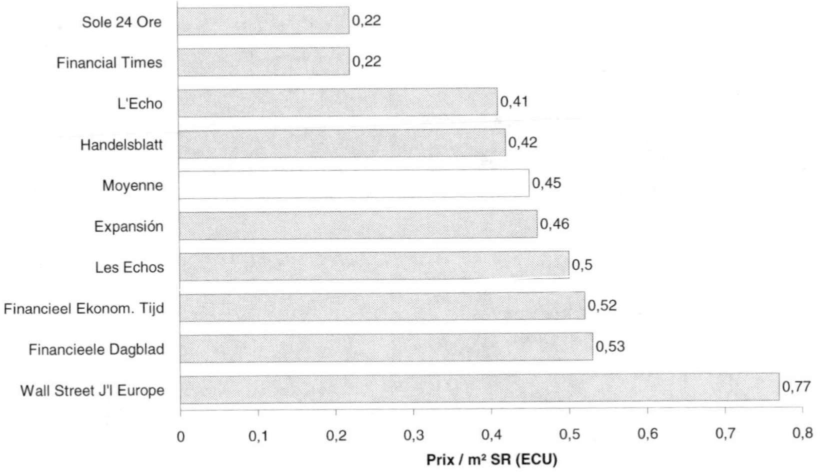

F. Heinderyckx, analyse de contenu de la presse quotidienne économique (1993-1994)

Graphique 95
Quotidiens économiques :
prix de vente en fonction de la proportion de publicité

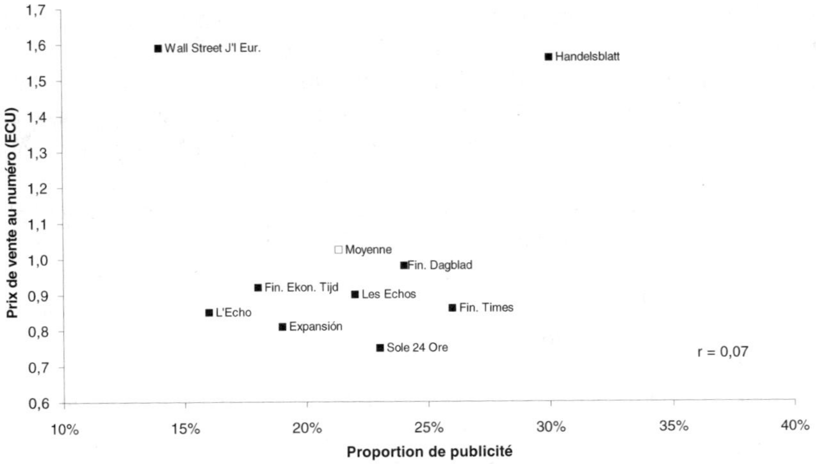

F. Heinderyckx, analyse de contenu de la presse quotidienne économique (1993-1994)

Autre élément à prendre en considération : l'incontournable *publicité*. L'intuition qui voudrait qu'un journal contenant plus de publicité soit vendu moins cher est démentie par les chiffres (comme ce fut le cas pour les quotidiens *de qualité*). Le graphique 95 montre la dispersion des données suivant un nuage quelconque attestant de l'absence complète de corrélation entre les deux variables (r = 0,07).

4. Conformisme et diversité

Cette deuxième analyse de contenu débouche sur des observations nourrissant une perception duale des quotidiens économiques, à la fois de conception générale conformiste mais variée, de contenu thématiquement marqué mais de diverses façons, partageant un genre typé mais défendant chacun leur singularité.

La comparaison des résultats obtenus pour les quotidiens économiques et leurs homologues *de qualité* révèle bien des points de divergence entre deux types de journaux pourtant associés par le prestige, l'austérité et une partie de leurs lectorats respectifs de quotidiens *haut de gamme*.

Nous sommes maintenant en mesure d'exploiter l'unité méthodologique de nos travaux en tentant d'appréhender, en des termes plus larges, la presse quotidienne *haut de gamme*, en rapprochant les données résultant de nos études relatives aux quotidiens *de qualité* et économiques.

3. Synthèse : les quotidiens **haut de gamme**

La fusion des séries statistiques correspondant aux deux études de contenu de la presse quotidienne (*de qualité* et économique) produit, pour les catégories et critères communs aux deux analyses, des données portant sur 26 quotidiens que nous qualifierons de *haut de gamme*.

Une telle opération d'agrégation permet principalement, d'une part, d'affiner certains regroupements (par langue, par pays) esquissés lors de l'étude séparée des deux types de journaux et, d'autre part, d'envisager des indices, si ténus soient-ils, de ressemblance ou de dissemblance entre quotidiens qui pourraient être interprétés comme autant de signes respectivement de convergence ou de divergence dans leur conception.

Nous serons attentifs aux tendances indiquées par les indices de dispersion. Ceux-ci seront calculés, selon le cas, sur la série complète des journaux regroupés et sur les valeurs obtenues après regroupement ou sur les valeurs appartenant au même groupe. Remarquons qu'agréger les données par pays, par langue, etc. peut sensiblement réduire leur étalement.

Voyons par un exemple fictif (voir tableau 43) que *plus la dispersion s'atténue suite à l'opération de regroupement, moins les journaux d'un même groupe démontrent leur cohérence*, leur homogénéité selon le critère considéré.

Tableau 43
Interprétation des coefficients de variation après regroupements

Valeurs		Groupes *homogènes*	Valeurs		Groupes *hétérogènes*
Journal A :	15	*Pays X* :	Journal A :	15	*Langue* α :
Journal B :	16	**Moyenne = 15,7**	Journal B :	16	**Moyenne = 19,0**
Journal C :	16	*C. variat. = 3 %*	Journal E :	26	*C. variat. = 26 %*
Journal D :	23	*Pays Y* :	Journal D :	23	*Langue* β :
Journal E :	26	**Moyenne = 24,3**	Journal C :	16	**Moyenne = 19,3**
Journal F :	24	*C. variat. = 5 %*	Journal G :	19	*C. variat. = 15 %*
Journal G :	19	*Pays Z* :	Journal H :	16	*Langue* γ :
Journal H :	16	**Moyenne = 17,3**	Journal I :	17	**Moyenne = 19,0**
Journal I :	17	*C. variat. = 7 %*	Journal F :	24	*C. variat. = 19 %*
C. variat.	*20 %*	*20 %*	*C. variat.*	*20 %*	*1 %*

Données fictives pour les besoins de l'explication.

Soit neuf journaux (dénommés A à I) présentant chacun, pour une variable donnée, une valeur. Imaginons deux façons de les regrouper : suivant le pays et suivant la langue (parties gauche et droite du tableau 43). La série constituée des valeurs moyennes calculées pour les *pays X, Y et Z* présente le même étalement que celle des données éclatées de départ (environ 20 pour cent) [45]. On s'aperçoit que les groupes ainsi définis sont assez homogènes : valeurs proches pour les journaux d'un même pays, comme en attestent les indices de dispersion nationaux (coefficients de variation de 3, 5 et 7 pour cent).

Les valeurs moyennes calculées pour les *langues* α*,* β *et* γ (partie droite du tableau 43) forment une série bien moins dispersée qu'elle ne l'était avant regroupement (coefficient de variation de 1 pour cent contre 20 pour cent à l'origine). Dans ce cas, les écarts entre tous les journaux (série de départ) ont été pratiquement absorbés par l'opération, manifestant une grande dispersion des valeurs au sein de chaque groupe (coefficients de variation de 26, 15 et 19 pour cent).

En d'autres termes, si le coefficient de variation calculé sur les valeurs moyennes des différents groupes confrontés (pays ou langue), est proche du coefficient de variation des données de départ, l'homogénéité intragroupe sera avérée et la pertinence du critère de rapprochement démontrée.

Dans notre exemple fictif, les journaux rassemblés par pays forment des ensembles cohérents ou homogènes ; rassemblés par langues, ils constituent des groupes incohérents ou hétérogènes. Ainsi, lors d'opérations de regroupement des données, un indice de dispersion entre les valeurs moyennes de chaque groupe très inférieur à ce qu'il était entre les données de départ indiquera que les groupes formés ne brillent pas par leur cohésion. A l'inverse, si la dispersion entre groupes se révèle égale ou légèrement inférieure [46] à celle calculée sur les données éclatées, les ensembles constitués peuvent être considérés comme présentant une unité significative.

Afin de nous guider dans l'application de ces principes, nous fixerons le seuil de « légèrement inférieur » à *deux tiers de la valeur de départ*. Le regroupement sera dès lors considéré comme pertinent et performant si le coefficient de variation calculé entre les groupes est supérieur à deux tiers de ce même coefficient calculé entre les journaux avant l'opération.

1. Caractères nationaux

L'échantillon dont nous disposons permet de regrouper *22 journaux* selon sept groupes nationaux [47] (voir tableau 44).

Tableau 44
Quotidiens haut de gamme *: regroupement par pays*

	Journaux étudiés
Allemagne	*Die Welt*
	Frankfurter Allgemeine
	Handelsblatt
Belgique	*L'Echo*
	Le Soir
	De Standaard
	Financieel Ekonomische Tijd
Espagne	*ABC*
	El País
	Expansión
France	*Le Figaro*
	Le Monde
	Les Echos
Italie	*Corriere della Sera*
	La Repubblica
	Il Sole 24 Ore
Pays-Bas	*De Volkskrant*
	Het Financieele Dagblad
	NRC Handelsblad
Royaume-Uni	*Financial Times*
	The Guardian
	The Times
Total :	22 journaux

Lorsqu'envisagées par pays, les valeurs moyennes relatives au *volume du journal* démontrent une dispersion marquée.

Tableau 45
Quotidiens haut de gamme, *par pays : surface imprimée*

	Surface imprimée	*Coeff. de variat.*
Allemagne	8,98 m²	*23 %*
Belgique	6,13 m²	*19 %*
Espagne	6,77 m²	*33 %*
France	5,17 m²	*20 %*
Italie	7,54 m²	*6 %*
Pays-Bas	6,11 m²	*24 %*
Royaume-Uni	7,00 m²	*32 %*
Moyenne (7 pays)	**6,81 m²**	***22 %***
Coeff. de variation (7 pays)	*17 %*	-
Coeff. de variation (22 journaux)	*29 %*	-

F. Heinderyckx, analyses de contenu de la presse quotidienne *de qualité* (1992-1993) et économique (1993-1994)

Les quotidiens allemands et, dans une moindre mesure, italiens et britanniques, se singularisent par l'importance de leur surface imprimée, alors qu'au contraire, les journaux français affichent un volume moyen très inférieur. Mais ne nous laissons pas aveugler par ces chiffres. Il s'agit de moyennes arithmétiques entre journaux d'un même pays, et il convient de remarquer, par exemple, que le *Frankfurter Allgemeine* « tire » la valeur allemande vers le haut : il couvre 11 m², alors que *Die Welt* ne représente qu'un peu plus de 6 m², soit moins que le *Figaro* pourtant présent parmi les « peu volumineux » (français).

Ces observations sont à considérer avec circonspection tant les coefficients de variation laissent apparaître le peu d'homogénéité entre journaux d'un même pays lorsqu'on envisage la surface imprimée. Le tableau 46 montre en effet un coefficient de variation entre pays de 17 pour cent, soit moins de deux tiers (seuil) de ce même indice calculé sur les 22 journaux avant regroupement (29 pour cent). Au regard de notre approche des regroupements par les indices de dispersion (voir p. 149 et suivantes), le critère national n'apparaît pas des plus adaptés pour regrouper les données relatives à la surface imprimée. Remarquons que les journaux italiens font néanmoins preuve d'une certaine homogénéité (coefficient de variation de 6 pour cent entre les trois journaux italiens).

La *surface par page* des journaux étudiés évoque nettement des tendances nationales, comme l'indique la quasi-égalité des coefficients de variation avant et après regroupement (voir tableau 46).

Allemagne, Belgique, Pays-Bas et Royaume Uni semblent nourrir des traditions nationales particulièrement marquées (faible étalement) et, de surcroît, similaires. Si bien que les journaux étudiés dans ces quatre pays font preuve d'une remarquable cohérence intragroupe, mais sans se distinguer significativement de ceux provenant des trois autres, ce qui révèle une pratique multinationale en matière de format.

Nettement plus singuliers (plus petits), mais moins cohérents, sont les journaux français et espagnols.

Tableau 46
Quotidiens haut de gamme, *par pays : format*

	Surface/page	*Coeff. de variat.*
Allemagne	0,23 m²	*0 %*
Belgique	0,24 m²	*1 %*
Espagne	0,10 m²	*16 %*
France	0,15 m²	*17 %*
Italie	0,20 m²	*19 %*
Pays-Bas	0,24 m²	*1 %*
Royaume-Uni	0,22 m²	*4 %*
Moyenne	**0,20 m²**	***8 %***
Coeff. de variation (7 pays)	*25 %*	-
Coeff. de variation (22 journaux)	*26 %*	-

F. Heinderyckx, analyses de contenu de la presse quotidienne *de qualité* (1992-1993) et économique (1993-1994)

Les chiffres relatifs aux *tirages* indiquent clairement une certaine variété internationale (voir tableau 47).

Tableau 47
Quotidiens haut de gamme, *par pays : tirage*

	Tirage	*Coeff. de variat.*
Allemagne	273 000	*38 %*
Belgique	69 000	*70 %*
Espagne	248 000	*57 %*
France	279 000	*41 %*
Italie	552 000	*32 %*
Pays-Bas	208 000	*60 %*
Royaume-Uni	368 000	*16 %*
Moyenne	**285 000**	***45 %***
Coeff. de variation (7 pays)	*48 %*	-
Coeff. de variation (22 journaux)	*66 %*	-

F. Heinderyckx, analyses de contenu de la presse quotidienne *de qualité* (1992-1993) et économique (1993-1994)

La taille respective des pays considérés ne suffit pas à expliquer les écarts. Les étalements intranationaux importants peuvent en partie être imputés à la présence côte à côte de quotidiens généralistes et économiques, ces derniers affichant généralement des tirages plus confidentiels. Le regroupement par pays dépasse néanmoins le seuil des deux tiers que nous nous étions fixé (73 pour cent), ce qui permet d'étayer l'hypothèse de tendances nationales en la matière.

Les portions d'*actualité* révèlent également d'importants écarts internationaux lorsqu'on considère la proportion de surface imprimée consacrée à l'actualité, comme en atteste la proximité des coefficients de variation avant et après regroupement (respectivement 16 et 11 pour cent, soit un rapport de 69 pour cent, satisfaisant le critère des deux tiers). Ainsi, les quotidiens d'un même pays font preuve d'une cohérence marquée (voir tableau 48).

Tableau 48
Quotidiens haut de gamme, *par pays : actualité*

	Surface actualité	*Coeff. de variation*	Actualité/SI	*Coeff. de variation*
Allemagne	3,24 m²	*22 %*	36 %	*2 %*
Belgique	2,47 m²	*26 %*	40 %	*11 %*
Espagne	2,99 m²	*34 %*	44 %	*6 %*
France	2,44 m²	*26 %*	47 %	*9 %*
Italie	3,69 m²	*14 %*	49 %	*12 %*
Pays-Bas	2,61 m²	*25 %*	43 %	*4 %*
Royaume-Uni	3,33 m²	*17 %*	51 %	*20 %*
Moyenne	**2,97 m²**	***23 %***	**44 %**	***9 %***
Coeff. de variation (7 pays)	*15 %*	-	*11 %*	-
Coeff. de variation (22 journaux)	*28 %*	-	*16 %*	-

F. Heinderyckx, analyses de contenu de la presse quotidienne *de qualité* (1992-1993) et économique (1993-1994)

Les journaux britanniques, italiens et français sont les plus généreux en proportion d'actualité, alors que les allemands et les belges manifestent la tendance inverse. Dans le cas des journaux allemands, le volume moyen étant plus élevé, la surface consacrée à l'actualité n'en demeure pas moins parmi les plus importantes, à l'inverse des journaux belges dont le faible volume et la faible proportion d'actualité se conjuguent pour présenter une surface d'actualité des plus réduites.

Lorsqu'on considère la surface consacrée à l'actualité, l'homogénéité entre journaux d'un même pays est plus marquée en Italie et au Royaume-Uni, mais l'Espagne, les Pays-Bas et surtout l'Allemagne se révèlent plus homogènes encore en termes de proportion de cette surface par rapport à la surface imprimée. Cette variable présente d'ailleurs un étalement particulièrement réduit à l'intérieur des différents ensembles nationaux avec un coefficient de variation moyen de 9 pour cent.

La *surface rédactionnelle* (actualité et opinion) ne rassemble pas les journaux d'un même pays dans une grande homogénéité. Les moyennes nationales présentent néanmoins certains contrastes qu'il convient de souligner (voir tableau 49).

Tableau 49
Quotidiens haut de gamme, *par pays : surface rédactionnelle*

	SR	*Coeff. de variation*	SR/SI	*Coeff. de variation*
Allemagne	3,49 m²	*21 %*	39 %	*3 %*
Belgique	2,59 m²	*27 %*	42 %	*11 %*
Espagne	3,26 m²	*33 %*	48 %	*5 %*
France	2,55 m²	*26 %*	49 %	*11 %*
Italie	3,92 m²	*9 %*	52 %	*9 %*
Pays-Bas	2,87 m²	*25 %*	47 %	*7 %*
Royaume-Uni	3,56 m²	*16 %*	55 %	*22 %*
Moyenne	**3,18 m²**	***22 %***	**47 %**	***10 %***
Coeff. de variation (7 pays)	*15 %*	-	*11 %*	-
Coeff. de variation (22 journaux)	*27 %*	-	*16 %*	-

F. Heinderyckx, analyses de contenu de la presse quotidienne *de qualité* (1992-1993) et économique (1993-1994)

Les journaux italiens se distinguent à la fois par la surface rédactionnelle la plus importante et par la plus forte homogénéité intranationale selon ce critère. Nous pouvons donc affirmer que les quotidiens italiens de notre échantillon sont bien les plus généreux en surface rédactionnelle.

Ils ne sont pas pour autant les plus riches en surface rédactionnelle, puisque lorsqu'on considère le rapport entre SR et SI, ils sont dépassés par les journaux britanniques. Mais suivant cette variable, les mêmes journaux britanniques ne brillent guère par leur cohérence nationale, à la différence des autres nations, avec mention spéciale pour l'Allemagne. Dans l'ensemble, cette seconde façon d'appréhender la surface rédactionnelle (en proportion et non en surface) se révèle une base acceptable pour des regroupements par nation (le coefficient de variation entre pays représente 69 pour cent de ce qu'il était entre les 22 journaux, on dépasse donc le seuil des deux tiers).

L'*actualité économique*, qu'elle soit exprimée en surface ou en proportion de l'actualité, conduit à des indices d'étalement considérables. Cette hétérogénéité n'est guère surprenante étant donné la nature mixte de la série agrégée (quotidiens généralistes et économiques). L'*actualité culturelle* ne conduit pas davantage à des conclusions franches quant à d'éventuelles tendances nationales. L'Italie et les Pays-Bas semblent marquer un penchant pour ce registre puisque ces pays présentent à la fois les plus fortes proportions, mais également les moins fortes dispersions intranationales (voir tableau 50).

Tableau 50
Quotidiens haut de gamme*, par pays :*
proportion d'actualité consacrée à la culture

	Culture/actualité	*Coeff. de variat.*
Allemagne	12 %	*48 %*
Belgique	10 %	*70 %*
Espagne	14 %	*56 %*
France	13 %	*61 %*
Italie	16 %	*20 %*
Pays-Bas	18 %	*32 %*
Royaume-Uni	10 %	*40 %*
Moyenne	**13 %**	***47 %***
Coeff. de variation (7 pays)	*21 %*	-
Coeff. de variation (22 journaux)	*52 %*	-

F. Heinderyckx, analyses de contenu de la presse quotidienne *de qualité* (1992-1993) et économique (1993-1994)

L'*actualité internationale* indique des tendances nationales assez tranchées sous l'angle de la proportion par rapport à la surface totale d'actualité (voir tableau 51).

Tableau 51
Quotidiens haut de gamme*, par pays : actualité internationale*

	Surf. act. internat.	*Coeff. de variation*	Internat./ tot. actualité	*Coeff. de variation*
Allemagne	1,52 m²	*33 %*	46 %	*16 %*
Belgique	1,18 m²	*16 %*	49 %	*18 %*
Espagne	1,03 m²	*46 %*	34 %	*22 %*
France	1,07 m²	*26 %*	44 %	*10 %*
Italie	1,07 m²	*6 %*	29 %	*10 %*
Pays-Bas	1,29 m²	*33 %*	48 %	*11 %*
Royaume-Uni	1,68 m²	*30 %*	51 %	*22 %*
Moyenne	**1,26 m²**	***27 %***	**43 %**	***16 %***
Coeff. de variation (7 pays)	*18 %*	-	*18 %*	-
Coeff. de variation (22 journaux)	*35 %*	-	*24 %*	-

F. Heinderyckx, analyses de contenu de la presse quotidienne *de qualité* (1992-1993) et économique (1993-1994)

Les journaux britanniques, allemands et, dans une moindre mesure, hollandais, se distinguent par une *surface d'actualité internationale* supérieure à celle observée dans les autres pays. Les premiers couvrent-ils davantage les pays du

Commonwealth, les deuxièmes leurs partenaires commerciaux et les troisièmes leurs anciennes colonies ? Notre protocole d'analyse ne permet pas d'affiner les résultats jusqu'à déterminer les pays évoqués par les différents journaux, mais les hypothèses ne manquent pas. Notons encore que la Belgique et surtout l'Italie se signalent par un faible étalement des valeurs intranationales.

Si l'on considère non plus la surface mais la *proportion* d'actualité consacrée à l'international, l'Italie et l'Espagne détonnent nettement par des valeurs particulièrement faibles (respectivement 29 et 34 pour cent). Le coefficient de variation moyen de 41 pour cent confirme des homogénéités intranationales relativement marquées, plus particulièrement en France, en Italie et aux Pays-Bas.

L'étude des données relatives aux critères de *forme* révèle d'autres tendances encore. La proportion d'actualité exprimée en *texte* varie peu entre pays et au sein des pays, comme elle variait peu entre journaux. Par contre, la proportion d'illustration (photos et dessins) conduit à des profils plus contrastés (voir tableau 52).

Tableau 52
Quotidiens haut de gamme*, par pays :*
proportion d'illustration dans l'actualité

	Illustration/ actualité	*Coeff. de variat.*
Allemagne	14 %	*23 %*
Belgique	15 %	*42 %*
Espagne	18 %	*39 %*
France	8 %	*81 %*
Italie	15 %	*44 %*
Pays-Bas	21 %	*22 %*
Royaume-Uni	23 %	*36 %*
Moyenne	**16 %**	***41 %***
Coeff. de variation (7 pays)	*29 %*	-
Coeff. de variation (22 journaux)	*48 %*	-

F. Heinderyckx, analyses de contenu de la presse quotidienne *de qualité* (1992-1993) et économique (1993-1994)

Allemagne, Belgique et Italie gravitent autour de la moyenne ; Espagne, Pays-Bas et Royaume-Uni illustrent plus abondamment ; la France semble marginalisée avec un faible taux d'illustration, principalement à cause de la quasi-absence de photos dans *Le Monde*, à l'origine du grand étalement des valeurs du groupe français. Notons toutefois que le *test des deux tiers* n'est pas satisfait, si bien que les tendances nationales sont à énoncer avec réserve.

Les valeurs relatives à la *publicité* révèlent des contrastes importants entre pays (voir tableau 53).

Tableau 53
Quotidiens haut de gamme, *par pays : publicité*

	Surface publicité	*Coefficient de variation*	Publicité/ SI	*Coeff. de variation*
Allemagne	2,38 m²	*29 %*	26 %	*12 %*
Belgique	0,95 m²	*13 %*	16 %	*9 %*
Espagne	1,75 m²	*51 %*	24 %	*24 %*
France	0,90 m²	*6 %*	18 %	*19 %*
Italie	2,09 m²	*24 %*	27 %	*17 %*
Pays-Bas	1,25 m²	*18 %*	21 %	*15 %*
Royaume-Uni	1,57 m²	*55 %*	20 %	*37 %*
Moyenne	**1,55 m²**	***28 %***	**22 %**	***19 %***
Coeff. de variation (7 pays)	*33 %*	-	*18 %*	-
Coeff. de variation (22 journaux)	*50 %*	-	*28 %*	-

F. Heinderyckx, analyses de contenu de la presse quotidienne *de qualité* (1992-1993) et économique (1993-1994)

La surface moyenne de publicité par numéro ne dépasse pas le mètre carré en Belgique et en France alors qu'elle dépasse les deux mètres carrés en Italie et en Allemagne. Les journaux français présentent la plus grande homogénéité. Ces observations sont transposables aux valeurs relatives à la proportion de surface imprimée consacrée à la publicité, à cette nuance près que, dans ce cas, ce sont les journaux belges qui démontrent la plus forte cohérence. La pertinence du regroupement par pays n'est pas avérée, même si la surface de publicité frôle la satisfaction de notre critère des deux tiers.

Les *prix de vente* (voir tableau 54) se révèlent particulièrement marqués par l'appartenance nationale en Italie, en France et aux Pays-Bas. Contrastes et cohérences nationales peuvent s'expliquer par le jeu croisé de la concurrence et des réglementations relatives au prix de vente des quotidiens. Espagne, Royaume-Uni et Allemagne semblent échapper à cette tendance homogénéisante, si bien que, dans l'ensemble, le critère national ne semble pas probant.

Rappelons encore la guerre des prix qui a sévi au Royaume-Uni peu de temps après la période couverte par notre étude, et qui entraîna une baisse significative du prix de vente de nombreux titres britanniques.

L'étude des *prix de vente* ramenés au *mètre carré de surface rédactionnelle* (voir tableau 54) révèle des valeurs par pays plus contrastées mais avec des indices de cohérence moins convaincants. Notons néanmoins que les journaux italiens se distinguent à la fois par un prix par mètre carré de surface rédactionnelle nettement moins élevé que leurs homologues des autres pays, et par une cohérence intranationale manifeste.

Afin de concrétiser quelque peu ce que représente une variable à étalement intranational faible ou, au contraire, élevé, voici deux graphiques réalisés à partir de certaines de nos données. Le graphique 96 permet de visualiser deux variables que nous avons identifiées comme présentant une *bonne cohérence intranationale*.

Tableau 54
Quotidiens haut de gamme, *par pays : prix de vente*

	Prix par numéro	*Coeff. de variation*	Prix/m² SR	*Coeff. de variation*
Allemagne	1,09 ECU	*31 %*	0,32 ECU	*28 %*
Belgique	0,75 ECU	*18 %*	0,33 ECU	*43 %*
Espagne	0,96 ECU	*35 %*	0,33 ECU	*38 %*
France	0,95 ECU	*8 %*	0,40 ECU	*25 %*
Italie	0,75 ECU	*0 %*	0,19 ECU	*10 %*
Pays-Bas	0,87 ECU	*9 %*	0,34 ECU	*40 %*
Royaume-Uni	0,93 ECU	*35 %*	0,28 ECU	*52 %*
Moyenne	**0,90 ECU**	***19 %***	**0,31 ECU**	***34 %***
Coeff. de variation (7 pays)	*13 %*	-	*19 %*	-
Coeff. de variation (22 journaux)	*28 %*	-	*42 %*	-

F. Heinderyckx, analyses de contenu de la presse quotidienne *de qualité* (1992-1993) et économique (1993-1994)

Graphique 96
Quotidiens haut de gamme, par pays :
Proportion d'actualité en fonction de la surface par page

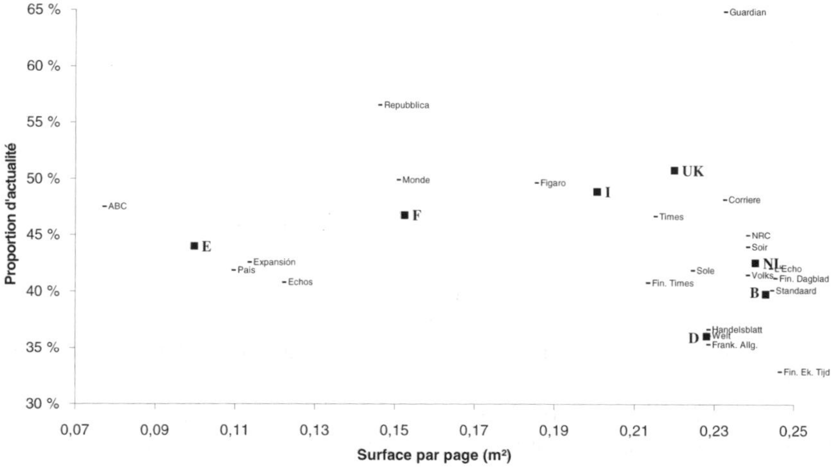

F. Heinderyckx, analyses de contenu de la presse quotidienne de qualité (1992-1993) et économique (1993-1994)

Seuls les quotidiens allemands et hollandais présentent des valeurs homogènes pour les deux variables, comme en atteste la contiguïté des journaux de chacun de ces pays. Les journaux des autres pays s'avèrent nationalement homogènes pour l'une ou l'autre de ces variables. Les titres britanniques, par exemple, présentent des valeurs proches pour la surface par page (ils sont presque disposés suivant une ligne verticale), mais très dispersées pour la proportion d'actualité.

Remarquons la disposition quasi horizontale des moyennes nationales espagnole, française, italienne et britannique (proportions proches d'actualité), mais très étalée (formats très dissemblables). Au contraire, les moyennes britannique, hollandaise, belge et allemande semblent assez proches en termes de format, mais plus divergentes quant à la proportion d'actualité.

Le graphique 97 permet, à l'inverse, de prendre la mesure de la dispersion autour de la *moyenne nationale* des valeurs pour les variables que nous avons identifiées comme *peu cohérentes*.

Graphique 97
Quotidiens haut de gamme*, par pays :*
illustration en fonction de l'actualité culturelle

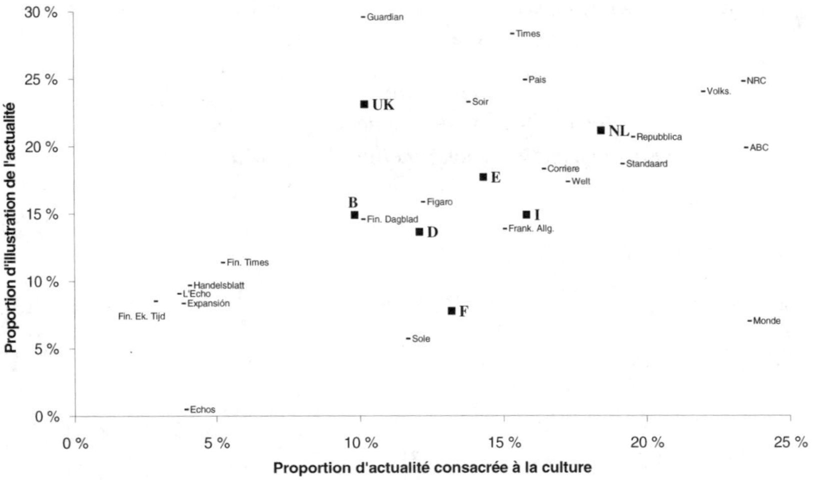

F. Heinderyckx, analyses de contenu de la presse quotidienne de qualité (1992-1993) et économique (1993-1994)

Remarquons, par exemple, à quel point les journaux français se trouvent dispersés sur le diagramme : *Le Figaro* au milieu, *Les Echos* dans le coin inférieur gauche et *Le Monde* dans le bas à droite. Une telle disposition représente parfaitement l'étalement des données relatives à ces deux variables. On mesure le degré de prudence qui s'impose lorsque, dans ces conditions, on parle de *moyenne française*, pour reprendre cet exemple.

2. Groupes linguistiques

Trois groupes ont été constitués à partir des trois langues les plus répandues dans les journaux étudiés : l'anglais, le français et le néerlandais. Ce regroupement implique dix-sept des journaux étudiés, comme indiqué sur le tableau 55.

Tableau 55
Quotidiens haut de gamme, *par langue : trois groupes linguistiques*

Anglophone	Francophone	Néerlandophone
Financial Times	*L'Echo*	*De Standaard*
Int'l Herald Tribune	*Le Figaro*	*De Volkskrant*
The Guardian	*Le Journal de Genève*	*Financieel Ekonom. Tijd*
The Irish Times	*Le Monde*	*Het Financieele Dagblad*
The Times	*Le Soir*	*NRC Handelsblad*
Wall Street J'l Eur.	*Les Echos*	

D'autre part, nous avons scindé l'ensemble de l'échantillon (vingt-six titres) suivant les deux grandes familles de langues déjà évoquées à plusieurs reprises dans notre analyse : les langues romanes et germaniques (voir tableau 56).

Tableau 56
Quotidiens haut de gamme, *par langue :*
langues germaniques et romanes

Langues germaniques	Langues romanes
De Standaard	*ABC*
De Volkskrant	*Corriere della Sera*
Die Welt	*El País*
Financial Times	*Expansión*
Financieel Ekonomische Tijd	*L'Echo*
Het Financieele Dagblad	*La Repubblica*
Frankfurter Allgemeine	*Le Figaro*
Handelsblatt	*Le Journal de Genève*
Int'l Herald Tribune	*Le Monde*
NRC Handelsblad	*Le Soir*
The Guardian	*Les Echos*
The Irish Times	*Il Sole 24 Ore*
The Times	
Wall Street J'l Eur.	

Il convient de voir, dans ces deux regroupements par langues, davantage que de simples ensembles supra- ou multinationaux. En effet, les journaux belges se répartissent dans deux classes (journaux flamands, d'une part, francophones d'autre part), et le journal suisse francophone ne peut être pris en compte que pour la partie *romande* de ce pays multilinguistique. Il conviendrait donc plutôt de parler de groupes *multicommunautaires*.

A partir de ces deux séries de groupes, nous allons tenter de déceler quelque trace d'affinité entre journaux de même langue ou de même famille de langues.

S'agissant de la *surface imprimée* (voir tableau 57), les journaux francophones se signalent par des valeurs inférieures aux néerlandophones et anglophones. Cette dualité persiste, mais de façon beaucoup moins marquée entre langues germaniques et romanes.

Tableau 57

Quotidiens haut de gamme, *par langue : surface imprimée*

	Surface imprimée	Coeff. de variat.
Anglophone	5,98 m²	34 %
Francophone	5,34 m²	25 %
Néerlandophone	6,06 m²	21 %
Moyenne	**5,79 m²**	***27 %***
Coeff. de variation (3 langues)	*6 %*	-
Coeff. de variation (17 journaux)	*28 %*	-
Germaniques	6,65 m²	33 %
Romanes	6,25 m²	28 %
Moyenne	**6,45 m²**	***30 %***
Coeff. de variation (2 groupes)	*3 %*	-
Coeff. de variation (26 journaux)	*31 %*	-

F. Heinderyckx, analyses de contenu de la presse quotidienne *de qualité* (1992-1993) et économique (1993-1994)

Sur cette variable, aucun des cinq groupes ne brille par une homogénéité marquée. De plus, les indices de dispersion calculés entre ces groupes indiquent clairement un faible étalement, et donc une fragile différenciation entre familles anglophones, francophones et néerlandophones ; entre journaux de langues germaniques et romanes (l'étalement calculé après regroupement est bien trop faible par rapport à ce qu'il était entre journaux).

La *surface par page* donne lieu à des résultats plus spectaculaires (voir tableau 58).

Anglophones, néerlandophones et, plus généralement, journaux en langue germanique démontrent une homogénéité remarquable de format. Celui-ci dépasse largement le format moyen des journaux en langues romanes, qui présentent des valeurs plus étalées. Les deux regroupements satisfont à notre critère des deux tiers, attestant de la pertinence des groupes ainsi formés.

Tableau 58
Quotidiens haut de gamme, *par langue : format*

	Surface / page	Coeff. de variat.
Anglophone	0,22 m²	*4 %*
Francophone	0,18 m²	*25 %*
Néerlandophone	0,24 m²	*1 %*
Moyenne	**0,22 m²**	***10 %***
Coeff. de variation (3 langues)	*12 %*	-
Coeff. de variation (17 journaux)	*18 %*	-
Germaniques	0,23 m²	*4 %*
Romanes	0,17 m²	*33 %*
Moyenne	**0,20 m²**	***19 %***
Coeff. de variation (2 groupes)	*17 %*	-
Coeff. de variation (26 journaux)	*25 %*	-

F. Heinderyckx, analyses de contenu de la presse quotidienne *de qualité* (1992-1993) et économique (1993-1994)

L'étude des *tirages* révèle des valeurs nettement distinctes pour les différents groupes (voir tableau 59). Mais les coefficients de variation indiquent des étalements tels, qu'il semble hasardeux d'extrapoler une quelconque tendance. Rappelons que la dispersion des chiffres relatifs au tirage tient essentiellement à la nature mixte de notre échantillon, à la fois généraliste (tirage important) et thématique (tirage limité).

Tableau 59
Quotidiens haut de gamme, *par langue : tirage*

	Tirage	Coeff. de variat.
Anglophone	241 000	*58 %*
Francophone	171 000	*82 %*
Néerlandophone	148 000	*84 %*
Moyenne	**187 000**	***75 %***
Coeff. de variation (3 langues)	*21 %*	-
Coeff. de variation (17 journaux)	*75 %*	-
Germaniques	214 000	*64 %*
Romanes	286 000	*76 %*
Moyenne	**250 000**	***70 %***
Coeff. de variation (2 groupes)	*14 %*	-
Coeff. de variation (26 journaux)	*74 %*	-

F. Heinderyckx, analyses de contenu de la presse quotidienne *de qualité* (1992-1993) et économique (1993-1994)

Les chiffres relatifs à la proportion de surface imprimée consacrée à l'*actualité* ne révèlent pas de tendances très marquées (voir tableau 60). Notons néanmoins que les groupes affichent une homogénéité plus qu'honorable, avec mention particulière pour les francophones.

Tableau 60

Quotidiens haut de gamme, *par langue : actualité*

	Surface actualité	*Coeff. de variat.*	Actualité/ SI	*Coeff. de variat.*
Anglophone	2,72 m²	*32 %*	46 %	*20 %*
Francophone	2,42 m²	*28 %*	45 %	*8 %*
Néerlandophone	2,45 m²	*26 %*	40 %	*10 %*
Moyenne	**2,53 m²**	***29 %***	**44 %**	***12 %***
Coeff. de variation (3 langues)	*5 %*	-	*6 %*	-
Coeff. de variation (17 journaux)	*30 %*	-	*15 %*	-
Germaniques	2,74 m²	*30 %*	42 %	*18 %*
Romanes	2,88 m²	*31 %*	46 %	*10 %*
Moyenne	**2,81 m²**	***30 %***	**44 %**	***14 %***
Coeff. de variation (2 groupes)	*3 %*	-	*4 %*	-
Coeff. de variation (26 journaux)	*31 %*	-	*15 %*	-

F. Heinderyckx, analyses de contenu de la presse quotidienne *de qualité* (1992-1993) et économique (1993-1994)

Remarquons encore que si les journaux en langues romanes présentent une proportion légèrement supérieure d'actualité, les valeurs exprimées en surface mettent les deux groupes au coude à coude. Ceci tient au fait que, nous l'avons vu, les journaux de langues germaniques sont plus volumineux.

L'écart entre ces deux groupes se réduit encore pour devenir insignifiant lorsque, considérant la *surface rédactionnelle*, on inclut les portions consacrées à l'expression d'opinions (voir tableau 61).

Les données relatives à l'*actualité économique* engendrent des moyennes sans le moindre contraste entre différents groupes linguistiques. L'*actualité culturelle* semble plus abondante dans les journaux de langues romanes (0,43 m² ; 14 pour cent) que dans leurs homologues de langues germaniques (0,34 m² ; 12 pour cent). Mais les indices de dispersion relatifs aux différents groupes sont tellement élevés que toute extrapolation serait aventureuse.

Des écarts importants se font jour en termes d'*actualité internationale* (voir tableau 62). Les journaux anglophones proposent la plus grande surface d'actualité internationale, mais cet avantage s'estompe dès que l'on parle en proportion de l'actualité. Ceci dit, le clivage le plus spectaculaire consacre les journaux de langues germaniques comme nettement plus orientés vers l'international (47 pour cent de l'actualité) que leurs homologues de langues romanes (39 pour cent). Mais les indices de dispersion suggèrent une certaine prudence.

Tableau 61

Quotidiens haut de gamme, *par langue : surface rédactionnelle*

	SR	*Coeff. de variat.*	SR/SI	*Coeff. de variat.*
Anglophone	2,96 m²	*30 %*	51 %	*20 %*
Francophone	2,52 m²	*29 %*	47 %	*9 %*
Néerlandophone	2,66 m²	*27 %*	44 %	*13 %*
Moyenne	**2,71 m²**	***29 %***	**47 %**	***14%***
Coeff. de variation (3 langues)	*7 %*	-	*6 %*	-
Coeff. de variation (17 journaux)	*30 %*	-	*16 %*	-
Germaniques	2,97 m²	*29 %*	46 %	*19 %*
Romanes	3,05 m²	*32 %*	48 %	*9 %*
Moyenne	**3,01 m²**	***30 %***	**47 %**	***14 %***
Coeff. de variation (2 groupes)	*1 %*	-	*3 %*	-
Coeff. de variation (26 journaux)	*30 %*	-	*15 %*	-

F. Heinderyckx, analyses de contenu de la presse quotidienne *de qualité* (1992-1993) et économique (1993-1994)

Tableau 62

Quotidiens haut de gamme, *par langue : surface internationale*

	Surf. act. internat.	*Coeff. de variat.*	Internat./ tot. actualité	*Coeff. de variat.*
Anglophone	1,48 m²	*37 %*	45 %	*30 %*
Francophone	1,10 m²	*24 %*	46 %	*18 %*
Néerlandophone	1,20 m²	*31 %*	48 %	*9 %*
Moyenne	**1,26 m²**	***31 %***	**47 %**	***19 %***
Coeff. de variation (3 langues)	*13 %*	-	*3 %*	-
Coeff. de variation (17 journaux)	*34 %*	-	*20 %*	-
Germaniques	1,37 m²	*36 %*	47 %	20 %
Romanes	1,08 m²	*28 %*	39 %	27 %
Moyenne	**1,22 m²**	***32 %***	**43 %**	**23 %**
Coeff. de variation (2 groupes)	*12 %*	-	*9 %*	-
Coeff. de variation (26 journaux)	*36 %*	-	*25 %*	-

F. Heinderyckx, analyses de contenu de la presse quotidienne *de qualité* (1992-1993) et économique (1993-1994)

L'examen des paramètres de *forme* n'est guère probant en ce qui concerne les proportions de *texte*. Tout au plus les journaux francophones marquent-ils une tendance à un taux de texte plus élevé, penchant qui tient en partie à la présence, dans ce groupe, du *Monde* et des *Echos*, deux des journaux les moins illustrés. Par corollaire, les journaux de langues germaniques semblent légèrement plus enclins à l'illustration.

Le *prix de vente au numéro* connaît une tendance inverse (voir tableau 63), mais de façon peu significative. Si les journaux néerlandophones peuvent se flatter d'être les moins onéreux à la fois pour le lecteur et pour l'annonceur, les journaux de langues germaniques se vendent, dans l'ensemble, un peu plus cher. Rappelons que les journaux *transnationaux* (*International Herald Tribune* et *Wall Street Journal Europe*), tous deux anglophones, se distinguent par un prix de vente particulièrement élevé, ce qui explique, en partie, le prix et le coefficient de variation élevés affichés par les journaux anglophones.

Tableau 63

Quotidiens haut de gamme*, par langue : prix de vente*

	Prix vente au numéro	Coeff. de *variat.*	Prix/ m² SR	*Coeff. de variat.*
Anglophone	1,16 ECU	*31 %*	0,47 ECU	*59 %*
Francophone	0,86 ECU	*15 %*	0,38 ECU	*31 %*
Néerlandophone	0,83 ECU	*15 %*	0,35 ECU	41 %
Moyenne	**0,95 ECU**	***20 %***	**0,40 ECU**	***44 %***
Coeff. de variation (3 langues)	*15 %*	-	*13 %*	-
Coeff. de variation (17 journaux)	*29 %*	-	*51 %*	-
Germaniques	1,02 ECU	*32 %*	0,40 ECU	*55 %*
Romanes	0,86 ECU	*24 %*	0,32 ECU	*41 %*
Moyenne	**0,94 ECU**	***28 %***	**0,36 ECU**	***48 %***
Coeff. de variation (2 groupes)	*9 %*	-	*11 %*	-
Coeff. de variation (26 journaux)	*31 %*	-	*52 %*	-

F. Heinderyckx, analyses de contenu de la presse quotidienne *de qualité* (1992-1993) et économique (1993-1994)

Lorsqu'on divise le prix de vente par la surface rédactionnelle, les journaux de langues germaniques, plus volumineux, rappelons-le, se révèlent encore nettement plus onéreux.

3. Analyse

Les grandeurs quantifiées et communes aux deux études (quotidiens *de qualité* et économiques) ont été l'objet d'une analyse des corrélations. Comme nous l'avons fait précédemment, nous avons testé si des relations liaient les différentes variables. Pour cela, nous avons calculé, pour l'ensemble des combinaisons possibles de deux variables, les coefficients de corrélation, sur la base de l'échantillon complet des vingt-six journaux étudiés.

Nous avons fixé le *seuil* à partir duquel la corrélation sera considérée comme significative à *0,65*. Autrement dit, nous considérerons que deux variables présentent des indices de relation positive ou négative lorsque leur *coefficient de corrélation* est supérieur ou égal à 0,65 ou inférieur ou égal à -0,65.

En dehors de quelques observations triviales (les proportions de texte et d'illustrations sont négativement corrélées, par exemple), l'analyse des corrélations met à jour un certain nombre de liens parfois inattendus.

Ainsi, actualité culturelle et actualité économique semblent antagoniques dans la moyenne des journaux étudiés. On constate en effet un lien de corrélation fortement négatif entre proportions de l'une et de l'autre (r = -0,81). En outre, l'actualité économique s'accommode bien de la forme rédactionnelle, comme en atteste le lien (r = 0,76) entre proportions de texte et d'actualité économique, de même que son corollaire, le lien négatif entre cette dernière et la proportion d'illustration (r = -0,80).

La surface consacrée à la culture se révèle liée à la surface rédactionnelle (r = 0,73) et au tirage (r = 0,68) et présente une légère corrélation négative avec le prix calculé par mètre carré de surface rédactionnelle (r = -0,66) et avec le tarif d'insertion publicitaire (prix m² pub/exemplaire; r = -0,65). Autrement exprimé et en simplifiant, plus un journal contient d'actualité culturelle, moins il est onéreux, tant pour le lecteur que pour l'annonceur.

On notera également le lien clairement négatif entre la surface d'actualité ou la surface rédactionnelle et le prix du mètre carré de SR (r = -0,8). On peut dire que plus un journal contient d'actualité, moins celle-ci s'avère onéreuse. Par contre, cette même surface rédactionnelle apparaît positivement corrélée avec le tirage (r = 0,74), c'est-à-dire que plus un journal contient d'actualité, plus important est, en moyenne, son tirage.

Les tarifs d'insertion publicitaire (calculés en mètres carrés par exemplaire tiré) montrent un lien positif avec la proportion de texte dans l'actualité (r = 0,71) et avec le prix du mètre carré de SR (r = 0,70), et une corrélation négative avec la surface rédactionnelle (r = -0,68). Notons à ce propos que le tarif du mètre carré de publicité n'est pas directement proportionnel au tirage, mais le lien n'en reste pas moins significatif (r = 0,74).

Il semble également que plus un journal consacre de surface au contenu rédactionnel (SR), plus il est enclin à concéder de la surface à la publicité (r = 0,76). Utilisons cet exemple pour illustrer graphiquement deux variables significativement corrélées. Les journaux représentés se disposent, comme nous l'avons déjà vu, en un nuage de forme relativement plate autour d'une droite dite *des moindres carrés* figurant également sur le diagramme (voir graphique 98).

Graphique 98
Quotidiens haut de gamme :
surface de publicité en fonction de la surface d'actualité

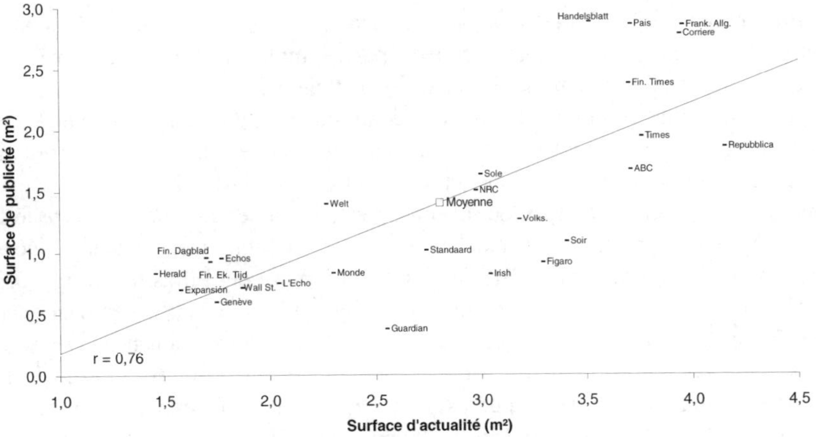

F. Heinderyckx, analyses de contenu de la presse quotidienne de qualité (1992-1993) et économique (1993-1994)

3. Les journaux télévisés

Notre étude comparative des journaux télévisés porte sur les éditions du soir de dix-sept journaux télévisés diffusés sur seize chaînes généralistes de huit pays d'Europe occidentale. Des enregistrements ont été effectués sur magnétoscopes entre le 15 novembre et le 12 décembre 1991. Cette période a été jugée suffisamment « neutre », située en dehors des périodes estivales ou des fêtes de fin d'année.

Figure 5
Programmation des 17 journaux télévisés étudiés

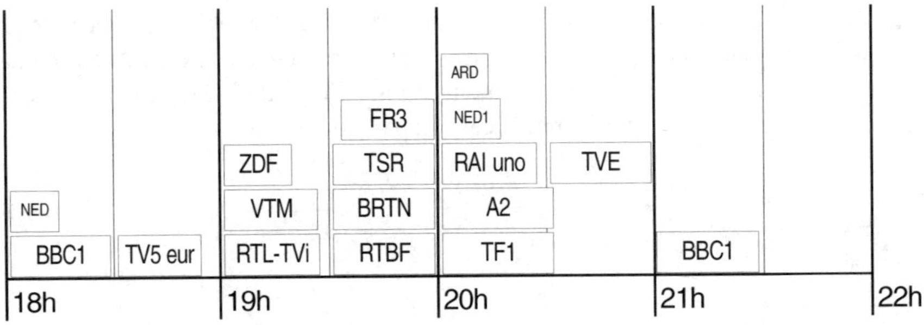

Diverses difficultés logistiques, à imputer notamment aux nombreux chevauchements (jusqu'à cinq journaux diffusés simultanément, voir figure 5), ont dû être surmontées.

Remarquons que l'heure de programmation du journal télévisé peut en partie s'expliquer par des facteurs culturels. On peut en effet considérer que l'heure traditionnelle du repas du soir est, de ce point de vue, déterminante. On constate d'ailleurs que le sommet des courbes d'audience (*peak time*) varie considérablement d'un pays à l'autre (voir figure 6).

Figure 6
Sommet d'audience dans les différents pays d'Europe

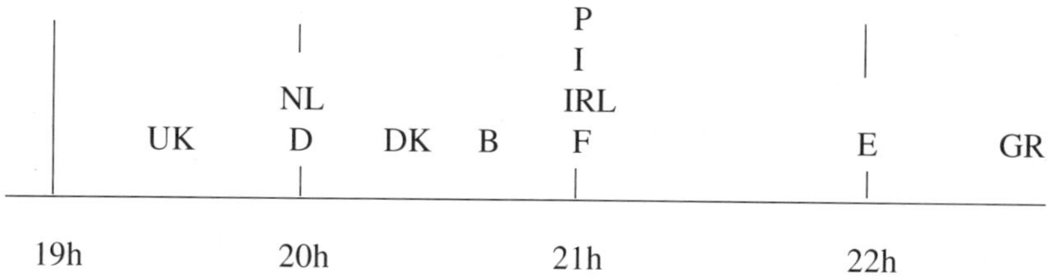

D'après les données publiées par IP, *European Key Facts, Television 94.*

Un premier tri a conduit à l'élimination de certaines émissions (enregistrement incomplet, édition spéciale non liée à l'actualité, etc.). Le tableau 64 détaille l'échantillon (362 journaux télévisés) qui a servi de base à notre étude.

Tableau 64
Journaux télévisés : échantillon

Pays émetteur	Chaîne [48]	Diffusion (heure locale)	Dénomination	Effectif analysé
Allemagne	ARD	20h	*Tagesschau*	23
	ZDF	19h	*Heute*	27
Belgique francophone	RTBF	19h30	*Journal Télévisé*	21
	RTL-TVi	19h	*Le Journal*	23
— néerlandophone	BRTN	19h30	*Journaal*	25
	VTM	19h	*VTM Nieuws*	19
Espagne	TVE	20h30	*Telediario*	23
« Europe francophone »	TV5 europe	18h30	*Le Journal*	20
France	TF1	20h	*20 heures*	21
	A2	20h	*Le Journal*	23
	FR3	19h33	*Le 19/20*	20
Italic	RAI UNO	20h	*Telegiornale Uno*	23
Pays-Bas	Nederland 1	20h	*NOS - 8 uur Journaal*	26
	Nederland 2	18h	*NOS - 6 uur Journaal*	21
Royaume-Uni	BBC 1	18h	*The 6 o'clock News*	17
	BBC 1	21h	*The 9 o'clock News*	17
Suisse romande	TSR	19h30	*TéléJournal*	13
			Total :	362

Le dépouillement et l'analyse des 362 éditions ont été délibérément orientés vers l'étude sur l'*actualité proprement dite* et il ne sera donc pas tenu compte des *portions résiduelles* telles que la météo, l'annonce des programmes suivants, les résultats du tiercé, le générique, etc.

La grille d'analyse de contenu construite pour les besoins de notre étude comparative des journaux télévisés s'articule autour de deux axes : la *forme* et le *fond*. Les catégories d'analyse ont été délimitées avec le souci de définir des classes simples, claires et surtout mutuellement exclusives (il est essentiel qu'un élément ne satisfasse jamais les critères d'admission de deux catégories de classement). De plus, les émissions étudiées provenant de huit pays parlant six langues, les critères de différenciation ont été conçus de manière à ne pas exiger une maîtrise approfondie des langues utilisées. Il en aurait été tout autrement d'une analyse de type *textuel*.

Trois catégories ont été définies quant à la *forme* :

— les segments *sans images* sont ceux ne faisant apparaître que le présentateur et ses invités éventuels ou un duplex avec un correspondant, même si une image ou un texte sont également visibles à l'écran (médaillon, image sur fond bleu, etc.) ;
— les portions d'*images animées* sont principalement constituées par les reportages ou séquences, même si c'est encore le présentateur qui en assure le commentaire ;
— les segments d'*images fixes*, souvent plus brefs, présentent à l'écran une image figée accompagnant ou illustrant un commentaire (carte géographique, photographie d'un correspondant joint par téléphone, etc.).

Les sujets ont, parallèlement, fait l'objet d'un classement relatif au *fond*. Les sujets *internationaux* ont été distingués des *nationaux* (se déroulant dans le pays concerné *et* impliquant principalement des résidents de ce pays), le tri s'effectuant en fonction de la perception qu'en aurait le téléspectateur local (du pays de la chaîne émettrice). La catégorie des *internationaux* a encore été subdivisée en quatre sous-catégories : les sujets concernant un pays membre de ce qui s'appelait, au moment de notre étude, la Communauté européenne ; les sujets relatifs aux institutions européennes (sommets, parlement, etc.) ; les sujets évoquant un pays hors CE, mais en rapport avec le pays émetteur (par exemple un accident impliquant des ressortissants) ; et enfin les sujets relatifs à des pays hors CE et sans rapport avec le pays émetteur. La figure 7 schématise les catégories d'analyse.

La quantification s'est effectuée sur la *durée* des portions ainsi dissociées, et les mesures opérées pour les besoins de l'analyse sont donc généralement exprimées en secondes (et unités dérivées).

Un dernier volet de la grille d'analyse s'est attaché à distinguer six types de sujets (*politique*, *économie*, *social*, *faits divers*, *culture* et *sport*) qui ont fait l'objet d'un *dénombrement* et non d'un chronométrage (figure 8). Autrement dit, pour chaque édition analysée, chacune de ces six rubriques se voyait incrémentée d'une unité chaque fois qu'un sujet s'y rapportait (la ventilation chronométrique suivant ce critère aurait complexifié la méthodologie au-delà du maîtrisable dans le cadre de notre étude).

Figure 7
Catégories d'analyse chronométrique des journaux télévisés

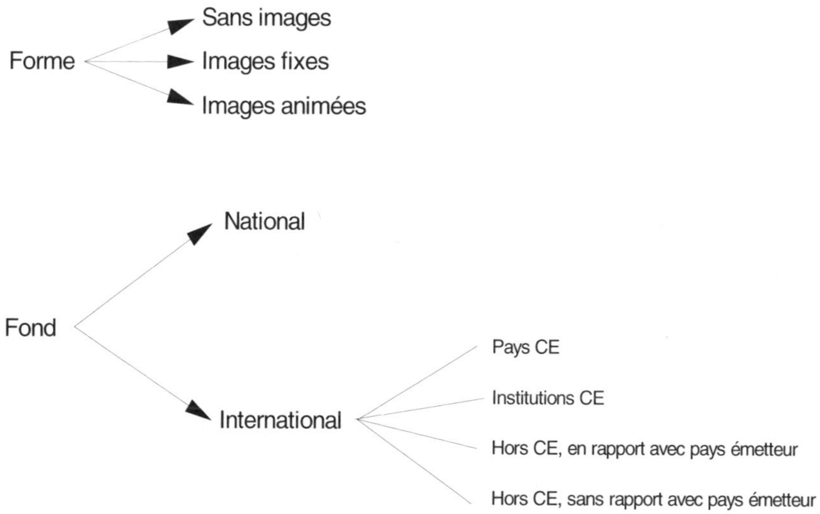

Figure 8
Catégories de dénombrement des séquences des journaux télévisés

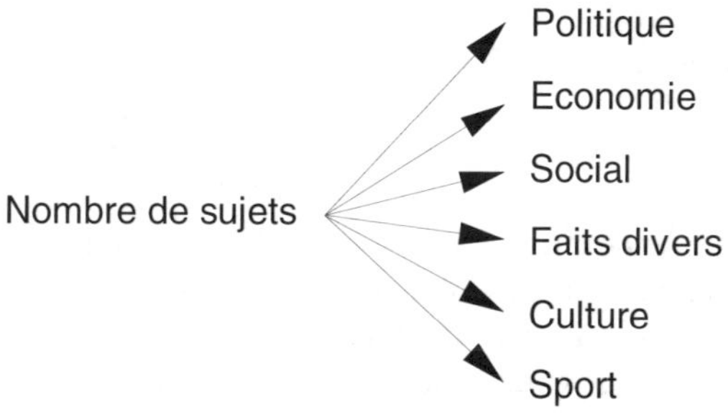

La *règle de prépondérance* sera également d'application, y compris pour les critères de forme : si un reportage d'images animées comporte une séquence *image fixe* (une infographie, par exemple), on classera l'ensemble de la séquence en images animées. Le traitement informatique des données a été mené dans le même esprit de contrôle, de rigueur et d'exploitation optimale des informations récoltées.

1. Forme

Les deux grandeurs de base quantifiées par notre étude sont la *durée totale* du journal hors résidu (tel que défini p. 170) et le *nombre de sujets* abordés.

Le graphique 99 montre que la durée totale varie entre environ 13 min (*NOS 6 uur* et *ARD*) et plus d'une demi-heure (*TF1* et *A2*), la moyenne se situant à 23 min 39 s.

Graphique 99
Journaux télévisés : durée moyenne de l'émission

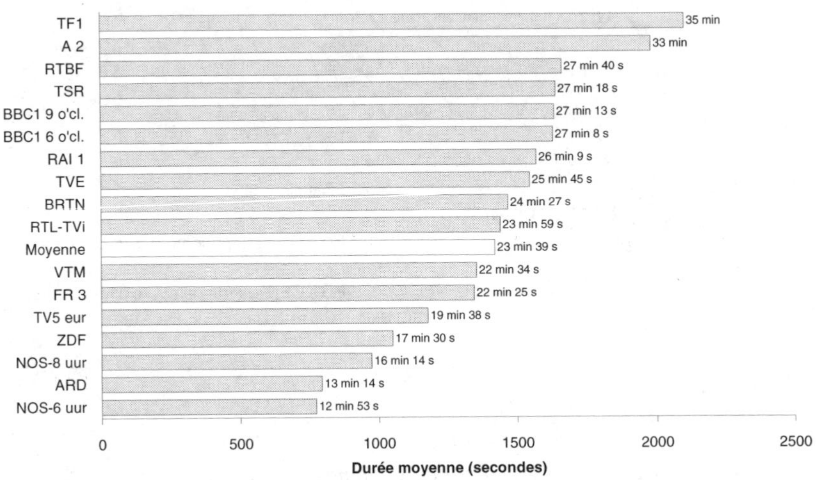

F. Heinderyckx, analyse de contenu des journaux télévisés (1991-1992)

Ce seul étalement des durées dénote d'ores et déjà des approches fondamentalement différentes de l'information. Remarquons certaines tendances communes entre éditions d'un même pays. Ainsi, par exemple, les Allemands ou les Hollandais se distinguent par la brièveté de leurs éditions du soir.

Mais la durée totale de l'émission n'est qu'une indication de la période consacrée par chaque chaîne au journal télévisé dans sa programmation de début de soirée. La seconde quantité mesurée, à savoir le nombre de sujets couverts par chaque édition, va nous apporter l'éclairage complémentaire indispensable (voir tableau 65).

Remarquons d'abord d'importants écarts entre les extrêmes : *TV5 europe* aborde à peine huit sujets alors que *TF1* en couvre 18,6 et la *RAI* 19,3. La moyenne européenne se situe à 13,5.

Les résultats d'une étude de contenu de journaux télévisés publiés par Straubhaar *et al.* indiquent une moyenne de 13,8 sujets pour la *RAI* (sans qu'il soit précisé s'il s'agit de *RAI UNO*) et 9,2 sujets pour *ARD* [49]. Ces valeurs confirment le nombre sensiblement plus élevé de sujets traités par les journaux télévisés italiens. Les écarts entre ces données et les nôtres sont attribuables à divers facteurs : autre période (non précisée), effectif analysé plus réduit (une semaine seulement), nuances méthodologiques, etc. Une autre étude menée par Pénolidis en 1984 peut également constituer un point de comparaison intéressant [50]. A partir des valeurs qui y sont présentées par pays (nombre de nouvelles et durées totales analysées), et en ne retenant que les pays étudiés dans notre analyse, on peut calculer une durée moyenne par sujet de 1 min 42 sec, alors que le même calcul effectué sur nos valeurs présente presque la même moyenne (1 min 48 sec) [51].

Tableau 65
Journaux télévisés : durée et nombre de sujets

	Durée moyenne par édition	Nombre de sujets	Durée moyenne par sujet
ARD	13 min 14 s	11,2	1 min 11 s
ZDF	17 min 30 s	14	1 min 15 s
RTBF	27 min 40 s	15,6	1 min 46 s
RTL-TVi	23 min 59 s	15,3	1 min 34 s
BRTN	24 min 27 s	11,8	2 min 4 s
VTM	22 min 34 s	15,4	1 min 28 s
TVE	25 min 45 s	14,2	1 min 49 s
TV5 europe	19 min 38 s	8	2 min 27 s
TF1	35 min	18,6	1 min 53 s
A2	33 min	15,5	2 min 8 s
FR3	22 min 25 s	13,1	1 min 43 s
RAI UNO	26 min 9 s	19,3	1 min 21 s
NOS - 8 uur	16 min 14 s	10,6	1 min 32 s
NOS - 6 uur	12 min 53 s	11,2	1 min 9 s
BBC1 - 6 o'clock	27 min 8 s	10,6	2 min 34 s
BBC1 - 9 o'clock	27 min 13 s	9,9	2 min 45 s
TSR	27 min 18 s	14,7	1 min 51 s
Moyenne	**23 min 39 s**	**13,5**	**1 min 48 s**
Coeff. de variation	*25 %*	*22 %*	*26 %*

F. Heinderyckx, analyse de contenu des journaux télévisés (1991-1992)

Le rapprochement des deux séries examinées (durée totale et nombre de sujets) nous permet une analyse plus fine. La question est évidemment de savoir si les journaux plus brefs abordent moins de sujets ou si le traitement de l'information y est simplement plus succinct. Ainsi, le calcul de la durée moyenne consacrée à chaque sujet (dernière colonne du tableau 65) révèle que *NOS - 6 uur* et *ARD* consacrent respectivement 1 min 9 s et 1 min 11 s à chaque sujet, alors qu'à l'autre bout de l'échelle, ces chiffres atteignent 2 min 34 s et 2 min 45 s pour les journaux de *BBC1* (respectivement le 6 o'clock et le 9 o'clock).

Le graphique 100 permet de visualiser les durées consacrées, en moyenne, par les différents journaux télévisés à chaque sujet abordé.

Graphique 100

Journaux télévisés : durée moyenne consacrée à chaque sujet

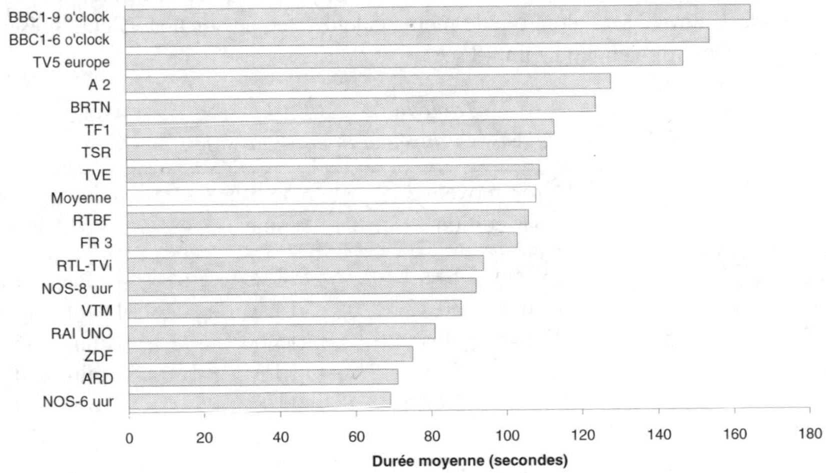

F. Heinderyckx, analyse de contenu des journaux télévisés (1991-1992)

Graphique 101

Journaux télévisés : nombre de sujets en fonction de la durée totale

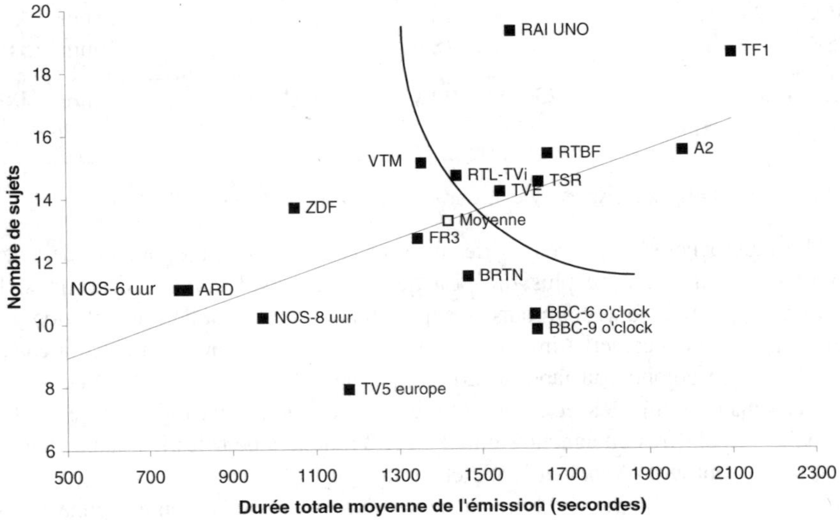

F. Heinderyckx, analyse de contenu des journaux télévisés (1991-1992)

Le graphique 101 montre que le lien entre durée totale et nombre de sujets abordés est peu marqué (coefficient de corrélation de 0,56). Ce constat donne la mesure de la diversité des approches de l'information télévisuelle. Remarquons notamment qu'à durée presque égale, la *RAI* aborde près du double de sujets que la *BBC*. En fait, les journaux les plus courts ne sont donc pas nécessairement ceux qui abordent le moins de sujets. Il semble que la brièveté d'un journal télévisé ne s'accompagne pas d'une sélection plus sévère des sujets, mais bien d'une réduction du temps consacré à chaque item. De tels procédés nous font craindre que les rédactions concernées soient amenées à privilégier le descriptif au détriment de l'explicatif.

Ce même graphique laisse entrevoir une tendance parmi les éditions des pays de langues romanes, à des émissions plus longues et traitant davantage de sujets (zone située sur la droite du diagramme).

La ventilation selon les trois catégories relatives à la forme (voir tableau 66) révèle, sans surprise, que les *images animées* dominent largement l'ensemble des journaux étudiés, à l'exception de *TV5 europe*.

Tableau 66
Journaux télévisés :
durées et proportions respectives des trois catégories de forme

	Séquences « sans images »		Séquences « images animées »		Séquences « images fixes »	
	Durée	Proportion	Durée	Proportion	Durée	Proportion
ARD	282 s	36 %	490 s	62 %	22 s	3 %
ZDF	316 s	30 %	704 s	67 %	30 s	3 %
RTBF	553 s	33 %	1 059 s	64 %	48 s	3 %
RTL-TVi	393 s	27 %	1 030 s	72 %	16 s	1 %
BRTN	314 s	21 %	1 127 s	77 %	26 s	2 %
VTM	305 s	23 %	991 s	73 %	58 s	4 %
TVE	434 s	28 %	1 071 s	69 %	40 s	3 %
TV5 europe	656 s	56 %	500 s	42 %	22 s	2 %
TF1	581 s	28 %	1 497 s	71 %	22 s	1 %
A2	590 s	30 %	1 368 s	69 %	22 s	1 %
FR3	469 s	35 %	858 s	64 %	18 s	1 %
RAI UNO	450 s	29 %	1 027 s	65 %	92 s	6 %
NOS - 8 uur	217 s	22 %	739 s	76 %	18 s	2 %
NOS - 6 uur	156 s	20 %	598 s	77 %	19 s	2 %
BBC1 - 6 o'clock	274 s	17 %	1 294 s	79 %	60 s	4 %
BBC1 - 9 o'clock	250 s	15 %	1 304 s	80 %	79 s	5 %
TSR	381 s	23 %	1 215 s	74 %	42 s	3 %
Moyenne	**389 s**	**28 %**	**992 s**	**70 %**	**37 s**	**3 %**
Coeff. de variation	*36 %*	*32 %*	*30 %*	*13 %*	*60 %*	*50 %*

F. Heinderyckx, analyse de contenu des journaux télévisés (1991-1992)

Les journaux télévisés de la *BBC* sont les plus illustrés (80 pour cent d'images animées) pour une moyenne européenne de 70 pour cent. Les écarts sont peu spectaculaires, comme l'illustre le graphique 102.

Graphique 102
Journaux télévisés : proportions des trois catégories de forme

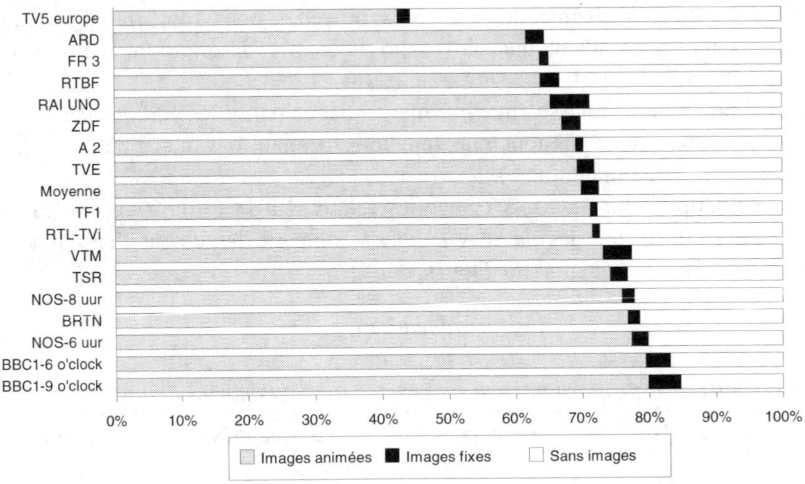

F. Heinderyckx, analyse de contenu des journaux télévisés (1991-1992)

L'illustration par des images animées demeure une priorité pour la plupart des rédactions. Si le sujet évoqué n'a pas fait l'objet d'un reportage ou d'un échange d'images, il sera souvent illustré par des images d'archives ou des images « prétextes » (en rapport indirect avec le sujet). Notons que des recherches semblent indiquer que les séquences d'images animées favorisent la compréhension par le téléspectateur [52].

L'importance des interventions du présentateur ou des séquences se déroulant en studio (que nous avons intitulées *sans images*) varie entre environ 15 pour cent à la *BBC* jusqu'à plus d'un tiers sur *FR3* et *ARD*, et même 56 pour cent à *TV5 europe*, la moyenne se situant à un peu plus d'un quart (28 pour cent). Le profil atypique de *TV5* s'explique principalement par le fait qu'une ou des personnalités partagent presque systématiquement le plateau avec le présentateur et sont amenées à commenter la ou leur actualité.

Remarquons qu'aucune corrélation ne lie la durée moyenne par sujet et la proportion d'images animées, alors que l'on pouvait soupçonner que la brièveté s'appuie sur une abondante illustration afin d'enrichir le message et, par là, de compenser la concision. Cette absence de lien entre les deux grandeurs (coefficient de corrélation de 0,04) dénote une fois de plus une importante diversité des pratiques journalistiques.

Par contre, l'analyse des corrélations révèle un lien négatif assez marqué (r = -0,7) entre la proportion d'actualité internationale et le nombre de sujets (voir graphique 103).

Graphique 103
Journaux télévisés : lien entre proportion d'actualité internationale (durée) et nombre de sujets présentés

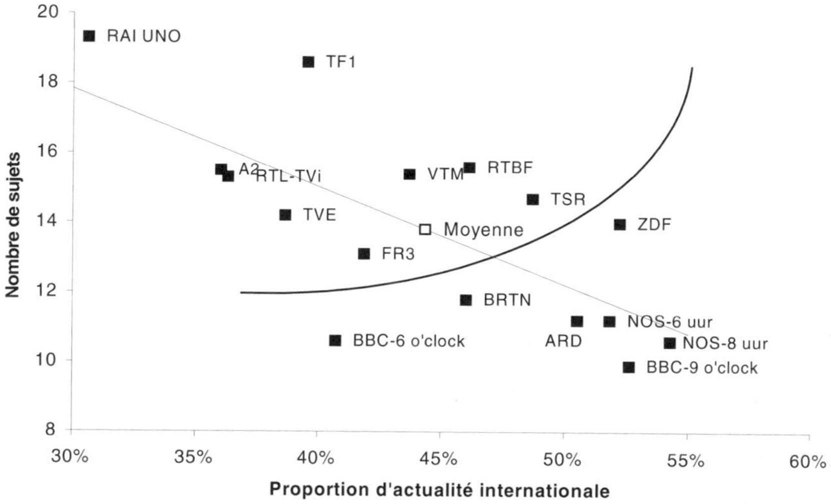

F. Heinderyckx, analyse de contenu des journaux télévisés (1991-1992)
Rem. : *TV5 eur.* ne figure pas sur ce graphique car toute l'actualité y a été considérée comme internationale.

Autrement dit, plus un journal télévisé consacre une part importante à l'international, moins il traite de sujets. Gardons-nous d'en déduire que ces mêmes journaux présentent leurs sujets de façon plus détaillée, car le lien entre proportion d'international et durée moyenne par sujet est insignifiant (r = 0,1). D'autre part, la durée d'actualité internationale est nettement corrélée avec la durée d'images animées (r = 0,85), ce qui laisserait entendre que l'information internationale se prête mieux à l'illustration animée.

Les *images fixes* ne représentent, en moyenne, que 3 pour cent de la durée totale consacrée à l'actualité. Tout se passe comme si le journal télévisé tenait à marquer son identité : un discours *sans images* s'apparente à de la radio ; avec une *image fixe*, cela ressemble à de la presse écrite.

2. *Sujets évoqués*

La proportion de durée dévolue aux informations internationales (voir tableau 67) varie entre environ un tiers à la *RAI*, *A2* et *RTL-TVi* et plus de la moitié sur les chaînes allemandes, hollandaises et *BBC1 - 9 o'clock.* Seulement cinq d'entre eux atteignent ou dépassent la barre des 50 pour cent d'actualité internationale.

Tableau 67
Journaux télévisés :
proportions d'actualité internationale
(durée et nombre de sujets, en pour cent)

	En durée	En nombre de sujets
ARD	51	47
ZDF	52	50
RTBF	46	51
RTL-TVi	36	43
BRTN	46	46
VTM	44	51
TVE	39	39
(TV5 europe)*	(100) *	(100) *
TF1	40	36
A2	36	34
FR3	42	35
RAI UNO	31	27
NOS - 8 uur	54	53
NOS - 6 uur	52	50
BBC1 - 6 o'clock	41	42
BBC1 - 9 o'clock	53	52
TSR	49	50
Moyenne	**44**	**44**
Coeff. de variation	*15 %*	*17 %*

F. Heinderyckx, analyse de contenu des journaux télévisés (1991-1992)

(*) Étant donné le positionnement transnational de *TV5* ainsi que la diversité d'origine des reportages présentés (cédés par les rédactions des chaînes partenaires), la distinction national/international est sans objet. Il n'a donc pas été tenu compte des données relatives à cette chaîne dans tous les calculs impliquant cette distinction.

Le graphique 104 montre les proportions respectives (calculées sur la durée) d'actualité nationale et internationale des différents journaux télévisés étudiés.

Parmi les éditions les plus tournées vers l'actualité nationale, remarquons la présence des journaux des chaînes italienne, espagnole et françaises. Cette observation constitue une nouvelle trace, à défaut d'indice concluant (si on avait pu, par exemple, inclure d'autres chaînes de ces pays), de la polarisation entre le nord et le sud de l'Europe, rencontrée lors de l'étude des quotidiens *de qualité*. Notons également que la proportion maximale d'actualité nationale dans le journal télévisé italien constitue une récidive puisque les deux quotidiens *de qualité* italiens comptaient, rappelons-le, parmi les trois plus fortes valeurs de ce même indice.

Les deux journaux de la *BBC* présentent des profils bien distincts de ce point de vue. L'édition de début de soirée voit l'actualité nationale nettement privilégiée, alors que celle de 21 heures, s'adressant à un public distinct de la première, dépasse les 50 pour cent d'international.

Graphique 104
Journaux télévisés :
Répartition entre actualité nationale et internationale (durée)

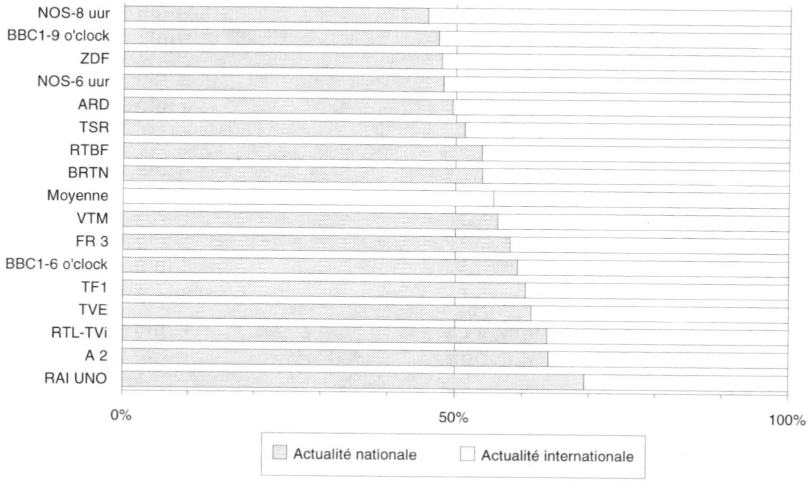

F. Heinderyckx, analyse de contenu des journaux télévisés (1991-1992)

En affinant quelque peu l'analyse (voir tableau 68), nous constatons que le *temps consacré à chaque sujet* de type *actualité nationale* est tantôt supérieur à celui dévolu à un sujet *international* (1 min 56 s contre 1 min 19 s sur *RTL-TVi* ; 1 min 42 s contre 1 min 15 s sur *VTM*), tantôt inférieur (1 min 32 s contre 2 min 2 s sur *FR3*).

Si l'on considère la moyenne des 16 journaux [53], ces tendances se neutralisent pour donner les valeurs quasi égales de 1 min 45 s par sujet *national* contre 1 min 47 s par sujet *international*.

Les séquences consacrées à l'actualité internationale ont fait l'objet d'un tri en quatre sous-classes (voir figure 7, p. 171) qui révèle, en moyenne pour les journaux télévisés étudiés, qu'il s'agit avant tout de sujets relatifs à des pays situés hors Europe et sans que l'événement soit en rapport direct avec le pays de la chaîne considérée (voir graphique 105).

Tableau 68
Journaux télévisés :
durée moyenne par sujet « international » et « national »

	Durée moyenne par sujet « national »		Durée moyenne par sujet « international »
ARD	1 min 7 s		1 min 16 s
ZDF	1 min 12 s		1 min 18 s
RTBF	1 min 58 s	>	1 min 36 s
RTL-TVi	1 min 56 s	>	1 min 19 s
BRTN	2 min 4 s	≈	2 min 5 s
VTM	1 min 42 s	>	1 min 15 s
TVE	1 min 50 s	>	1 min 47 s
TV5 europe	-		(2 min27 s)
TF1	1 min 47 s		2 min 4 s
A2	2 min 3 s		2 min 17 s
FR3	1 min 32 s		2 min 2 s
RAI UNO	1 min 17 s		1 min 32 s
NOS - 8 uur	1 min 29 s		1 min 34 s
NOS - 6 uur	1 min 6 s		1 min 12 s
BBC1 - 6 o'clock	2 min 36 s	>	2 min 31 s
BBC1 - 9 o'clock	2 min 41 s		2 min 48 s
TSR	1 min 54 s	>	1 min 49 s
Moyenne	**1 min 45 s**	≈	**1 min 47 s**
Coeff. de variation	*26 %*		*27 %*

F. Heinderyckx, analyse de contenu des journaux télévisés (1991-1992)

Ouvrons une brève parenthèse concernant la couverture par les différentes rédactions de l'actualité institutionnelle européenne. Le graphique 106 permet de prendre la mesure de l'étalement des valeurs correspondant à cette rubrique, entre les 29 pour cent du *9 o'clock* de *BBC1* et les 6 pour cent de la *RTBF*. Les faibles valeurs observées sur la *RTBF* et *RTL-TVi* semblent dénoter une tendance au désintérêt en Belgique francophone, en dépit de la présence de l'administration européenne sur ce territoire. A l'inverse, les éditions britanniques se singularisent par la présence massive des institutions européennes dans l'actualité internationale. Cet écart entre les extrêmes peut s'expliquer par le fait qu'au Royaume Uni, l'intégration européenne nourrit d'abondantes polémiques susceptibles d'éveiller l'intérêt du public et d'alimenter l'actualité qui lui est présentée. A cause inverse, effet contraire, pourrait-on dire de la Belgique, où l'intégration européenne connaît une popularité fluctuante mais ne faisant jamais l'objet, dans l'ensemble, d'une quelconque remise en cause.

Graphique 105
Journaux télévisés :
répartition moyenne selon les catégories de fond (durée)

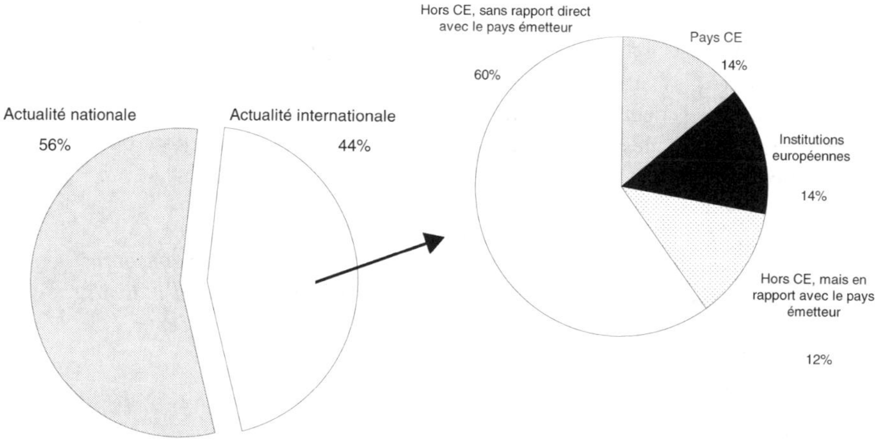

F. Heinderyckx, analyse de contenu des journaux télévisés (1991-1992)

Graphique 106
Journaux télévisés : proportion de l'actualité internationale consacrée aux institutions européennes

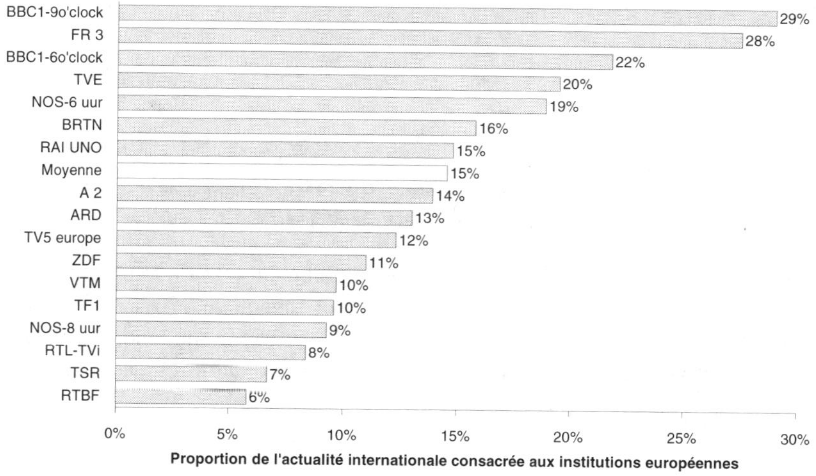

F. Heinderyckx, analyse de contenu des journaux télévisés (1991-1992)

Un sondage organisé par la Commission européenne en 1992 interrogeait les Européens sur leur « sentiment d'être informés sur la Communauté européenne » [54]. La confrontation des résultats avec nos observations (regroupées par pays pour les besoins de cette comparaison) montre un lien ténu de corrélation négative (voir graphique 107). Cette tendance peut mener à des interprétations ambivalentes. On peut considérer que les journaux étudiés répondent à une demande puisque moins les citoyens se sentent bien informés sur l'Europe, plus les journaux télévisés y consacrent une part importante. Moins flatteur pour les rédactions, on peut, à l'inverse, observer que plus les journaux télévisés sont prolixes sur les affaires européennes, moins les téléspectateurs manifestent de satisfaction quant à leur information.

Graphique 107
Journaux télévisés : proportion d'actualité internationale consacrée aux institutions européennes en fonction de la proportion d'individus se déclarant bien informés sur la Communauté européenne.

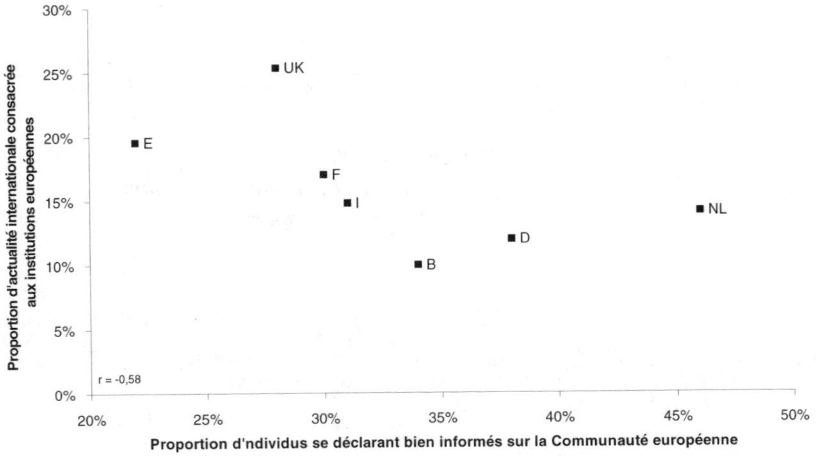

Source : notre étude des journaux télévisés (1991-1992) et l'*Eurobaromètre* n° 38 de la Commission européenne.

Notre analyse organisait également un dénombrement (et non le chronométrage) des séquences selon la nature du sujet traité. Cet inventaire révèle une écrasante prépondérance de l'*information politique* (voir tableau 69). Cette tendance se trouve confirmée [55] et généralisable en dehors de l'Europe par d'autres études [56].

Tableau 69
Journaux télévisés : répartition thématique des sujets
(valeurs moyennes pour les 17 journaux télévisés)

Catégorie	Nombre de sujets par édition	Proportion
Politique	5,8	44 %
Social	2,1	15 %
Faits divers	1,9	14 %
Economie	1,5	11 %
Sport	1,1	8 %
Culture	0,9	6 %
Autres	0,2	1 %
Total	13,5	100 %

F. Heinderyckx, analyse de contenu des journaux télévisés (1991-1992)

Pour l'ensemble des 17 journaux télévisés étudiés, la politique représente près de la moitié du nombre total de sujets. Le graphique 108 montre que cette proportion varie entre environ un tiers (*VTM*, *TF1*, *A2* et *RAI UNO*) et deux tiers (*TV5 europe*).

Graphique 108
Journaux télévisés : répartition thématique (proportions de sujets)

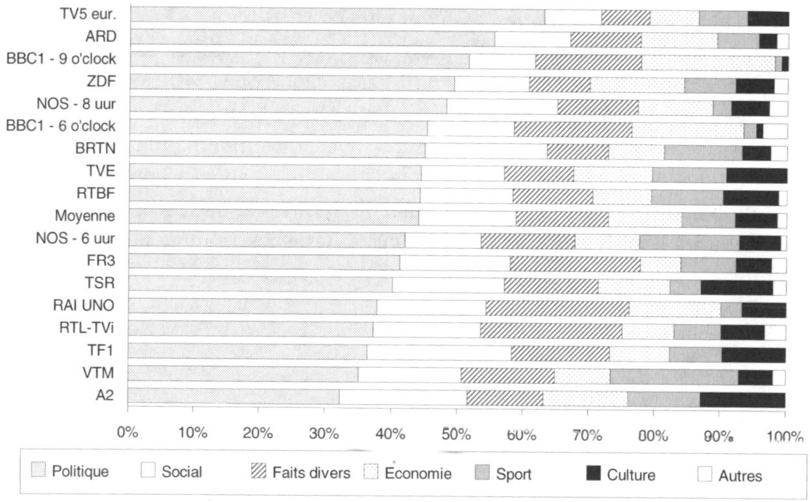

F. Heinderyckx, analyse de contenu des journaux télévisés (1991-1992)

Cette surreprésentation mériterait de faire l'objet d'une étude distincte. De toute évidence, elle ne constitue pas la réponse à une demande (le public européen s'intéresse peu à la politique, selon les sondages *Eurobaromètre* [57]). La télévision assume-t-elle sciemment un rôle actif dans le fonctionnement de nos démocraties en informant le public malgré lui sur la chose politique? Ou cet excès tient-il simplement à l'abondance de l'offre et aux capacités adéquates des canaux d'acheminement de l'information des instances politiques vers les médias?

3. Groupes homogènes

Différents regroupements ont été envisagés à partir de trois critères généraux : statut des chaînes, pays, langue. Plusieurs axes d'analyse bivariée ont fait apparaître deux groupes au sein desquels les moyennes des éléments présentent des rapports significatifs de corrélation. Ces entités pourraient s'intituler le *groupe de langue romane* et le *groupe de langue germanique*, le premier étant constitué des chaînes de Belgique francophone, d'Espagne, de France, d'Italie, de Suisse romande ; le second regroupant les chaînes provenant d'Allemagne, de Belgique néerlandophone, du Royaume-Uni et des Pays-Bas.

Quatre critères présentent des valeurs contrastées entre ces deux groupes (voir tableau 70). Avec une *durée moyenne* de 26 min 46 s, les journaux *romans* sont nettement plus longs que les *germaniques* (20 min 9 s). Le nombre de sujets respecte la même tendance, si bien que la durée consacrée à chaque sujet est, en moyenne, presque égale dans les deux ensembles. L'absence d'homogénéité interne au sein des deux groupes atteste des valeurs très dispersées qui, lorsqu'on calcule les moyennes par groupe, se compensent mutuellement.

La *forme* sépare également significativement les deux groupes. Près d'un tiers des éditions *romanes* sont constituées de séquences *sans images* (32 pour cent) pour moins d'un quart des *germaniques* (23 pour cent).

Enfin, les journaux télévisés des chaînes *germaniques* manifestent un intérêt plus marqué pour l'actualité *internationale* (49 pour cent contre 40 pour cent sur les chaînes *romanes*) et *politique* (46 contre 42 pour cent) plutôt que *culturelle* (4 contre 8 pour cent). Notons également qu'en ce qui concerne l'international, les journaux *romans* sont plus orientés vers les pays de la Communauté européenne.

Plus globalement, nous pouvons mesurer la pertinence du regroupement suivant ces deux groupes pour les différentes variables envisagées, comme nous l'avions fait pour la presse quotidienne (voir tableau 71).

Tableau 70
Journaux télévisés . groupes de langues germaniques et romanes

	Langues germaniques	*Coeff. de variat.*	Langues romanes	*Coeff. de variat.*
Durée par édition	20 min 9 s	*28 %*	26 min 46 s	*17 %*
Nombre de sujets	11,8	*15 %*	14,9	*21 %*
Durée par sujet	1 min 45 s	*34 %*	1 min 50 s	*16 %*
— *international*	1 min 45 s	*34 %*	1 min 48 s	*16 %*
— *national*	1 min 45 s	*35 %*	1 min 46 s	*13 %*
Proportion *sans images*	23 %	*27 %*	32 %	*28 %*
Proportion *images animées*	74 %	*8 %*	66 %	*14 %*
Proportion *images fixes*	3 %	*34 %*	2 %	*64 %*
Proportion d'actualité internat.				
— en durée	49 %	*9 %*	40 %	*14 %*
— en nombre de sujets	49 %	*7 %*	39 %	*20 %*
Durée d'actualité internationale				
Pays européen	11 %	*46 %*	17 %	*35 %*
Institutions européennes	16 %	*40 %*	13 %	*49 %*
Hors CE, rapport avec pays	12 %	*25 %*	12 %	*40 %*
Hors CE, sans rapport	62 %	*7 %*	58 %	*13 %*
Proportions de sujets				
politique	46 %	*12 %*	42 %	*20 %*
social	14 %	*21 %*	16 %	*23 %*
faits divers	13 %	*23 %*	15 %	*32 %*
économie	13 %	*31 %*	10 %	*25 %*
sport	8 %	*75 %*	8 %	*33 %*
culture	4 %	*51 %*	8 %	*28 %*
autres	2 %	*55 %*	1 %	*122 %*

F. Heinderyckx, analyse de contenu des journaux télévisés (1991-1992)

Tableau 71
Journaux télévisés :
pertinence du regroupement en langues romanes et germaniques

	Coefficient de variation (2 groupes)	*Coefficient de variation* (17 j. t.)
Durée par édition	*14 %*	*25 %*
Nombre de sujets	*12 %*	*22 %*
Durée par sujet	*3 %*	*26 %*
— *international*	*2 %*	*27 %*
— *national*	*1 %*	*26 %*
Proportion *sans images*	*16 %*	*32 %*
Proportion *images animées*	*6 %*	*13 %*
Proportion *images fixes*	*15 %*	*50 %*
Proportion d'actualité internationale		
— en durée	*10 %*	*15 %*
— en nombre de sujets	*11 %*	*17 %*
Durée d'actualité internationale		
Pays européen	*23 %*	*45 %*
Institutions européennes	*10 %*	*46 %*
Hors CE, rapport avec pays	*1 %*	*34 %*
Hors CE, sans rapport	*3 %*	*11 %*
Proportions de sujets		
politique	*5 %*	*17 %*
social	*8 %*	*23 %*
faits divers	*7 %*	*30 %*
économie	*12 %*	*32 %*
sport	*2 %*	*58 %*
culture	*36 %*	*49 %*
autres	*34 %*	*86 %*

F. Heinderyckx, analyse de contenu des journaux télévisés (1991-1992)

Les proportions d'actualité internationale (en durée) et culturelle (en nombre de sujet) satisfont le test des deux tiers, indiquant que le regroupement suivant les deux familles langagières se révèle performant pour ces deux paramètres. A titre illustratif, le graphique 109 situe chaque journal télévisé par rapport à ces deux variables.

Graphique 109
Journaux télévisés :
visualisation des groupes de langues romanes *et* germaniques

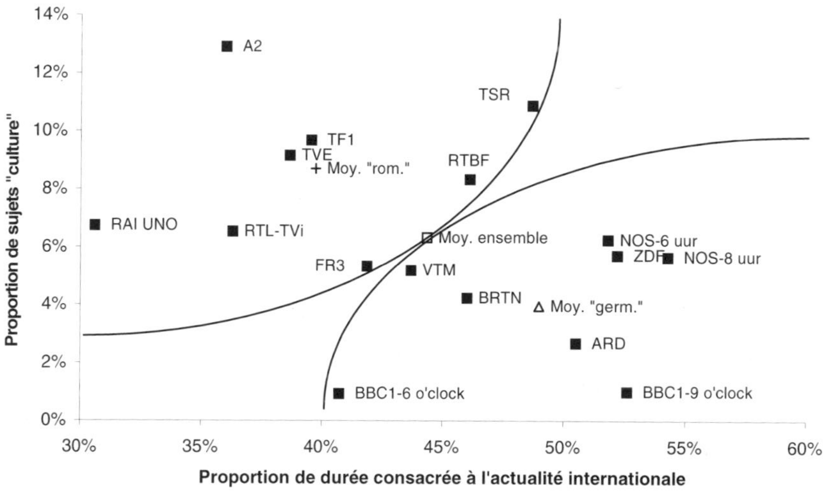

F. Heinderyckx, analyse de contenu des journaux télévisés (1991-1992)

Cette visualisation nous permet de constater que les deux moyennes de groupe ainsi que les journaux télévisés correspondant sont nettement disjoints et forment deux constellations dont le seul point de contact correspond à la moyenne globale.

4. *Au-delà des apparences*

Les journaux télévisés sont conçus et réalisés, n'en doutons pas, avec l'ambition de satisfaire au mieux les attentes du *public cible* afin d'en réunir la plus grande part. Ils présentent indiscutablement un important tronc commun, tant dans la forme que dans le fond. Générique, titres, actualité nationale et internationale, alternance studio — reportages, le conformisme domine la production de cet élément pivot entre programmation d'*avant-soirée* et de *soirée*, entre *access prime time* et *prime time*.

Notre analyse a pourtant montré, entre les chaînes, d'importantes nuances, lesquelles sont indiscutablement porteuses de signification quant à certaines caractéristiques des publics respectifs des différents journaux télévisés étudiés. Soulignons encore les nouvelles manifestations d'indices d'un *clivage* entre le nord et le sud de l'Europe. En outre, les journaux télévisés étant diffusés par des chaînes nationales et généralistes, on pourrait envisager d'extrapoler nos observations vers la population nationale. Mais la démarche connaît des limites qu'il faut nous garder de franchir. La plupart des éditions examinées partagent le marché de l'information télévisée avec d'autres émissions diffusées sur d'autres chaînes. De ce point de vue, nous pouvons considérer que les volets belge et français de notre étude couvrent l'essentiel de l'offre de ces pays. Par contre, les autres pays ne sont abordés qu'à partir d'une seule chaîne, qui plus est de service public. Il serait donc illusoire, erroné même, de généraliser les particularités propres, par exemple, au *Télégiornale* de *RAI UNO*, chaîne de service public de tendance catholique, à l'ensemble des journaux télévisés italiens.

Le conformisme de la forme et la concentration des sources ne semblent pas constituer une assise suffisante à un véritable processus d'indifférenciation des journaux télévisés européens, tant subsiste la nécessité de *domestiquer* les flux globaux de nouvelles [58], pour reprendre l'expression de Gurevitch, qui estime que les programmes d'information demeurent teintés d'un cachet national, conséquence de la nécessité de raconter l'actualité de façon à la rendre intelligible par l'auditoire national [59].

4. Médias d'information en Europe

L'idée d'agréger les données résultant des deux études de la presse quotidienne avec celles des journaux télévisés, pour séduisante qu'elle soit, se heurte à d'insurmontables obstacles liés aux dissemblances méthodologiques imposées par la nature des médias étudiés. Si les durées chronométrées pour les journaux télévisés et les surfaces mesurées dans la presse quotidienne partagent, fonctionnellement, la même ambition de quantification, leur agrégation en une seule série statistique reste impossible.

Une variable de première importance présente néanmoins la même définition dans les trois études : la *répartition entre actualité nationale et internationale*. En outre, le traitement des données en termes de proportions permet l'agrégation des trois séries relatives aux trois études en une seule. Une proportion correspondant au rapport d'une durée par la durée totale peut parfaitement être considérée sur le même plan qu'une proportion résultant du rapport d'une surface par la surface totale (d'actualité, dans ce cas).

Après exclusion du *International Herald Tribune*, du *Wall Street Journal Europe* et du journal télévisé de *TV5*, pour lesquels la distinction national/international n'avait pu être opérée [60], l'agrégation des séries correspondant aux quotidiens *de qualité*, aux quotidiens économiques et aux journaux télévisés et engendre une série statistique englobant les valeurs observées pour quarante supports d'information d'Europe occidentale.

En moyenne, les médias étudiés consacrent 57 pour cent de leur volume d'actualité au national contre 43 pour cent à l'international. La répartition des effectifs par classes de cinq pour cent présente une allure générale *gaussienne*, comme l'illustre le graphique 110.

Le principe des regroupements envisagés pour les quotidiens *haut de gamme* conserve toute sa pertinence dans le présent cadre. Le tableau 72 détaille le regroupement *par pays* [61].

Graphique 110
Quotidiens haut de gamme et journaux télévisés : proportion d'actualité nationale

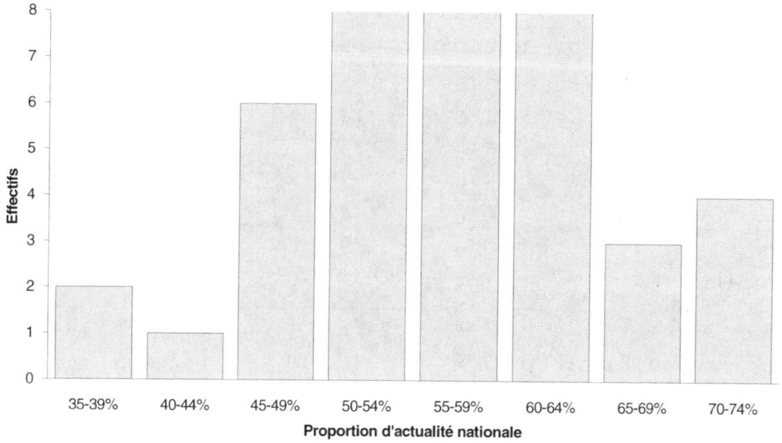

F. Heinderyckx, analyses de contenu des journaux télévisés (1991-1992); de la presse quotidienne de qualité (1992-1993) et économique (1993-1994)

Tableau 72
Quotidiens haut de gamme *et journaux télévisés : regroupement par pays*

	Supports étudiés		
Allemagne	*ARD-Tagesschau* *ZDF-Heute*	*Frankfurter Allgem.* *Die Welt*	*Handelsblatt*
Belgique	*RTBF-Journal télévisé* *RTL-TVi-Le Journal*	*Le Soir*	*L'Echo*
	BRTN-Journaal *VTM-Nieuws*	*De Standaard*	*Fin. Ekonom. Tijd*
Espagne	*TVE-Telediario*	*ABC* *El País*	*Expansión*
France	*TF1-20 heures* *A2-Le Journal* *FR3-Le 19/20*	*Le Monde* *Le Figaro*	*Les Echos*
Italie	*RAI UNO-T.G. 1*	*Corriere della Sera* *La Repubblica*	*Il Sole 24 Ore*
Pays-Bas	*Nederland1-NOS 8 uur* *Nederland2-NOS 6 uur*	*NRC Handelsblad* *De Volkskrant*	*Financieele Dagblad*
Royaume-Uni	*BBC1-6 o'clock News* *BBC1-9 o'clock News*	*The Guardian* *The Times*	*Financial Times*

Les valeurs moyennes calculées à partir de ce regroupement dévoilent des contrastes assez marqués entre pays (voir tableau 73).

Tableau 73
Quotidiens haut de gamme et journaux télévisés :
proportions d'actualité nationale et internationale, par pays

	Actualité nationale	*Coeff. de variation*	Actualité internat.	*Coeff. de variation*
Allemagne	52 %	*12 %*	48 %	*13 %*
Belgique	54 %	*14 %*	46 %	*16 %*
Espagne	65 %	*11 %*	35 %	*20 %*
France	58 %	*7 %*	42 %	*10 %*
Italie	70 %	*4 %*	30 %	*8 %*
Pays-Bas	50 %	*10 %*	50 %	*10 %*
Royaume-Uni	51 %	*19 %*	49 %	*20 %*
Moyenne	**57 %**	***11 %***	**43 %**	***14 %***
Coeff. de variation (7 pays)	*13 %*	-	*17 %*	-
Coeff. var. (37 supports)	*17 %*	-	*21 %*	-

F. Heinderyckx, analyses de contenu des journaux télévisés (1991-1992) ;
de la presse quotidienne de qualité (1992-1993) et économique (1993-1994)

Les médias italiens et espagnols de notre échantillon se positionnent clairement comme les plus nettement tournés vers l'actualité nationale. L'Italie démontre également la plus nette homogénéité intranationale. On observe, aux Pays-Bas, au Royaume-Uni, en Allemagne et en Belgique une répartition plus équilibrée [62]. Les deux séries ainsi regroupées satisfont largement au *test des deux tiers*, attestant de la *pertinence du critère national* lorsqu'on envisage la répartition entre actualité nationale et internationale.

Tableau 74
Quotidiens haut de gamme *et journaux télévisés :*
trois groupes linguistiques

Anglophone	Francophone	Néerlandophone
BBC1-6 o'clock News	*A2-Le Journal*	*BRTN-Journaal*
BBC1-9 o'clock News	*FR3-Le 19/20*	*De Standaard*
Financial Times	*L'Echo*	*De Volkskrant*
The Guardian	*Le Figaro*	*Financieel Ekonom. Tijd*
The Irish Times	*Le Journal de Genève*	*Het Financieele Dagblad*
The Times	*Le Monde*	*Nederland1-NOS 8 uur*
	Le Soir	*Nederland2-NOS 6 uur*
	Les Echos	*NRC Handelsblad*
	RTBF-Journal télévisé	*VTM-Nieuws*
	RTL-TVi-Le Journal	
	TF1-20 heures	
	TSR-Le TéléJournal	

Les regroupements suivant les trois langues les plus représentées dans notre échantillon et suivant les deux familles langagières [63] sont détaillés aux tableaux 74 et 75.

Tableau 75

Quotidiens haut de gamme *et journaux télévisés : langues germaniques et romanes*

Langues germaniques	Langues romanes
ARD-Tagesschau	*A2-Le Journal*
BBC1-6 o'clock News	*ABC*
BBC1-9 o'clock News	*Corriere della Sera*
BRTN-Journaal	*El País*
De Standaard	*Expansión*
De Volkskrant	*FR3-Le 19/20*
Die Welt	*L'Echo*
Financial Times	*La Repubblica*
Financieel Ekonomische Tijd	*Le Figaro*
Het Financieele Dagblad	*Le Journal de Genève*
Frankfurter Allgemeine	*Le Monde*
Handelsblatt	*Le Soir*
Nederland1-NOS 8 uur	*Les Echos*
Nederland2-NOS 6 uur	*RAI UNO-Telegiornale Uno*
NRC Handelsblad	*RTBF-Journal télévisé*
The Guardian	*RTL-TVi-Le Journal*
The Irish Times	*Il Sole 24 Ore*
The Times	*TF1-20 heures*
VTM-Nieuws	*TSR-Le TéléJournal*
ZDF-Heute	*TVE-Telediario*

Les moyennes calculées pour chaque groupe linguistique révèlent des valeurs peu contrastées (voir tableau 76). De plus, la cohérence entre médias d'une même langue se marque de façons différentes. Les anglophones, en particulier, présentent une dispersion considérable.

Le regroupement selon les deux familles de langues (germaniques et romanes) produit des résultats intéressants. La différence considérable séparant les deux familles se double d'une cohérence au sein de chaque groupe que nous qualifierons d'honorable compte tenu de l'ampleur des séries (vingt valeurs), même si elle ne peut être considérée comme véritablement significative. Les moyennes par pays laissaient déjà entrevoir cette orientation plus nationale des pays de langue romane.

Le traitement et l'étude des résultats des trois analyses de contenu ont engendré une masse d'information que nous nous sommes efforcé de trier avec rigueur et de présenter avec soin. Les diverses observations qui s'en dégagent, ne laissent pas émerger de typologie claire et tranchée du contenu des médias d'information en fonction de quelque critère que ce soit. Cette absence même de cohérence globale ou d'uniformité marquée entre supports d'un même pays, d'une même langue ou d'un même groupe de langues, constitue probablement l'une des conclusions de cette longue démarche.

Tableau 76
Quotidiens haut de gamme et journaux télévisés :
proportions d'actualité nationale et internationale, par langues

	Actualité nationale	*Coeff. de variat.*	Actualité internat.	*Coeff. de variat.*
Anglophone	54 %	*21 %*	46 %	*25 %*
Francophone	56 %	*13 %*	44 %	*17 %*
Néerlandophone	52 %	*8 %*	48 %	*9 %*
Moyenne	**54 %**	***14 %***	**46 %**	***17 %***
Coeff. de variation (3 langues)	*4 %*	-	*4 %*	-
Coeff. de variation (27 médias)	*15 %*	-	*17 %*	-
germaniques	52 %	*15 %*	48 %	*16 %*
Romanes	61 %	*14 %*	39 %	*22 %*
Moyenne	**57 %**	***15 %***	**43 %**	***19 %***
Coeff. de variation (2 groupes)	*7 %*	-	*10 %*	-
Coeff. de variation (40 supports)	*16 %*	-	*21 %*	-

F. Heinderyckx, analyses de contenu de la presse quotidienne *de qualité* (1992-1993) et économique (1993-1994)

Les supports étudiés démontrent chacun, dans un cadre conceptuel globalement conformiste, une irréductible singularité et, entre eux, une diversité multidimensionnelle qui dénotent un incoercible besoin de se différencier des homologues et concurrents, une incontestable et immensurable nécessité d'adapter forme et fond à la multitude de facteurs économiques, sociologiques, psychologiques, politiques et réglementaires de l'environnement dans lequel ils évoluent.

Nos études ont cependant mis à jours des éléments qui pourraient constituer autant de bases permettant d'échafauder des hypothèses concernant l'existence de schémas de structure et de contenu liés à certains types de supports. Les divers indices de polarisation entre médias d'origine méridionale ou septentrionale, ou produits en langues romanes ou germaniques, se sont accumulés dans l'examen des résultats de nos analyses. D'autre part, le regroupement des supports suivant leur pays d'origine a démontré, sur plusieurs critères importants, toute la pertinence de l'échelle nationale, soutenant de la sorte notre thèse relative à la force structurante des Etats-nations.

Quelles que soient les supputations que peuvent inspirer nos résultats, il convient de garder à l'esprit la mise en garde de Berelson : les contenus sont produits *pour*, et non *par* leurs publics [64]. Inférer les caractéristiques des populations réceptrices à partir de l'observation du contenu des médias d'information conduit nécessairement, dans un deuxième temps, à l'étude du comportement, comme tel, des publics. Cette démarche s'impose comme complément indispensable, et d'ailleurs traditionnel, à l'étude des contenus.

Notes

[1] KRIPPENDORFF, 1980, p. 16.

[2] BERELSON, 1952, p. 97.

[3] SPARKS & CAMPBELL, 1987, notre traduction de « *inscribed reader* ».

[4] AGEE, AULT & EMERY, 1989, p. 457 ; LAZAR, 1991, p. 129 ; WEBER, 1990, p. 9.

[5] LAZAR, 1991, p. 133.

[6] GHIGLIONE & BLANCHET, 1991, p. 6.

[7] LAZAR, 1991, p. 128 & 137.

[8] Voir, par exemple, KAYSER, 1953.

[9] Voir, par exemple, THOVERON & NOBRE CORREIA, 1977 ; ou le précurseur SPEED, G. J., « Do newspapers now give the news ? », *Forum,* n° 15, p. 705-711.

[10] Selon l'expression de THOVERON.

[11] BARDIN, 1993, p. 34.

[12] Dorwin Cartwright évoque quelques tentatives d'élaboration de modèles standards d'analyse et constate que ceux-ci sont peu utilisés car « pour être satisfaisants, les schèmes doivent, à la fois, convenir à un système conceptuel généralement accepté et à un contenu spécifique qui change avec chaque nouvelle recherche ». (CARTWRIGHT, 1974, p. 504).

[13] BESSON, 1992, p. 174.

[14] AGEE, AULT & EMERY, 1989, p. 457 ; BERELSON, 1952, p. 97 ; LAZAR, 1991, p. 129 ; WEBER, 1990, p. 9.

[15] Cette convergence est souvent évoquée pour les cadres dirigeants, voir notamment FEATHERSTONE, 1995, p. 115.

[16] THOVERON, 1985, p. 80.

[17] DIERICKX, 1971, p. 269-270.

[18] SPARKS & CAMPBELL, 1987, p. 455, notre traduction de « *people who use some sorts of intellectual skills in their daily lives* ».

[19] MERRILL & FISHER, 1980, p. 13, distinguent les *quality papers* des *prestige papers*, ces derniers, généralement publiés dans des pays non démocratiques, constituant un outil de propagande de la classe dirigeante. Mais cette distinction n'existe pas en français (p. 14).

[20] MERRILL, 1983, p. 39-40, notre traduction de « *that which has the biggest impact on the serious thinking of a nation, on basic decision-making vis-à-vis a nation's own government and other governments* ».

[21] AGEE, AULT & EMERY, 1989, p. 101.

[22] THOVERON, 1985, p. 83.

[23] Voir notamment MERRILL, 1983 ; SPARKS & CAMPBELL, 1987 ; DIERICKX, 1971 ; THOVERON, 1985.

[24] Chiffres publiés dans *Télégramme*, n° 213, août-septembre 1995, publié par *The Media Partnership Belgium.*

[25] Pour que l'échantillon représente ce que Kayser appelait une « semaine type » (KAYSER, 1953, p. 12), il fallait la choisir durant une période qui ne soit marquée ni par le calme estival, ni par l'euphorie des fêtes de fin d'année, etc.

[26] Ce titre n'existe plus depuis mars 1998, lorsqu'il fusionna avec *Le Nouveau Quotidien* pour former *Le Temps.*

[27] Une bonne partie de l'échantillon a pu être rassemblée grâce à l'aide des *Agences et Messageries de la Presse* (AMP) qui se chargent de la distribution de la plupart de ces titres en Belgique.

[28] Les premiers dépouillements ont été réalisés avec l'aide d'étudiants de première licence en journalisme et communication de l'Université Libre de Bruxelles, mais le dépouillement définitif et complet a été exécuté par nos soins afin de garantir un homogénéité méthodologique optimale (voir plus loin).

[29] BESSON, 1992, p. 34, recommande les indices de dispersion comme complément aux valeurs moyennes qu'il juge trompeuses, mais rappelle que la plupart de ces indices sont eux-mêmes le résultat de moyennes.

[30] Pour un examen plus approfondi des paramètres de dispersion, voir notamment DROESBEKE, 1990, p. 106 et suivantes.

[31] L'*International Herald Tribune* est publié à Paris et imprimé dans le monde entier. Son contenu et son univers de diffusion étant internationaux par essence, nous avons jugé opportun de considérer l'ensemble de son contenu relatif à l'actualité comme « international » et dès lors d'exclure ce journal des calculs relatifs à ces critères.

[32] KAYSER, 1953, p. 43.

[33] THOVERON & NOBRE-CORREIA, 1977, p. 176.

[34] Les parités utilisées correspondent à celles en vigueur durant la période analysée (cours établis par la Commission européenne le 12 novembre 1992) : 1 ECU = 40,5 BEF ; 2 DEM ; 2,2 NLG; 0,8 GBP ; 0,7 IEP ; 6,6 FRF ; 1690 ITL ; 1,8 CHF et 140 ESP.

[35] Dans le cadre de ce qu'il convient de qualifier de « guerre des prix » le prix de vente du *Times* est passé, en 1994, de 45 pence à 20 pence, soit de 0,56 à 0,25 ECU, confortant ainsi son rang de quotidien de qualité le moins onéreux de notre échantillon.

[36] Les corrélations avec les autres rubriques d'actualité sont insignifiantes (entre -0,35 et 0,3).

[37] A l'exclusion des annonces classées.

[38] Voir notamment le *European Newspaper & Magazine Minibook 1992,* ou le *European Campaign Planner* publiés par Carat.

[39] MERRILL, 1980, p. 15.

[40] Le *Wall Street Journal Europe* est publié à Bruxelles et imprimé dans plusieurs pays. Son contenu et son univers de diffusion étant internationaux par essence, nous avons jugé opportun de considérer l'ensemble de son contenu relatif à l'actualité comme international comme nous l'avions fait pour l'*International Herald Tribune*. De la même manière, le *Wall Street Journal Europe* est donc exclu de tous les calculs impliquant la distinction entre actualités nationale et internationale.

[41] *Expansión* et *Les Echos* présentent des profils parfaitement identiques de répartition de l'actualité entre les quatre catégories de fond. Les valeurs diffèrent néanmoins lorsque l'on considère les décimales.

[42] Rappelons que SR = (actualité + opinion).

[43] Parités en vigueur à l'époque de ce volet de l'étude (novembre 1993), telles qu'établies par la Commission européenne : 1 ECU = 40 BEF ; 2 DEM ; 2,2 NLG ; 0,8 GBP ; 0,8 IEP ; 6,6 FRF ; 1900 ITL ; 1,7 CHF ; 160 ESP.

[44] Rappelons que SR = (actualité + opinion).

[45] Le recours aux décimales montre que la première est légèrement inférieure à la seconde (19,6 contre 20,4 pour cent). L'égalité parfaite des deux indices de dispersion ne se présente que dans le cas limite (et assez théorique) d'un regroupement donnant lieu à des ensembles d'homogénéité parfaite, et donc de dispersion nulle.

[46] Il est mathématiquement impossible que la dispersion après regroupement soit supérieure à ce qu'elle était au départ.

[47] *The Irish Times, Le Journal de Genève, International Herald Tribune* et *Wall Street Journal Europe* n'ont pas été pris en considération dans le cadre de ce regroupement par pays. Les deux premiers sont, dans notre échantillon, seuls représentants de leur pays respectif ; les deux derniers ont été considérés, tout au long de notre étude, comme dépourvus de toute attache nationale.

[48] Depuis, *Antenne 2* (A2), *France Régions 3* (FR3) et *TV5 europe* ont été rebaptisées respectivement *France 2* (F2), *France 3* (F3) et *TV5 La Télévision Internationale.*

[49] STRAUBHAAR et *al.*, 1992, p. 93.

[50] PÉNOLIDIS, 1984.

[51] Précisons toutefois que les durées observées par pays varient considérablement entre les deux études qui, soulignons-le, ont opéré à partir de méthodologies nettement distinctes, ne serait-ce qu'au niveau des chaînes envisagées et de la période considérée (1984 dans le cas de l'étude Pénolidis).

[52] BROSIUS, 1991. L'auteur relève qu'à l'inverse, les séquences « *talking heads* » (que nous avons qualifiées de *sans images*) sont les plus défavorables à la compréhension.

[53] TV5 europe n'est à nouveau pas pris en compte dans ce volet de notre étude (voir *supra*).

[54] Commission des Communautés européennes, *Eurobaromètre* n° 38, 1992, p. A17.

[55] Voir notamment PÉNOLIDIS, 1984.

[56] Voir notamment STRAUBHAAR *et al.*, 1992, p. 98.

[57] Voir Commission européenne, *Eurobaromètre Trends 1974-1993*, p. 161-164.

[58] GUREVITCH, 1989, p. 223.

[59] GUREVITCH *et al.*, 1991, p. 206.

[60] Ces supports étant transnationaux de fait et par essence, il n'existait aucun critère de différenciation entre actualité *nationale* et *internationale*, même si de nombreuses portions étaient empruntées à des médias nationaux ou étaient marquées par telle perspective nationale.

[61] Notons que *Le Journal de Genève, The Irish Times, International Herald Tribune, Wall Street Journal Europe, Le Journal (TV5)* et *Le TéléJournal (TSR)*, ont été exclus de ce regroupement par pays, soit parce qu'ils sont isolés dans l'échantillon (seulement deux médias suisses, un seul irlandais), soit en l'absence présumée d'attache nationale (médias transnationaux).

[62] Précisons que pour la Belgique, les moyennes calculées pour les médias francophones s'avèrent identiques à celles des médias néerlandophones.

[63] Le premier prend en considération vingt-sept supports, alors que le second permet de considérer l'ensemble des quarante supports étudiés, n'excluant que les *transnationaux* pour lesquels la distinction entre actualité nationale et internationale était sans objet.

[64] BERELSON, 1952, p. 97.

CHAPITRE III

Au mépris des nations : les médias transnationaux

1. Transnationalité

Après avoir pris la mesure de la diversité des publics et d'une certaine variété des contenus, il convient d'envisager l'approche ambitieuse, certains diront prometteuse, qui consiste à surmonter les frontières nationales pour diffuser des contenus à destination de publics définis sur d'autres critères. L'hégémonie de la nation et de ses sous-ensembles comme force structurante des médias et, dans une certaine mesure, de l'attitude des publics à l'égard des médias d'information, ne doit pas occulter les initiatives existantes de diffusion transnationale qui, pour marginales qu'elles soient, représentent des expériences novatrices, dont la diversité des approches ne manque pas d'intérêt. Mais il convient avant tout de s'entendre sur les termes.

Dans la terminologie néo-marxiste de l'impérialisme culturel, les médias transnationaux ne sont que des entreprises privées à but lucratif à la recherche de marchés « qu'elles appellent « publics » » dans le seul but de renforcer les valeurs du système capitaliste à l'américaine [1]. Ce sens restrictif et caricatural d'une certaine vision de l'internationalisation du marché audiovisuel témoigne de la polysémie d'un syntagme qui pourtant, au premier abord, se prête apparemment si peu à l'ambiguïté.

Le vocabulaire relatif aux phénomènes de communication évolue sous la double impulsion des développements techniques et de phénomènes de mode. Ainsi, par exemple, de la *réclame* qui disparut au profit de la *publicité*, puis bientôt des *informations aux consommateurs* ou des *publi-reportages.* Ce renouvellement terminologique perpétuel, orchestré par des professionnels soucieux de souligner l'évolution de leurs pratiques, trouve inévitablement un écho, ne serait-ce que par contagion, dans la terminologie scientifique.

L'objet central de notre propos n'échappe pas à cette tourmente. Notre choix terminologique de *médias transnationaux* appelle quelques explications et la notion de *transnationalité,* ainsi que la terminologie environnante (termes proches et souvent galvaudés ou improprement utilisés) méritent un examen plus approfondi, à commencer par l'idée même de nation.

Le terme de *nation*, et les locutions qui en dérivent, s'inscrivent dans une diversité sémantique à la mesure des débats, des enjeux et des événements qui entourent son utilisation. *Natio*, en latin, fut construit sur *nasci* (naître en latin), et signifiait, par métonymie, l'ensemble des individus nés en même temps dans un même lieu [2]. Au XIIe siècle, on parlait de *naciuns* pour caractériser un groupe d'êtres humains partageant origine, langue et culture. La forme actuelle de *nation* date du XVe siècle, et ce n'est qu'au milieu du XVIIIe siècle que les significations de *nation* et de *peuple d'un Etat* se recoupèrent [3].

La foison actuelle de définitions, organisées en champs et sous-champs sémantiques, rend compte de la polysémie du terme. On observe cependant un consensus autour de deux éléments essentiels : il s'agit d'*un groupe d'hommes* qui *partagent* une ou des *caractéristiques*. C'est sur la nature des traits communs et sur l'ampleur de l'homogénéité que les divergences se font jour. Il s'agit tantôt d'éléments ethniques, sociaux et subjectifs [4], tantôt de tradition historique, linguistique ou religieuse [5]. En ce sens, la nation implique souvent une *conscience* du lien d'affiliation et une volonté délibérée de s'organiser en communauté [6]. Ernest Gellner relève l'insuffisance de ces deux composantes traditionnelles de la nation (culture partagée et volonté collective), et perçoit cette dernière comme produit des mouvements nationalistes (et non l'inverse) [7]. Pour Anderson, l'identité nationale implique un lien avec une masse anonyme d'individus inconnus et nécessite donc le recours à l'imagination, à la représentation [8]. D'autre part, dans les processus de formation de nations, l'oubli de certains événements du passé se révèle souvent aussi important que le souvenir d'autres [9].

Curieusement, la référence explicite à un territoire géographique n'est pas systématique. Comme le fait remarquer Geert Hofstede, la généralisation de l'attribution *de facto* d'une identité nationale (tout individu est réputé ressortissant d'une nation), ne date que de ce siècle [10]. Gellner souligne avec ironie que la nationalité constitue aujourd'hui un attribut consubstantiel de la nature humaine, qu'un homme « doit avoir une nationalité comme il doit avoir un nez et deux oreilles » [11]. Notons que le courant postmoderniste, très en vogue dans les théories sociologiques contemporaines, délaisse intentionnellement et explicitement la référence à l'Etat-nation comme base théorique [12].

Un des sens bien distinct de *nation* est apparu au XVIIe siècle pour qualifier un ensemble d'individus unis par une communauté d'intérêts, de profession [13]. Par extension, on reconnaît au terme le sens « d'ensemble de personnes formant un groupe homogène, qui ont des traits caractéristiques (physiques, psychiques, comportementaux, etc.) communs » [14]. Cette dernière acception dépasse largement l'usage qui sera fait de *nation* dans notre ouvrage. Le terme y sera utilisé dans le sens restrictif politique de « groupe humain constituant une communauté *politique, établie sur un territoire défini (...) et personnifiée par une autorité* souveraine » [15], se rapprochant en cela de *pays* ou *Etat*. Dominique Schnapper appuie ce sens pointu lorsqu'elle définit la nation comme forme politique dont la souveraineté s'exerce à l'intérieur aussi bien qu'à l'extérieur de l'Etat, et de distinguer cette notion de l'*ethnie*, groupe d'hommes partageant histoire et spécificités culturelles [16].

Jean-Marc Ferry stigmatise l'assimilation des identités nationale et politique. Politique n'est pas Etat, citoyenneté n'est pas nationalité [17]. Nous nous en tiendrons pourtant à l'acception traditionnelle du concept de nation et des expressions dérivées. En particulier, les groupes régionaux revendiquant une identité distincte et parfois l'autonomie ne bénéficieront pas, dans un souci de clarté, de l'appellation de nation (*nation basque* ou *nation flamande*, par exemple). Cette utilisation restrictive permettra d'aborder sans ambiguïté les nombreuses discussions relatives au rôle des structures nationales (comprenez : des Etats-nations, des pays) dans les phénomènes étudiés.

L'importante surface sémantique de *nation* sert à son tour de base à un vaste ensemble lexical de termes et de locutions dérivées, au premier rang desquels figurent les constructions par apposition de divers *préfixes*, qui forment une terminologie complexe, largement galvaudée et déformée, au sein de laquelle il convient, ultime précaution langagière, de mettre bon ordre.

La construction de néologismes par *affixation* pâtit malheureusement de l'équivocité et la multiplicité des propriétés sémantiques des affixes, si bien que les termes ainsi créés se révèlent trop souvent ambigus voire obscurs, et ce d'autant plus qu'ils sont souvent utilisés à mauvais escient. Ces accidents trouvent en partie leur origine dans la pauvreté de la littérature scientifique sur le sujet. Autant la plupart des précis de grammaire décrivent plus ou moins en détails les procédés de construction par apposition de préfixes, autant les discussions quant à la valeur sémantique des différents préfixes manquent cruellement. Tout au plus peut-on trouver dans les bons dictionnaires l'un ou l'autre tableau présentant, par ordre alphabétique et classée par origine, une série de préfixes *courants* ou *savants*, dont la valeur est uniquement exprimée par une ou parfois quelques locutions laconiques, suivies de l'un ou l'autre exemple.

L'entrée du mot *transnational* dans la plupart des dictionnaires ne suffit hélas pas à procurer une définition suffisamment rigoureuse et univoque. *Transnational* relève de cette classe de mots dont le sens, contraint par l'usage, évolue particulièrement vite et de façon désordonnée, à l'image de l'environnement de son utilisation. En témoignent la définition laconique « qui dépasse le cadre national, concerne plusieurs nations », et les nuances par rapport à *intergouvernemental*, qui conviendrait lorsqu'il s'agit de gouvernements, et par rapport à *multinational*, dont l'usage serait réservé aux activités lucratives [18].

Comment, sur cette base, *transnational* s'articule-t-il avec *international* et *supranational*, par exemple ? Les mêmes dictionnaires réservent *international* aux phénomènes qui se déroulent « de nation à nation, entre plusieurs nations » [19]; *supranational* aux institutions se trouvant au-dessus des institutions nationales [20]. La difficulté réside à la fois dans l'imprécision des définitions et dans le chevauchement de leurs aires sémantiques.

L'usage fait la langue, et l'exposé scientifique s'accommode mal de l'ambiguïté. Nous allons donc proposer quelques repères terminologiques qui, à défaut de pouvoir prétendre à la rigueur étymologique et syntaxique de l'Académie française, se trouvent adaptés à nos propos et constitueront une convention sémantique entre l'auteur et les lecteurs de cet ouvrage.

Transnational, lorsqu'utilisé dans *diffusion transnationale* ou *médias* ou *supports transnationaux*, signale une *ampleur qui dépasse ou déborde le cadre national*, c'est-à-dire que le phénomène considéré intervient *dans une aire géographique couvrant des territoires relevant d'au moins deux pays. Trans-* est ici à entendre au sens de « par delà », « au-delà ». Dans cette logique, le caractère *multinational* apparaît comme un cas particulier du transnational, lorsque le phénomène *intéresse l'intégralité des pays concernés*. La figure 9 représente schématiquement cette distinction.

Figure 9
Transnationalité et multinationalité

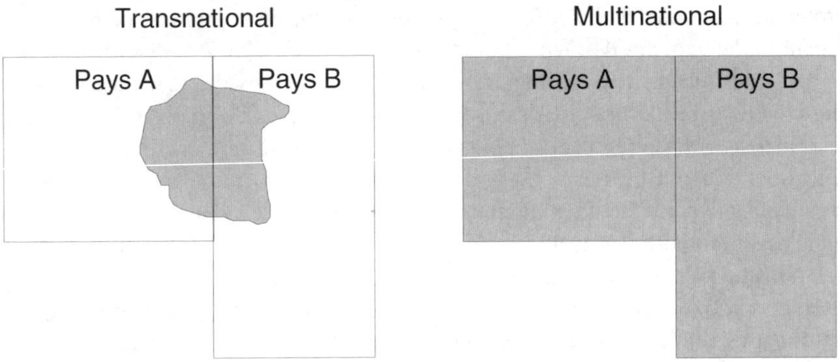

Transnational doit également être distingué d'*international*, ce dernier indiquant un phénomène qui se déroule *entre plusieurs nations, impliquant une relation ou un échange*. Notons qu'*international* recouvre, pour certains, une acception beaucoup plus large, comme en témoigne l'usage qu'en fait Denis McQuail lorsqu'il distingue trois façons de concevoir la diffusion internationale : *multilatéralement* (diffusion dans de nombreux pays sans direction précise), *bilatéralement* (quand les messages passent les frontières vers un pays voisin ou une ancienne colonie), *nationalement* (quand les messages diffusés nationalement contiennent des portions importées) [21]. Plus simplement, Agee, Ault et Emery définissent les *communications de masse internationales* comme « toute communication transmise par les médias de masse au-delà des frontières nationales » [22]. Dans ce sens couramment utilisé, le caractère international tient simplement à l'extra-territorialité du phénomène.

En matière juridique, le caractère *transnational* est acquis « dès qu'une situation juridique s'établit au-delà d'un droit national unique, et peut en intéresser plusieurs » [23]. Dans cette perspective, on distingue l'*international* du *transnational* en ce que le premier, par élimination, retient le système national à appliquer en tenant compte des différences entre droits nationaux, alors que le second tend à éliminer ces différences [24].

Sera qualifié de *pan-national*, et plus particulièrement *pan-européen*, ce qui concerne *toute* l'Europe, à la différence du simple *européen*, qui n'implique pas nécessairement l'ensemble.

L'usage de *supranational* dépasse le sens institutionnel retenu par les dictionnaires. Nous l'entendrons comme phénomène se déroulant *à un niveau supérieur à celui de la nation*. C'est l'usage qu'en font Barrett et Maslin-Bird lorsqu'ils estiment, dans le contexte européen, que dès l'âge de dix ans, les enfants ont acquis la notion d'identité supranationale en plus de leur identité nationale [25]. Dans le contexte politique, le niveau supranational s'organise à la façon de l'Etat-nation, mais à une échelle plus grande, il « ne vise pas à dépasser le principe synthétique de l'Etat-nation, mais seulement son échelle géographique » [26].

On trouve également le terme *transfrontalier* qui, en matière économique, insiste sur la nature des flux d'échanges considérés. Ainsi, lorsque Capron parle de région transfrontalière, il entend une région à « degré relatif d'ouverture au commerce international » élevé [27].

2. Médias transnationaux

A la lumière de ces précisions, les *médias transnationaux* seront définis comme *les médias diffusant explicitement et délibérément à l'intention d'un ou de plusieurs publics répartis sur une aire géographique transcendant les frontières nationales.* Sont envisagés les médias dont le caractère transnational de la diffusion s'inscrit dans une démarche délibérée, c'est-à-dire qu'ils sont diffusés à l'intention d'une cible située dans une zone géographique couvrant tout ou partie de plusieurs pays, et que les publics ciblés ont été définis d'emblée en termes transnationaux.

Sont exclus de cette appellation les médias reçus à l'étranger par simple débordement transfrontalier de diffusion vers des zones contiguës ; les médias nationaux diffusés au-delà des frontières, à l'intention des expatriés ou de publics particulièrement intéressés par l'actualité de ce pays (*Le Monde, Europe 1,* par exemple) ; et les adaptations de médias nationaux, diffusées dans des zones présentant des concentrations importantes de populations immigrées de ces pays : les télévisions espagnole *TVE int.* et portugaise *RTPI*, par exemple. Dans ces trois cas, en effet, la nature transnationale de la diffusion est accidentelle [28] et, comme l'observe Cohen, non médiatisée, en ce sens que le message n'est pas adapté dans cette perspective [29].

Mais le concept même de média transnational n'a de sens que s'il peut s'appuyer sur un quelconque *public transnational.* A l'échelle européenne, les apparences peuvent être trompeuses. La combinaison de l'intérêt économique, de l'enthousiasme politique et du désir de stabilité, catalysée par la cohésion suscitée par la menace du bloc communiste, laissa longtemps penser que l'Europe et ses habitants s'engageaient inexorablement dans un processus de convergence qui déboucherait, à court terme, sur une communauté de citoyens. C'était l'époque du *déterminisme économique* [30], noyé dans les thèses ambiantes de convergence mondiale vers la *société moderne* accompagnant l'avènement de l'industrialisation, dont Margaret Archer situe les racines dans le positivisme du XIXe siècle [31].

Cet élan conduisit Theodore Levitt, grand apôtre du marketing indifférencié, à décréter que « les entreprises doivent apprendre à fonctionner comme si le monde n'était qu'un grand marché, en ignorant les différences régionales et nationales superficielles » [32]. Le raisonnement de Levitt reposait sur la base fragile qu'un produit de qualité vendu à bon prix était promis au succès, même s'il ne correspondait pas exactement aux *coutumes ancestrales* [33]. Cette initiative s'inscrivait dans un contexte d'âpre discussion sur l'opportunité de campagnes de publicité indifférenciées qui agitait les milieux américains de la promotion depuis les années soixante [34]. Notons que diverses initiatives en cette matière se sont soldées par de spectaculaires échecs [35]. Des trois postulats qui sous-tendent cette position, à savoir globalisation de la demande, de l'offre et des politiques de marketing, le premier semble le plus contestable [36].

L'argument péremptoire de la convergence économique comme moteur des convergences politique puis culturelle, va brutalement s'effondrer avec les régimes communistes d'Europe de l'Est et la renaissance des revendications autonomistes d'entités sous-nationales voyant dans le projet européen non pas la perspective d'une entité supranationale mais, au contraire, une fédération de régions autonomes dans le respect de leur diversité.

Les autorités européennes prirent rapidement la mesure de l'importance du facteur culturel. Le projet européen ne dépasserait jamais le niveau d'accords politico-économiques aussi longtemps que n'émergerait pas, au sein des populations concernées, un sentiment d'émulation et de solidarité, une conscience européenne, bref une *identité européenne*. On attribue à Jean Monnet la pensée que s'il pouvait recommencer le processus de construction européenne, il travaillerait à partir du culturel, et non de l'économique [37].

Les médias occupèrent très tôt une position importante dans le dispositif développé à cette fin. L'ensemble des travaux et initiatives entourant l'élaboration de la directive dite *Télévision sans frontière* en atteste. Ainsi, le préambule du Livre Vert cite abondamment le rapport de la *Commission de la jeunesse, de la culture, de l'éducation, de l'information et des sports* du Parlement européen, qui est particulièrement explicite et démontre avec véhémence une perspective simpliste voire franchement naïve, expliquant notamment que

> « L'information est un élément déterminant, voire capital, de l'unification européenne (...) L'unification européenne ne sera pas réalisée sans la volonté des Européens. Et cette volonté présuppose une conscience européenne, laquelle ne pourra se manifester que si les Européens sont dûment informés. A l'heure actuelle, l'information diffusée est tributaire des Etats » [38].

Il suffirait donc, selon les termes de ce raisonnement, de libérer l'information des contraintes nationales pour susciter l'unité européenne et une conscience collective parmi ses habitants. D'autres voix font preuve de plus de raison au sein des institutions européennes. Ainsi, un document de travail rédigé par la Direction Générale pour la recherche du Parlement européen concernant la réglementation des médias affirme en introduction « qu'il n'existe pas de marché médiatique européen ou d'opinion publique européenne (...) » [39].

L'espoir de connaître une sphère culturelle européenne unie et l'hypothèse stimulante qu'une telle perspective s'inscrive dans l'ordre des choses, engendrent une euphorie qui se traduit, comme toute démarche de création ou de renforcement d'une communauté, par une profusion d'initiatives plus ou moins heureuses proposant de démontrer historiquement ou socialement la réalité d'un tronc commun des sociétés européennes, d'une identité européenne. Mais quelle serait donc la substance de cette identité ? Déjà l'identité nationale, centre de tant d'enjeux, objet de tant d'attention et de protection, se révèle si difficile à définir. Que dire d'une éventuelle culture européenne ?

D'ailleurs, comme le rappelle Claude Imbert,

> « pour qu'existe une identité européenne, au sens où l'on parle « d'identité nationale », il ne suffit pas que la civilisation européenne ait dégagé, au long de son histoire, des traits « identiques », et une certaine permanence de valeurs dominantes. Encore faudrait-il que ces traits fussent perçus, « intériorisés », reconnus par les habitants du continent Europe comme constitutifs d'une certaine identité continentale. Ce n'est pas le cas » [40].

Le débat sur une éventuelle identité européenne nous semble stérile, même s'il est vrai que l'existence d'un héritage commun et de valeurs partagées constituerait la base du développement d'une conscience de groupe particulièrement propice à la réalisation de projets collectifs de toutes natures. Bien des aventures nationales et nationalistes se sont appuyées, avec succès, sur ce genre de démarche. Mais ceux qui s'acharnent à découvrir le lien de filiation entre les Européens se fourvoient, surtout lorsqu'ils pensent qu'il s'agit là de la seule voie et considèrent la diversité culturelle comme rédhibitoire.

L'idée n'est pourtant pas absurde aux yeux des Européens eux-mêmes, et le concept d'identité européenne paraît faire son chemin.

Selon les résultats d'un sondage (voir tableau 77), cinq pour cent de la population européenne pensent que leur identité européenne va bientôt l'emporter sur leur identité nationale. Près de la moitié pensent l'inverse. Relevons que les habitants des pays associés, chronologiquement, depuis plus longtemps au projet européen, présentent les valeurs les plus encourageantes. Toutefois, il semble que cette proportion suive une évolution « en dents de scie » : selon les indications de la Commission européenne qui pose régulièrement cette même question dans ses sondages Eurobaromètre, la proportion d'individus s'identifiant uniquement selon leur nationalité est passée successivement de 40 à 33 puis 46 pour cent respectivement en décembre 1993 [41], décembre 1994 [42] puis octobre-novembre 1996.

D'autres indicateurs présentent des valeurs rassurantes. Ainsi, un autre sondage effectué pour la Commission européenne révèle que 60 pour cent des Européens déclarent se sentir très ou assez attachés à l'Europe, avec d'impressionnants écarts entre un tiers des Portugais contre près de 80 pour cent des Luxembourgeois. Remarquons encore qu'avec 90 pour cent en moyenne, c'est encore l'identité nationale qui prévaut (voir tableau 78).

Tableau 77
Sondage : identités nationale et européenne

	Identité européenne	Identité mixte	Identité nationale
Luxembourg	13	58	26
France	7	57	33
Belgique	6	43	47
Allemagne	5	41	49
Espagne	5	49	43
Royaume-Uni	5	32	60
Irlande	4	44	50
Italie	4	58	35
Pays-Bas	4	53	43
Portugal	4	43	52
Suède	3	32	64
Autriche	2	41	53
Danemark	2	40	57
Grèce	2	37	61
Finlande	1	40	52
Moyenne pondérée [43]	**5**	**46**	**46**

Source : Commission européenne (DGX.A.2), *Eurobaromètre*, n° 46, mai 1997 (sondage octobre-novembre 1996).
Libellé de la question : « Dans un avenir proche, vous voyez-vous... », pour les Belges, par exemple, « Belge seulement » (notre colonne « identité nationale »), ou « Belge et Européen » ou « Européen et Belge » (notre colonne « identité mixte ») ou enfin « Européen » (notre colonne « identité européenne »).

Le caractère transnational, dans sa composante accidentelle, peut pratiquement être considéré comme consubstantiel des médias. Dès l'origine, en effet, la circulation des messages imprimés n'était pas nécessairement confinée dans un espace culturel ni national donné. Les messages diffusés, dans un deuxième temps, par la radio et la télévision, bénéficièrent d'emblée d'une ampleur transnationale accidentelle par débordement. Le passage de l'émission hertzienne et par câble à celle par satellite a introduit, plus récemment, la possibilité technique d'une véritable diffusion intentionnellement transnationale. Voyons plus précisément ce qu'il en est pour les trois médias de base.

En *télévision*, la création, aux Etats-Unis, en 1985, de *CNN*, par l'audacieux Ted Turner, restera dans l'histoire comme la première entreprise d'envergure en matière de télévision thématique consacrée exclusivement à l'actualité. Très vite, *CNN* devint également la figure emblématique d'une autre tendance récente de la télévision, la *transnationalisation, CNN international* diffusant ses émissions dans de nombreuses parties du monde. Une multitude d'initiatives ont emprunté l'une et/ou l'autre de ces voies, celle du contenu thématique centré sur l'*actualité* et celle de la diffusion

Tableau 78
Sondage : attachement à l'Europe

	Europe	Pays	Région	Ville ou village
Luxembourg	78	92	82	77
Danemark	72	99	88	86
Allemagne	70	87	87	86
Italie	70	93	85	86
Autriche	69	94	93	90
Belgique	67	82	78	75
Pays-Bas	67	89	72	73
France	61	92	82	81
Finlande	61	95	76	84
Suède	58	93	85	82
Espagne	50	89	91	89
Irlande	50	96	83	85
Royaume-Uni	43	89	81	79
Grèce	42	96	86	89
Portugal	36	88	79	78
Moyenne pondérée [44]	**60**	**90**	**84**	**84**

Source : Commission européenne (DGX.A.2), *Europinion*, n° 9, septembre 1996 (sondage juin-juillet 1996).
Libellé de la question : « Les gens peuvent se sentir attachés à des degrés divers à leur ville ou village, à leur région, à leur pays ou à l'Europe. Veuillez me dire dans quelle mesure vous vous sentez attaché(e) à... ».
Les données reprises sur se tableaux résultent de l'additions des réponses « Très attaché » et « Assez attaché ».

transnationale. Comme l'explique Wolton, l'apparition de la télévision thématique tient autant à des causes techniques et commerciales qu'à une réelle demande et à l'usure de la télévision généraliste [45]. Une bonne partie de ce raisonnement est généralisable à la radio et à la presse écrite.

En *presse écrite*, la question doit être envisagée sous une tout autre perspective, principalement parce qu'historiquement, les journaux sont nés comme supports essentiellement dévolus à l'information, mais aussi parce que dès les origines des *nouvelles imprimées* puis de la presse périodique (XVIIe siècle), on compte de nombreux exemples de ce que nous appelons aujourd'hui *diffusion transnationale*, y compris par adaptation et traduction dans un pays de publications d'autres pays. Mais tout journal disponible à l'extérieur des frontières nationales de son pays d'origine ne constitue pas un support transnational. Actuellement, seuls certains titres relèvent d'une authentique démarche transnationale au sens où nous l'avons définie, c'est-à-dire sont des journaux conçus à l'intention d'un public de différentes nationalités et imprimés puis diffusés simultanément sur des aires géographiques dépassant les frontières d'un pays particulier. C'est le cas de l'*International Herald Tribune* ou du *Wall Street Journal Europe*, pour ne citer que ceux que nous avons étudiés.

La *radio* tient une place distincte dans l'évolution des contenus et de la diffusion. Comme la presse écrite, elle fut, dès son apparition, principalement consacrée à l'actualité. Mais la radio présente la particularité historique d'avoir développé, depuis sa création, une dimension transnationale de diffusion. Il est vrai que la radiodiffusion se prêtait, par nature, aux débordements. Ainsi, l'Allemagne développa, dès 1922, des émissions quotidiennes de propagande à l'intention d'autres pays, rapidement suivie par la Grande-Bretagne et l'Union Soviétique. De même, dès les années trente, *Radio Paris* et *Radio Luxembourg* diffusaient en plusieurs langues sur les *grandes ondes*. *Voice of America* diffusait en vingt-quatre langues dès 1942 [46].

La transnationalisation de la diffusion doit être distinguée, sans être dissociée, de l'internationalisation des structures de production et, plus précisément dans le cadre qui nous occupe, des sources d'information, au sens large.

Le secteur de la communication médiatique s'illustre par divers mouvements de concentration, lesquels s'articulent autour de deux axes : concentration *horizontale* (fusions et rachats entre concurrents [47]) et *verticale* (regroupement au sein d'un même groupe de tous les échelons, de la production à la distribution) [48]. La concentration dans la propriété des médias n'est pas un phénomène récent, même si, comme l'observe Anthony Smith, elle s'organisa d'abord du local vers des entreprises nationales [49]. Aujourd'hui, la mondialisation de l'industrie médiatique est déjà une réalité. Le rachat de Turner Broadcasting System par Time Warner en 1995 ne constituait qu'une étape, particulièrement spectaculaire il est vrai, d'un processus inéluctable. En Europe,

> « Le secteur des médias se caractérise par un niveau de concentration plutôt élevé par rapport à d'autres secteurs et par un tissu complexe de réseaux de participations et de propriétés des médias centrés autour de quelques grands opérateurs nationaux » [50].

Mais, en dépit de la concentration de leurs structures de gestion, les médias semblent développer, au niveau des supports et des *contenus*, une propension à la diversification et à la segmentation, même si, dans le même temps, une partie desdits contenus sombre dans l'indifférenciation en raison de l'internationalisation des marchés. L'une des expressions de la tendance au fractionnement consiste en la multiplication des supports *thématiques* ou *spécialisés* qui, en radio comme en télévision et depuis plus longtemps encore en presse écrite, inondent le marché de produits d'un type très particulier.

3. De l'universel au thématique ciblé

L'étude des processus de communication révèle un registre d'aptitudes qui semble transcender toutes les barrières culturelles et sociales de l'ensemble du genre humain. Il s'agit de cette partie du langage non verbal que sont les expressions du visage. Matsumoto, Wallbott et Scherer rapportent qu'alors qu'on a longtemps cru que les expressions faciales relevaient, comme le langage, des traits culturels, il semble à présent démontré qu'au moins six d'entre elles peuvent être qualifiées d'universelles : la colère, le dégoût, la peur, le bonheur, la tristesse et la surprise. Par contre, les façons de varier l'intensité d'une émotion ou de la masquer varient considérablement en fonction de la culture [51].

Convenons-en : il serait peu réaliste d'envisager un concept de support médiatique s'appuyant sur un contenu exclusivement exprimé en termes des six expressions faciales universelles. L'utopie d'un média unique destiné et accessible aux peuples de la terre entière intéresse surtout les auteurs de science-fiction. Moins absurde et même très en vogue, l'idée d'un marché unique européen voire planétaire constitue, au-delà de la réalité institutionnalisée par l'Union européenne, un vieux rêve des responsables de marketing pressés de conquérir des zones de chalandise toujours plus étendues.

De ce point de vue, les perspectives de la prétendue mondialisation de l'économie ont donné lieu, après la seconde guerre mondiale, aux fantasmes les plus extravagants. Certains, pourtant, ont su mener à leur terme des projets commerciaux aboutissant, notamment, à la diffusion quasi planétaire d'un produit. L'enthousiaste verra ces quelques cas exemplaires comme précurseurs ; le sceptique comme marginaux voire accidentels.

Les professionnels de la publicité sont, depuis longtemps, confrontés à la tentation du trans- ou du multinational pour les campagnes de promotion destinées à de vastes régions. Les deux attitudes extrêmes consistent soit à concevoir l'opération de façon standardisée à l'intention de la cible multinationale dans son ensemble, soit, au contraire, à confier aux sièges ou à des sous-traitants locaux la conception d'autant de messages qu'on a défini de marchés. Entre ces deux positions antinomiques, il existe une infinité d'approches intermédiaires consistant, notamment, à réaliser un tronc conceptuel et des axes de communication de façon centralisée afin d'assurer la cohérence de la campagne, et à confier aux entités locales le soin d'adapter les messages aux particularités indigènes. Les choix sont en partie liés à la nature du produit. Certains auteurs parlent de produits *culture free* dont les motivations et modes d'utilisation sont assez universels, à l'opposé des produits *culture bound* [52].

Les concepteurs de campagnes publicitaires peuvent se prévaloir d'une certaine expérience de diffusion transnationale et font état d'une série d'écueils sur ce genre de route. Ainsi, Usunier souligne l'importance des symboles, des couleurs, des pratiques et des valeurs, et cite en exemple une publicité pour un fromage mettant en scène un berger entouré de moutons, évoquant, pour les Français, la nature et la tradition, alors qu'un Allemand n'y verrait que l'absence d'hygiène [53]. Plus généralement, il observe que la publicité française s'appuie volontiers sur le rêve, la symbolique et l'onirique ; alors que l'allemande sera prioritairement informative [54].

La diversité inhérente à un auditoire transnational de consommateurs peut donc sérieusement entraver la viabilité de certaines opérations publicitaires, en principe si rémunératrices. Les annonceurs sont en effet échaudés par l'expérience accumulée, de sorte qu'il faudra, en tout état de cause, leur démontrer, préalablement à toute réalisation future, que le contenu véhiculé par le support est susceptible de mobiliser un public suffisamment nombreux.

L'ensemble terminologique gravitant autour du concept de diffusion médiatique est encore très marqué par une association inéluctable avec la notion de *masse*, qui suggère inévitablement une *indifférenciation* des contenus et des publics. Il convient d'ailleurs de souligner l'ambiguïté que laisse peser cette connotation collective sur notre perception des phénomènes impliqués. Les propos de Wolton, évoquant la seule télévision, mais que nous prendrons la liberté d'étendre aux trois médias que nous avons envisagés, résument fidèlement ce paradoxe : collectifs dans leur production et leur diffusion, ils demeurent essentiellement privés, voire individuels dans leur consommation [55]. Les perspectives ouvertes par le développement des nouvelles technologies qui tendent à intégrer la plupart des formes de communication médiatique sur un support unique (métissant ordinateur, téléviseur et téléphone), annoncent une accentuation du caractère individuel de la consommation, alors que les produits seront toujours davantage standardisés dans leur conception [56], jusque dans leurs forme et format.

L'expansion des supports thématiques et donc des contenus spécialisés, ouvre l'ère des *médias de classes*, conçus pour satisfaire l'intérêt et les attentes de groupes particuliers d'individus. Les experts en marketing exploitent déjà abondamment des « marchés niches » dont le positionnement est défini selon un axe transversal par rapport à la dimension géographique/nationale. Usunier évoque les « classes d'affinités culturelles », qui regroupent des individus dont les caractéristiques socio-culturelles offrent une base suffisamment homogène pour permettre une démarche marketing unique [57].

Les messages médiatiques n'en représentent pas moins le produit culturel dit *de masse* par excellence. Le succès de toute initiative en la matière résulte d'une fragile alchimie entre caractéristiques d'un ou de public(s) et propriétés des contenus. Si l'on considère la multitude de dimensions culturelles caractérisant les individus, la plupart des *publics* des médias se révèlent profondément hétérogènes. Tout support, dans la mesure où, par nature, il est destiné à une multiplicité d'individus, est amené à concevoir son contenu selon une approche consensuelle, satisfaisante pour le plus grand nombre ou, à défaut, déplaisante pour le plus petit nombre d'individus (en télévision, on parle de *least objectionable program*). Dans cette optique, toute entreprise médiatique destinée à un large public pourrait être envisagée comme simple cas extrême de celles destinées à un public restreint, à cette nuance près que l'hétérogénéité culturelle à maîtriser serait nettement plus marquée. Malheureusement, la cohérence culturelle ne se mesure pas sur un étalon universel, mais bien à partir de composantes, de traits, de dimensions culturelles. Il est toujours possible d'agréger des publics autour de certaines de ces dimensions, comme il est aisé de démontrer leur hétérogénéité sur d'autres. Une attention particulière devra être accordée à la langue, la religion, la nationalité et certaines caractéristiques sociodémographiques.

Le domaine de la communication de masse présente des particularités largement évoquées dans cet ouvrage. En dépit des prophéties de standardisation des produits et d'homogénéisation des publics [58], les produits médiatiques demeurent culturellement marqués, empreints d'une *texture socioculturelle* [59], et les publics manifestent généralement une préférence prononcée pour les contenus d'origine nationale [60] (ou régionale) ou, à défaut, élaborés dans un pays limitrophe et dans leur langue maternelle [61]. En télévision, par exemple, il semble établi que les grands succès d'audience en *prime time* sont, en règle générale, acquis sur des programmes à forte connotation nationale [62].

4. Médias d'information

Si l'on considère les *médias d'information* au sens large, il faut constater que le genre se prête *a priori* mal au positionnement transnational. Akiba Cohen observe que, dans la perspective d'une diffusion transnationale, les contenus relatifs à l'actualité nécessitent beaucoup plus d'intervention et d'adaptations que la fiction [63]. De nombreuses études indiquent la préférence pour les médias nationaux [64], et plus particulièrement en matière d'actualité, tant le public apprécie que *les nouvelles* lui soient expliquées par des journalistes qui connaissent, partagent même, leurs préoccupations et leur environnement [65]. Cette observation n'est pas sans rappeler la fonction d'*appartenance sociale* attribuée à la presse, dans les années cinquante, par Stoetzel. On lit le journal de sa région, de son pays, de son groupe social, culturel ou professionnel à la fois pour afficher et stimuler son appartenance à ces groupes, et pour se tenir au courant de ce qui s'y passe, s'y fait et s'y pense.

Lorsque, par exemple, le téléspectateur peut capter des chaînes étrangères (comme c'est chaque jour davantage le cas), la préférence nationale est systématiquement de mise pour les journaux télévisés. Une étude menée en Norvège confirme cette hypothèse et l'affine en montrant qu'après le national, la préférence est généralement dictée par la proximité (géographique et culturelle), ce qui se traduit, dans le cas norvégien, par un second choix en faveur des chaînes suédoises. De plus, ces auteurs observent que dans toute la Scandinavie, ce sont les journaux télévisés des chaînes de service public qui sont préférés, les informations des chaînes étrangères et transnationales ne servant que de complément [66]. La *relation circulaire* entre médias nationaux et identité nationale que nous avancerons en fin de cette partie (voir p. 227 et suivantes) est à considérer dans ce contexte.

Les médias d'information opèrent donc dans des conditions extrêmement sensibles. Le substrat irréductible du caractère profondément national de leur substance constitue l'obstacle principal à l'établissement de structures transnationales de diffusion, même sur un terrain aussi « réduit » que le théâtre européen [67].

Consacrer entièrement une chaîne de télévision à l'actualité semblait, lors du lancement de *CNN* en 1985, une entreprise follement audacieuse. Nous pouvons penser aujourd'hui qu'elle ne l'était peut-être pas assez, si on en juge par les initiatives plus récentes qui semblent franchir une étape supplémentaire dans la spécialisation thématique, en se concentrant sur le segment plus focalisé encore de l'*actualité économique et financière*. Cette tendance, confortée par les traces de cohérence observées dans notre étude parmi les cadres et revenus supérieurs, s'illustre dans les trois principaux médias. En presse écrite, le *Wall Street Journal Europe*, le *Financial Times* et l'*International Herald Tribune* s'inscrivent clairement dans cette démarche. En radio, la volonté de donner une dimension européenne à *BFM Paris* (radio française d'information économique) s'est concrétisée, en 1995, par la naissance de *BFM Bruxelles* ; la création, à partir de *France Info* (chaîne d'information en continu de *Radio France* [68]) de *France Info Europe*, relèvent de cette logique. En télévision, les dernières nouveautés sont également à situer dans ce segment : *MSNBC* (initiative conjointe de la chaîne américaine NBC et du géant du logiciel Microsoft, y compris un service sur Internet), *EBN* (European Business News), *CNN Financial Network*, autant de créations récentes et ambitieuses qui témoignent, en télévision, de l'attirance considérable des médias pour ce genre de contenu et, par extension, pour ce type de cible.

Ce foisonnement d'initiatives sur un thème de contenu et un ciblage de public très pointus indique sans conteste une tendance naissante dont le caractère éphémère ou, au contraire, structurel ne se révélera que dans la durée. Si elles s'avéraient viables, ces entreprises pourraient constituer la base, même limitée, d'une « identité européenne naissante en termes de cultures médiatiques » [69].

5. Approches de la diffusion transnationale

Confrontés à une diversité indiscutable, rédhibitoire et, à court terme, persistante, les projets de structures médiatiques transnationales sont contraints de s'en accommoder. Nos travaux ont fréquemment évoqué, au cœur des discussions concernant le contenu aussi bien que la structure ou les publics des médias d'information, les *critères territoriaux*, les *caractéristiques sociodémographiques* et la *langue*. Ces trois facteurs récurrents nous ont inspiré une typologie, ou pour le moins une dissociation, de la démarche transnationale : nous avons décomposé les manières d'aborder la diversité culturelle en *trois dimensions* correspondant à trois approches de la question, lesquelles coexistent dans toute initiative de diffusion transnationale, même si l'une ou l'autre prévaut suivant le cas.

1. Dimension géographique

L'approche géographique domine incontestablement le paysage médiatique contemporain, tant la plupart des supports se positionnent systématiquement en ces termes : les journaux, radios ou télévisions sont associés à une aire de diffusion, fût-elle un ou plusieurs pays, une région, une municipalité. Ce système référentiel prépondérant constitue une manifestation de l'héritage historique du développement de la diffusion médiatique. Les fulgurantes évolutions technologiques, politiques et sociales qui ont marqué ces dernières années n'ont, jusqu'ici, provoqué que peu de bouleversements dans l'agencement des médias traditionnels, qui demeurent avant tout structurés selon des ensembles organisés autour des Etats-nations ou de sous-ensembles de ces entités. L'appellation même de *média transnational* est construite autour de nation et de son référent géographique.

Ce mode de délimitation n'est parfois que purement technique (périmètre de diffusion d'un émetteur hertzien ou d'un répéteur satellite pour la radio et la télévision ; réseau de distribution pour la presse écrite). Sur ce plan, les zones de diffusion, et donc de réception potentielle, peuvent s'articuler de bien des façons par rapport aux frontières politiques. Les deux ne coïncident parfaitement que dans un nombre limité de cas : diffusion audiovisuelle par câble ; développement, en télévision, d'un standard de diffusion distinct de celui des pays voisins (SECAM en France et dans les pays de l'Est alors que le reste de l'Europe adoptait la norme PAL), interdiction de vente de certains titres en presse écrite. Dans d'autres cas, notamment en matière de diffusion hertzienne [70], à la frontière politique précise correspond une vaste zone frontalière de débordements réciproques obligeant d'ailleurs les pays mitoyens à coordonner leurs plans de fréquences.

En ce qui concerne la presse écrite, la zone de diffusion principale est nettement définie en fonction des réseaux de distribution et souvent en concordance avec les frontières nationales. Toutefois, et depuis les origines de la presse périodique, les limites de distribution des journaux sont celles des services postaux, même si l'on entrevoit aujourd'hui des possibilités d'acheminement par les nouvelles voies de télécommunication (la plupart des grands journaux sont depuis le milieu des années quatre-vingt-dix disponibles sur Internet, d'autres sont « téléchargeables » par des connexions directes par modem). La transmission des supports audiovisuels par satellite, et particulièrement par les satellites de diffusion directe [71], couvre généralement de vastes espaces dépassant souvent le périmètre ciblé, si bien que les frontières nationales sont étrangères au processus, sauf à légiférer pour interdire les équipements de réception (paraboles), par exemple.

Il convient de rappeler qu'aux termes de nos conventions terminologiques, l'appellation de *média transnational* n'est pas réservée aux supports diffusés à l'échelle continentale. Un support conçu à l'intention d'un public situé même sur une zone restreinte, mais transcendant une ou plusieurs frontières nationales, relève tout autant de la classe *transnationale* que *CNN* et autres supports diffusés mondialement. Des expériences très prometteuses de ce que nous qualifierons de *diffusion régionale transnationale* sont d'ailleurs entreprises. Nous les évoquerons dans la dernière partie de ce chapitre (voir p. 224).

Une des spécificités du support transnational tient dans la démarche qui consiste à cibler un public parfois restreint mais dispersé sur une aire vaste, un continent, voire la planète entière. Les deuxième et troisième dimensions se révèlent alors prépondérantes.

2. *Dimension sociodémographique*

La diffusion transnationale ouvre de nouvelles perspectives de ciblage très pointu de publics dispersés et représentant une faible proportion de la population, mais pouvant ainsi être agrégés et justifier l'existence de médias correspondant à leurs intérêts. La dimension sociodémographique rend compte du positionnement sur une tranche de population présentant des traits communs transcendant l'appartenance nationale. Certaines de ces caractéristiques sont particulièrement susceptibles d'engendrer une telle expérience : groupe d'âge ou classe sociale, ou encore mode de vie, profession, centre d'intérêt, etc.

La création d'une structure médiatique transnationale sur cette base est essentiellement tributaire de *deux conditions*. Premièrement, le caractère commun doit être suffisamment marqué et engendrer des attentes et des motivations similaires dans l'ensemble des régions ciblées. Deuxièmement, le groupe ainsi constitué doit rassembler un auditoire potentiel dont la taille motive la création du support et dont les caractéristiques sont susceptibles d'intéresser suffisamment d'annonceurs pour assurer la rentabilité de l'entreprise (si toutefois, et c'est généralement le cas, les recettes sont assurées par la publicité). La diffusion transnationale permet alors d'agréger différents groupes qui, pris isolément, ne justifient pas l'existence d'un média, mais qui, cumulés, constituent un public suffisant. Les perspectives semblent prometteuses, si on en croit Fitzgerald qui observe, à côté d'une certaine homogénéisation culturelle, un mouvement marqué de différenciation sociale [72], et donc des *niches* toujours plus prononcées.

En télévision, *Arte* illustre particulièrement bien cette approche. Diffusée transnationalement, cette chaîne s'est développée autour d'un public assez pointu en termes sociodémographiques et d'un contenu « haut de gamme » exigeant des moyens considérables, y compris en production propre. *Music Television (MTV), Cable News Network (CNN), Eurosport* et *EBN* intègrent également cette dimension de façon marquée, mais présentent un ciblage plus ample. Le projet *Shalom Channel,* télévision européenne qui serait diffusée en français, anglais et hébreu à l'intention des juifs d'Europe, constituerait une première initiative de télévision transnationale à ciblage ethnique en Europe. En presse écrite, *The European,* le *Wall Street Journal, Le Monde Diplomatique*, l'*International Herald Tribune* ou même le *Financial Times* constituent autant de modèles de publications à ciblage restreint et diffusées transnationalement (même si certaines ne sont pas transnationales par essence, mais plutôt largement diffusées en raison de leur prestige), sans parler des innombrables revues périodiques consacrées aux thèmes les plus spécialisés.

3. Dimension langagière

La langue a été identifiée comme l'un des obstacles majeurs à toute démarche de communication transnationale et transculturelle [73]. Constatant qu'elle se trouve au cœur du dispositif socioculturel de résistance à l'homogénéisation, certains auteurs comme Philip Schlesinger estiment même que toute initiative médiatique d'envergure doit nécessairement passer par les marchés nationaux ou par une zone linguistiquement homogène [74].

Or, il faut bien constater que l'uniformisation linguistique n'est pas à l'ordre du jour en Europe, puisque, d'une part, l'intégration européenne s'opère dans le respect des langues officielles des pays membres (onze langues officielles sont reconnues dans l'Union européenne), et que, d'autre part, on assiste à diverses manifestations de volonté de maintien voire de développement de dialectes régionaux ou locaux comme marqueurs culturels de minorités craignant la perte de leur spécificité [75]. Rien qu'à l'échelle de la petite Belgique par exemple, un *Conseil des langues régionales endogènes* recense, pour la partie francophone du pays, neuf langues endogènes : le picard, le lorrain, le wallon occidental, le wallon oriental, le wallon central, le wallon méridional, le thiois brabançon, le francique mosellan et le francique ripuaire. Dans l'ensemble de l'Union européenne, on dénombre officiellement quelque 45 langues régionales (dans ce cas sans compter les nombreux dialectes) [76].

De fait, l'unité politique n'entraîne pas nécessairement une tendance irréversible vers l'uniformisation linguistique. En témoigne l'exemple d'Israël où la langue et la religion constituèrent longtemps, plus qu'ailleurs, le ciment de l'unité nationale, et où on constate un retour à l'utilisation, par certains groupes, de leur langue d'origine [77].

La troisième dimension, dite langagière, s'avère donc décisive. Toute tentative de diffusion transnationale se trouve condamnée à se pencher sur la question de la langue. Georg Michael Luyken, observant que le principal handicap du marché médiatique européen par rapport à l'américain tient à la diversité linguistique, dénombre trois façons de le surmonter, à savoir par des contenus monolinguistiques, multilingues ou universels (dont le contenu n'a pas ou peu recours à la langue) [78]. Nous préférons regrouper les abords de cet écueil autour de quatre pôles : monolinguistique par *essence*, monolinguistique *véhiculaire*, multilingue et non verbal.

1. Monolinguistique par essence

Il est d'abord envisageable de délimiter une cible monolinguistique *par nature*, c'est-à-dire *définie* sur ce critère de la langue. Les expériences les plus spectaculaires de cette catégorie sont offertes par la télévision. *TV5-La Télévision Internationale* se positionne clairement comme la télévision des francophones du monde entier, et les moyens techniques de sa diffusion justifient chaque jour davantage cette conception à mesure que s'étend son univers de diffusion. *TV5* peut être considérée comme véritablement emblématique du média *transnational*. Elle s'adresse à un univers défini sur un seul critère (connaissance de la langue française ou volonté de l'apprendre), avec l'ambition d'abolir toute autre contrainte, notamment géographique. *TV5* entend cibler une communauté linguistique au mépris des frontières nationales.

3SAT et *TV3* relèvent d'une démarche légèrement différente. Dans les deux cas, les programmes sont conçus et diffusés à l'intention de populations établies dans plusieurs pays, mais habitant des zones géographiquement définies et, par ailleurs, contiguës. *3SAT*, par exemple, partenariat de chaînes publiques d'Allemagne, d'Autriche et de Suisse, cible clairement l'Europe germanophone, même si la technique de diffusion (satellite) permet la réception dans une région plus vaste (Europe, Afrique du Nord et Israël), mais telle n'est pas la vocation de ces chaînes (à la différence de *TV5*).

Rappelons qu'il ne suffit pas, pour une chaîne, d'être diffusée par satellite pour bénéficier du label *transnational*. Ce relais peut être sollicité afin de desservir des zones moins peuplées et difficiles d'accès. D'autres recourent encore à cette technique dans une tout autre optique. *RAI-SAT* (Italie), *EINS-PLUS* (Allemagne), *TVE-Int.* (Espagne) ou *RTPI* (Portugal), par exemple, diffusent ainsi des programmes conçus pour un usage national, à destination de populations expatriées. Nous pourrions les qualifier de chaînes *internationales*.

Etant donnée la rigueur avérée de la barrière de la langue, les supports destinés à une seule communauté linguistique semblent les plus prometteurs.

2. Monolinguistique véhiculaire

A côté de ces chaînes *monolinguistiques par essence*, il en existe d'autres que nous désignerons comme monolinguistiques *véhiculaires* ou *dénominateur commun*. La démarche consiste à utiliser la langue la plus largement maîtrisée dans l'univers ciblé. Sur le terrain européen, c'est généralement l'anglais qui domine comme la langue des affaires, des sciences, de la diplomatie et du tourisme international, et qui donc s'impose comme langue véhiculaire, même si, quantitativement, c'est l'allemand qui constitue la langue maternelle du plus grand nombre d'Européens (depuis la réunification).

Concrètement, en 1994, environ quatre Européens sur dix déclarent avoir appris l'anglais comme langue étrangère ; un Européen sur quatre (dont l'anglais n'est pas la langue maternelle) s'estime capable de participer à une conversation dans cette langue. Au total, quelque 42 pour cent des Européens déclarent maîtriser la langue de Shakespeare [79].

Malheureusement, ces données proviennent de sondages d'opinion, lesquels, malgré le soin apporté à leur réalisation, ne mesurent que des déclarations. Or, il existe indiscutablement une marge entre la maîtrise déclarée d'une langue et sa réalité, si bien que l'on doit soupçonner une surestimation. Luyken fait d'ailleurs état d'une étude organisée par l'agence de publicité Lintas qui entreprit, après avoir interrogé des sujets sur leurs capacités linguistiques en anglais, de les mettre expérimentalement à l'épreuve [80]. Les résultats (voir tableau 79) sont édifiants.

Tableau 79

Maîtrise déclarée et avérée de l'anglais (en pour cent)

	Déclarent maîtriser l'anglais	Maîtrisent effectivement l'anglais
Pays-Bas	51	28
Danemark	32	15
Belgique	41	17
Espagne	9	3
France	20	3
Italie	9	1

Source : Etude effectuée par Lintas, 1989, évoquée par Luyken (1991, p. 26).

Les facultés linguistiques nécessaires à la consommation médiatique ne doivent toutefois pas atteindre la maîtrise active de la langue. Le *Group of European Audience Researchers (GEAR)* a estimé les proportions d'individus qui, dans différents pays d'Europe, connaissent l'anglais, le français ou l'allemand, suffisamment pour être à même de suivre un film dans ces langues (voir tableau 80).

Tableau 80

Proportions d'adultes maîtrisant suffisamment l'anglais, le français ou l'allemand pour comprendre un film (en pour cent)

	anglais	français	allemand
Allemagne	30	-	100
Belgique (F)	-	100	-
Belgique (NL)	45	54	42
Danemark	59	-	-
France	-	100	-
Irlande	100	-	-
Italie	6	7	2
Pays-Bas	41	4	42
Royaume-Uni	100	19	7

Source : Sussmann (*GEAR*), 1992, p. 35. Données de 1988, 1989 ou 1990 suivant le pays.

Certes, les données retenues par le *GEAR* semblent incomplètes, approximatives ou simplificatrices si on en juge, notamment, par l'absence annoncée de Belges francophones ou de Français capables de comprendre un film en anglais. Elles donnent toutefois la mesure de la diversité des capacités des populations nationales à comprendre un film et, par extension, à constituer un public potentiel dans l'une de ces trois langues.

Ces chiffres ne laissent guère d'illusion sur l'opportunité de *médias généralistes unilingues destinés au public européen dans son ensemble*. La maîtrise des langues étrangères peut s'avérer bien plus développée sur des segments particuliers de la population. Les médias transnationaux recourant à une langue véhiculaire choisissent cette dernière de manière à rendre leur produit accessible au plus grand nombre, dans un créneau déterminé. En télévision, *CNN, NBC Europe, BBC World, EBN* ou *MTV* relèvent de cette approche, de même que *International Herald Tribune*, *Wall Street Journal Europe* ou *The European* [81] en presse écrite.

3. Multilingue

Plus répandue encore, l'approche multilingue surmonte l'obstacle de la langue en déclinant le produit en plusieurs versions linguistiques. A ce niveau, le concept de *traduction*, pour répandue que soit son utilisation, nécessite quelques précautions. Il faut notamment prendre conscience du fait que la traduction parfaite, celle dont le résultat présenterait une identité sémantique complète avec le message original, n'existe qu'en théorie. « *Traduttore, traditore* » (comprenez « traducteur, traître ») rappelle judicieusement un aphorisme italien. Il y a donc lieu de nuancer le sens que l'on donne à *traduction*, et nous convenons avec Gonzalez qu'il ne s'agit que de « l'interprétation de signes verbaux par les signes verbaux d'une autre langue » [82]. Nous préférons parler de *transfert langagier* [83], qui nous semble correspondre plus fidèlement aux pratiques évoquées ici.

L'approche multilingue consiste à convertir le contenu, c'est-à-dire généralement uniquement ses portions verbales, en diverses langues. En *presse écrite*, le *Reader's Digest* se décline en plusieurs langues depuis les années trente, même si les simples traductions d'articles côtoient quelques sujets tout spécialement préparés pour chacune des éditions. Bien d'autres revues ont recours à cette technique afin d'élargir leur diffusion. Ne confondons toutefois pas ce cas de figure avec celui des publications qui exportent leur concept ou leur titre et qui font l'objet d'une conception distincte pour leurs différentes versions linguistiques et/ou nationales. C'est notamment le cas de certains périodiques, plus particulièrement de *presse féminine* dont les éditeurs transposent les concepts et offrent ainsi aux annonceurs des supports adaptés aux campagnes multinationales voire mondiales. Notons également le *Good Morning News* distribué gratuitement dans des hôtels de Bruxelles, Moscou et Paris (une page A3 recto/verso) synthétisant l'essentiel de l'actualité et dont la sélection des nouvelles et la langue de rédaction sont déclinées en six versions (France, Allemagne, Italie, Espagne, Royaume-Uni et États-Unis).

En radio, *BBC World Service*, *Deutsche Welle* ou *Radio France International* représentent de véritables institutions de la diffusion transnationale, et se situent à cheval entre les approches multilingue et monolinguistique par essence. *Radio*

France Internationale (RFI), par exemple, consacrée entièrement à l'information depuis septembre 1996, entend diffuser des émissions en français partout dans le monde *(RFI 1),* mais également parler de la France dans la langue de l'auditeur [84], comprenez en dix-sept langues *(RFI 2).* Dans le même esprit, *BBC World Service,* dont le succès dépasse largement celui de ses consœurs, émet en dix-huit langues, *Deutsche Welle* en quarante [85]. Notons que ces radios transnationales connaissent des difficultés qui tiennent souvent à leur financement et, plus largement, leur légitimité. Leur salut pourrait passer par une collaboration accrue, comme en atteste déjà la collaboration rédactionnelle initiée autour du projet *Radio E* qui, autour de *RFI* et avec des subsides de l'Union européenne, rassemble *BBC World Service*, *Deutsche Welle*, et *Radio Nederland Wereldomroep*.

En *télévision*, une variété de méthodes peuvent intervenir, dont deux sont particulièrement sollicitées : le *doublage* par postsynchronisation et le *sous-titrage*. Nous ne nous étendrons pas sur les détails techniques afférents à ces opérations. Remarquons seulement que ce type de transfert langagier s'avère encore plus approximatif tant il subit des contraintes supplémentaires, à savoir la nécessaire concordance avec le mouvement des lèvres pour le doublage ; le nombre limité de signes pouvant être affichés simultanément pour le sous-titrage. Là encore, l'ampleur du marché de la langue de transfert détermine les moyens disponibles, condamnant souvent les langues mineures à se contenter de sous-titrage, voire de *doublage surimposé* (les textes traduits sont lus et ajoutés à la bande-son d'origine, comprenant encore les voix initiales !). Le soutien des plus petites communautés linguistiques s'est institutionnalisé sous la forme du programme *BABEL* (*Broadcasting across the barriers of European languages*), initiative commune de la Commission européenne et de l'*UER* [86].

Arte constitue un exemple emblématique de cette démarche. Cette chaîne, encore principalement franco-allemande malgré une volonté d'élargissement des partenariats (notamment avec la Belgique francophone, l'Espagne, la Suisse, la Pologne, l'Italie et l'Autriche), diffuse un programme unique mais en deux versions. Les émissions conçues en français sont doublées ou sous-titrées en allemand, et vice-versa.

D'autres chaînes de télévision recourent à des procédés un peu différents. Et la technologie du télétexte ouvre d'autres perspectives, comme en témoignent les programmes de *TNT* du groupe Turner Broadcasting System, dont les films diffusés en soirée (Turner dispose de l'ensemble du catalogue MGM/United Artist) sont proposés en version originale, avec la possibilité, pour le téléspectateur dont le téléviseur est équipé du télétexte, de choisir parmi plusieurs langues de sous-titrage. De même, *NBC Europe*, héritier d'un des pionniers du transnational en Europe (*SuperChannel*) après son rachat par le géant américain *NBC*, propose le sous-titrage de ses émissions-phares de *prime-time* en allemand, français et néerlandais, mais encore par l'interface télétexte.

Euronews constitue un cas à part dans cette catégorie car si l'approche choisie est indiscutablement celle du multilinguisme, les différentes versions linguistiques présentent la particularité, sur des images communes, de ne pas être construites par transfert langagier d'une version de départ, mais bien d'être préparées par des journalistes travaillant chacun dans leur langue, indépendamment les uns des autres.

De même, *Eurosport* diffuse des retransmissions sportives dont les commentaires sont réalisés simultanément et indépendamment en quatorze langues à destination de 43 pays. Les technologies *dual sound* ou *trivox*, dérivés de la stéréophonie largement répandue en télévision, permettent au téléspectateur de certaines chaînes (c'est le cas d'*Euronews* et *Eurosport* notamment) de choisir entre deux ou trois versions langagières par simple pression de la touche *ad hoc* de la télécommande. Dans un proche avenir, la diffusion de programmes de télévision par voie digitale (les bouquets numériques) devrait permettre de diffuser des émissions dans un plus grand nombre de versions encore.

Deutsche Welle tv, conçue sur le modèle de sa grande sœur radiophonique, est venue grossir le rang des télévisions transnationales multilingues. *DW tv* émet en trois langues depuis avril 1992 (après l'absorption de *RIAS TV* à Berlin) [87].

4. Non verbal

Enfin, la dernière façon de surmonter l'obstacle de la langue consiste à se limiter à un *contenu non verbal*, c'est-à-dire qui ne nécessite que peu ou pas de recours aux messages verbaux. Cette approche, un peu théorique, n'est pas dénuée d'intérêt.

En *télévision*, une chaîne américaine diffuse en permanence, sur un réseau câblé, les images d'un aquarium. Celles-ci, au-delà de leur caractère décoratif (on connaissait déjà les cassettes vidéo aquarium ou feu ouvert), permettent au téléspectateur de voir, au fil des jours, évoluer, grandir, mourir les poissons qu'il peut apprendre à connaître. Cet exemple est à ce point archétypal de l'approche que nous qualifions de « non verbale » que l'on peut parfaitement imaginer qu'une telle chaîne relaie ses images dans le monde entier sans que la moindre adaptation langagière ne soit nécessaire.

Plus sérieusement, *MTV*, *CMT Europe* et autres chaînes musicales transnationales pourraient, dans une certaine mesure, être assimilées à cette catégorie. On y parle et on y chante, deux formes de communication à contenu pourtant hautement verbal, mais il faut bien constater, dans la pratique, que le public d'adolescents ciblé ne doit pas nécessairement faire preuve d'une maîtrise avérée de la langue de Shakespeare pour apprécier les émissions. D'autres chaînes thématiques diffusent des programmes dont le contenu verbal est secondaire sinon inexistant (pensons notamment aux chaînes consacrées à la nature).

Les applications sont plus difficiles à trouver en presse écrite. Mais d'une façon générale, plus l'illustration (images, photos, dessins, reproductions d'œuvres, etc.) prend le pas sur le commentaire (texte, légende, etc.), plus le média considéré tend vers la catégorie du non ou du peu verbal. En radio, il s'agirait des chaînes centrées sur la programmation musicale.

Cette catégorie semble bien étrangère aux médias d'information dont le contenu apparaît, *a priori*, densément verbal. Ce n'est pourtant pas nécessairement le cas, comme en attestent deux exemples observés en télévision.

Le premier concerne les émissions de *CNN*, et plus particulièrement les longs *directs* dont ils se sont fait une spécialité lors de crises importantes. Bombardements pendant la guerre du Golfe, coup d'état à Moscou, siège de Waco, autant d'événements spectaculaires qui justifiaient de monopoliser l'antenne par des transmissions d'images et de son pendant de longues périodes durant lesquelles les journalistes se transforment en commentateurs-improvisateurs, voire acteurs. L'intérêt de ces séquences pour le téléspectateur réside presque exclusivement dans leur caractère *live*, invitant chacun à se projeter au cœur de l'action. Les commentaires laconiques présentent une densité d'information marginale par rapport aux éléments visuels et sonores, si bien que de telles séquences relèvent sans ambiguïté de l'approche non verbale et sont, à ce titre, insensibles aux barrières de la langue.

Le second exemple nous est proposé par *Euronews* qui, pour soulager l'intense activité qu'impose son approche multilingue, ponctue ses programmes de séquences intitulées *No comment*, constituées d'une suite de portions brutes d'images d'actualité non commentées, supposées *parler d'elles-mêmes*. Il s'agit bien de messages non verbaux, avec la nuance supplémentaire par rapport au cas de *CNN* que la démarche est ici délibérée. Remarquons que cette émission est largement saluée par les observateurs : « des invitations à exercer librement son sens de l'observation et de l'analyse », écrit Christine Simon dans *Le Soir* [88] ; Emmanuelle Walter dans *Libération* parle de *trésors* de la programmation d'*Euronews*, qui présente des « images non commentées qu'on regarde avec fascination » [89] ; pour *L'Express*, « une leçon de télévision ! » [90]. On peut pourtant plus prosaïquement voir dans cette séquence un moyen commode de concevoir des programmes destinés à un auditoire linguistiquement composite.

De nombreux travaux évoqués dans notre ouvrage témoignent du rang prépondérant de la langue parmi les obstacles obstruant la voie de la diffusion médiatique transnationale. Hervé Michel estime, à juste titre que

> « S'il existe en Europe des zones de diffusion élargies, les frontières sont celles des bassins linguistiques plus que celles — illusoires — de la grande Europe elle-même ... » [91].

Partager une langue ne suffit pourtant pas à partager des publics médiatiques. La *European Television Task Force* réunie par *The European Institute for the Media* en présente pour preuve le déséquilibre des habitudes de consommation de télévision entre les Pays-Bas et la Flandre belge : le succès des programmes hollandais en Flandre dépasse celui des programmes flamands aux Pays-Bas [92].

On constate d'ailleurs que l'attitude des téléspectateurs à l'égard de voisins partageant leur langue varie considérablement, comme l'indique la comparaison que nous avons entreprise des audiences des chaînes hollandaises dans le nord de la Belgique avec celles des chaînes françaises dans le sud.

Le succès des chaînes françaises dans le sud de la Belgique se révèle donc quatre fois plus important que celui des chaînes hollandaises dans le nord. Bien des mécanismes peuvent être évoqués à titre explicatif (tradition protestante hollandaise s'opposant à la tradition catholique flamande, sud de la Belgique encore bien intégré dans l'aire culturelle française, atmosphère de revendication nationaliste induisant une valorisation du local dans le Nord, composante territoriale dominant l'identité, etc.), mais sans pouvoir dépasser, dans les limites de notre étude, un cadre purement hypothétique.

Tableau 81
Succès respectif des télévisions hollandaises et françaises dans le nord et le sud de la Belgique

	Belgique (Nord)	Belgique (Sud)
Chaînes prises en considération	*Nederland 1* *Nederland 2* *Nederland 3*	*TF1* *France 2* *France 3*
Audience moyenne	1,8 %	11,4 %
Parts de marché	3,9 %	25,5 %

Source : *Audimétrie CIM*, chiffres moyens pour février 1998, prime-time (19h-23h)

6. Médias transnationaux d'information

Le volume considérable des flux de programmes de fiction et de divertissement concentre l'attention des experts sur ces genres quantitativement majeurs, si bien que les solutions proposées aux problèmes engendrés par la diffusion transnationale gravitent autour des techniques de transfert langagier. Les *médias d'information* constituent une catégorie singulière qui présente la particularité d'être soumise à un second pôle de contraintes : quelle que soit la curiosité du public pour l'actualité internationale ou pour les regards étrangers sur des problèmes domestiques, nous avons vu que les consommateurs de médias d'information manifestent un goût prononcé pour une perspective nationale sur les événements, pour une narration culturellement marquée de l'information, une *domestication*, pour reprendre l'expression de Gurevitch [93], de l'actualité. Même les agences de presse adaptent leurs produits aux différents marchés nationaux [94]. Selon certaines études [95], les processus de *perception* de l'information peuvent, eux aussi, varier d'un pays à l'autre.

A ces commentaires s'ajoute le fait que divers paramètres ont donné lieu, dans nos études de contenu aussi bien que de publics, à l'observation d'indices de cohérence des aires nationales. Sans parler de la structure persistante des grands médias *généralistes* et du fait que, quelle que soit l'échelle de diffusion ambitionnée, les messages restent principalement conçus et produits dans *un* pays [96]. L'ensemble de ces considérations nous conduit à considérer l'Etat-nation et/ou, pour les États fédéraux, les sous-ensembles vecteurs d'une identité marquée, comme univers hégémonique de référence en matière de *médias d'information*.

Un élément supplémentaire vient étayer l'hypothèse de cette prépondérance endémique de la structure nationale. Le succès avéré notamment de *CNN* semble avoir engendré, outre des projets transnationaux concurrents [97], une série d'initiatives *nationales* de chaînes d'information en continu, rompant avec le préjugé selon lequel une chaîne thématique de ce type ne pouvait vivre qu'en agrégeant des fractions de publics disséminés à travers le continent ou la terre entière. Les « grands pays », et donc les vastes marchés nationaux, connurent les premières expériences de ce type. Ainsi, *Sky News* fut introduite au Royaume-Uni en 1989, *N-TV* en Allemagne en

1992, *LCI* (dont le lancement fut articulé autour du concept « l'info, c'est local ») en France, *Télé-Noticias* en Espagne, puis *BBC News 24* faisant du Royaume-Uni le premier pays d'Europe doté de deux chaînes d'information en continu. L'épidémie atteint même les marchés plus réduits. Pour preuve, le lancement, en Suisse romande, de *Suisse 4*. Ce retour vers l'échelon national constitue, à notre sens, l'amorce d'une tendance profonde et durable. Il est d'ailleurs remarquable que les *leaders* de l'actualité transnationale soient parties prenantes dans ces diverses entreprises : *CNN* est partenaire de *N-TV*, *Reuters* de *Télé-Noticias*, *Euronews* vend des programmes à *Suisse 4* (ainsi qu'à *RDI*, la chaîne québécoise d'information).

Confirmant encore cette tendance, *CNN*, ancêtre commun à toutes les chaînes d'information transnationales, a décidé d'amorcer une (r)évolution en préparant la déclinaison d'une partie de ses programmes en cinq versions correspondant aux cinq continents, les rédactions d'Europe, d'Asie, etc. étant chargées de produire des émissions centrées sur les intérêts et les attentes particulières des publics concernés. En juin 1997 se déroula une première expérience en la matière lorsque *CNN* introduisit dans ses programmes à destination de l'Allemagne les premiers segments en allemand, proposant ainsi la première émission de *CNN* jamais diffusée dans une langue autre que l'anglais. De même, *Eurosport* multiplie les collaborations avec des chaînes nationales (notamment la *RAI* et la *RTBF*), assurant des économies d'échelle (les coûts de retransmission des événements sportifs sont devenus prohibitifs) tout en atténuant le caractère transnational des programmes en les insérant dans des schémas de diffusion nationaux.

Notons en outre que, comme le succès de *CNN* a suscité des chaînes nationales d'information en continu, le succès de *Music Television* (*MTV*) a donné lieu à des créations nationales telles que *MCM* en France, *VIVA* en Allemagne, *Videomusic* en Italie, *Music Factory* aux Pays-Bas, *The Box* au Royaume Uni, sans parler de *ZTV* en Scandinavie et *CMT Europe*. Plus généralement, les grands *groupes médias* dominant l'audiovisuel européen, animés de mouvements de concentration et de regroupement, développent bien peu de projets transnationaux. Les efforts d'expansion et de conquête de marchés s'exécutent plutôt par la création (ou l'acquisition) de médias nationaux ou communautaires. Cette stratégie tient en partie à la législation européenne anti-concentration qui limite les possibilités de croissance sur un marché national déterminé et encourage donc l'expansion multinationale. Les économies sont davantage à chercher dans l'exploitation de l'expérience acquise par ailleurs et dans l'application de recettes éprouvées. A titre d'exemple, la CLT a préféré implanter *RTL Plus* et *RTL2* en Allemagne, *RTL4* et *RTL5* aux Pays-Bas, *M6* et *RTL9* en France et *RTL-TVi* en Belgique et en 1997 son clone hongrois, plutôt que concevoir une hypothétique « RTL-Europe » ou même une « RTL-francophonie ». Fininvest préféra, il y a quelques années, participer à *Telecinco* en Espagne et à *La 5* en France, plutôt que créer quelque « Euro5 ».

L'ensemble de ces considérations va dans le sens de l'apaisement des craintes de ceux qui voient dans le développement des médias transnationaux une menace pour les identités nationales, régionales ou locales. Aucun élément ne permet, à l'heure actuelle, de soupçonner que les succès, très relatifs et limités d'ailleurs, de structures transnationales d'information affectent en rien la consommation des supports traditionnels (des nationaux aux locaux). Tout au plus constituent-elles des supports de complément. Convenons, avec Meyrowitz, que

> « Le potentiel d'un nouveau média n'émane pas seulement de l'utilisation qui peut en être faite et de ses caractéristiques propres, mais aussi des façons dont il compense ou contourne les utilisations et caractéristiques des médias préexistants » [98].

Ceux qui se soucient des dangers encourus par les identités collectives face aux nouveaux médias devraient sans doute se préoccuper davantage, comme le suggère David Morley, d'un effet déstructurant pas tant en vertu des contenus, que de l'affaiblissement du caractère simultané des expériences (grâce notamment aux magnétoscopes, vidéoclubs, *video-on-demand* et chaînes thématiques des bouquets numériques) qui privera bientôt les publics du lien primordial que leur conférait la fonction rituelle de la consommation médiatique [99]. L'évolution technologique conduirait à une réduction de ce facteur de cohésion que constitue la simultanéité de l'exposition aux contenus médiatisés.

Evoquons une piste de réflexion que nous inspirent les travaux de Jean-Claude Usunier en matière de commerce international. Il affirme que les biens non durables (vêtements, alimentation, nettoyants) sont plus sensibles aux différences culturelles que ne le sont les biens industriels ou technologiques, qui se prêtent mieux à une stratégie globale [100]. Si l'on entreprend de transposer cette observation au domaine des produits médiatiques, on peut soutenir que les contenus relatifs à l'actualité relèvent généralement de la catégorie *non durable*, par opposition, par exemple, à la fiction. A ce titre, ils se prêtent mal, *a priori*, à une approche globale. Cette distinction entre produits durables et non durables en matière de médias mériterait d'être approfondie. Observons que les sujets de type magazine (reportages de fond, entrepris avec recul, sujets plus atemporels, moins directement liés à l'actualité brûlante) constituent les denrées d'actualité les moins « périssables ». Et de fait, on constate que, notamment en télévision, de telles productions « clés sur porte » sont largement diffusées à travers le monde par les agences internationales, moyennant au plus, au préalable, une adaptation du commentaire.

La télévision transnationale n'est pas l'apanage des grands groupes de communication. Le secteur public est à ce point actif dans ce créneau qu'une association dénommée le *Groupe de Bruges*, a été fondée en 1991, réunissant pas moins de douze « chaînes satellitaires transnationales européennes de service public » [101].

Parmi celles-ci, *Euronews* mérite une mention spéciale tant elle constitue la plus audacieuse initiative de média transnational d'information en Europe. Née en 1993 sur les cendres d'*Europa TV* (expérience avortée — 1987 — de chaîne d'information par satellite), *Euronews* nous semble porter, dans l'essence même de sa démarche, les germes de l'échec tant elle se trouve confrontée simultanément avec la quasi-totalité des écueils évoqués dans notre étude. Nous ne souscrivons pourtant pas aux propos des responsables de *LCI* (chaîne d'information française lancée par *TF1*) qui, par la bouche de Jérôme Bellay, affirment que « *Euronews* est une erreur de la nature », avant d'ajouter que « si *Euronews* avait marché, *LCI* n'existerait pas » [102].

Dès sa genèse, le projet développa des efforts considérables afin de faire face à l'obstacle de la langue. Mieux, on prévit plus qu'une simple déclinaison multilingue d'un programme unique ; on organisa les commentaires simultanés mais distincts des images (qui sont, elles, bien communes à toutes les versions) par des équipes de journalistes travaillant indépendamment les unes des autres. C'était sans compter avec la diversité culturelle au sein des communautés linguistiques (en particulier pour les langues parlées dans plusieurs pays), et c'était négliger la diversité des intérêts, et donc des critères de sélection, associés aux différentes cultures.

Or, comme nous l'avons rappelé à maintes reprises, la préférence nationale est particulièrement marquée dans l'information. La *European Television Task Force* identifie d'ailleurs explicitement ce facteur comme entrave majeure au succès de toute initiative en matière de médias européens d'information [103]. Plus que de négligence, peut-être s'agit-il simplement d'un vœu pieux des dirigeants d'*Euronews* et de leurs interlocuteurs à la Commission européenne, de l'ambition d'un projet qui entend développer une conscience collective européenne par la convergence des centres d'intérêt plus que des perspectives. Or, comme l'affirme Schlesinger, « essayer de communiquer sur le plan européen implique d'abord et avant tout de reconnaître la réalité d'une diversité considérable » [104]. Et Wolton rappelle de même qu'il n'y a « pas d'espace public européen, même s'il existe un espace politique » [105] et, pourrait-on ajouter, économique.

Wolton reproche au projet d'ignorer la pluralité des approches de la réalité et de son traitement [106]. Concédons pourtant à la chaîne européenne d'information que l'organisation rédactionnelle (journalistes travaillant indépendamment les uns des autres) relève d'une démarche résolument soucieuse des spécificités. Malheureusement, cet égard ne concerne que le commentaire. Ni les images, ni la programmation en général, ne manifestent une quelconque adaptation aux particularités des groupes linguistiques.

Sans compter que la déclinaison par langue considère trop souvent comme implicite l'adéquation entre communautés nationales, culturelles et linguistiques, obligeant les téléspectateurs belges ou suisses francophones à se contenter d'une version plus française que véritablement francophone.

Les repères manquent pour mesurer le succès d'*Euronews*. Ses détracteurs ironisent sur la disproportion entre les moyens mis en œuvre (un budget dépassant le milliard de francs belges [107]) et l'audience (on parle, en 1994, de 0,6 pour cent de part de marché, et de 12 pour cent du public potentiel qui regarde au moins 15 minutes par jour [108]). Les manœuvres importantes et récurrentes autour du financement de la chaîne européenne d'information ne dénotent cependant pas la stabilité que l'on attendrait d'une institution bien établie auprès d'un public stable.

Les motivations qui ont conduit à la création d'*Euronews* et qui justifient la priorité accordée à sa survie, peuvent être regroupées autour de trois pôles : briser le monopole américain de l'information transnationale en continu (l'omniprésence de *CNN* pendant la guerre du Golfe constitua, de ce point de vue, un électrochoc [109]) ; assurer la présence du service public dans ce genre encore récent et tellement stratégique (*Euronews* est le fruit de la volonté commune des télévisions publiques française, italienne, suisse et espagnole, avec le soutien de l'*UER*) ; et enfin contribuer activement à promouvoir une opinion publique européenne et participer ainsi à la construction européenne (une télévision continentale constitue un vieux rêve des autorités communautaires). De bien nobles motifs, en vérité, mais fort ambitieux et, au mieux, en avance sur leur temps.

Les émissions d'*Euronews* pourraient, à terme, satisfaire Graham Murdock qui préconise, comme troisième voie entre les contenus ignorant la diversité culturelle et les contenus adaptés à chaque groupe, des programmes qui, à l'échelle européenne, évoqueraient, d'une part, d'autres cultures selon le point de vue local et, d'autre part, renverraient à chaque culture l'image qu'elle projette dans d'autres [110]. Les réajustements successifs du concept *Euronews* (sans parler de son capital !) témoignent de la complexité de cette entreprise. L'un des derniers projets en date envisage d'organiser, dès 1996, des périodes de décrochages nationaux (son et image) [111]. Ce développement ouvre des perspectives encourageantes et se trouve parfaitement soutenu par nos conclusions.

TV5, La télévision internationale, mérite, elle aussi, quelques commentaires. Même s'il ne s'agit pas à proprement parler d'une chaîne d'information, l'actualité y tient une place importante, notamment par la rediffusion de journaux télévisés des principales chaînes partenaires, et par la production de journaux télévisés propres. L'intérêt que nous portons à *TV5* tient surtout à ses caractéristiques singulières qui en font un exemple emblématique de l'approche *unilingue par essence* que nous évoquions plus haut. A tel point que, à la différence d'entreprises telles que *3SAT*, qui diffuse à l'intention des populations germanophones confinées dans un territoire défini (Europe, Afrique du Nord et Israël), le concept *TV5* s'affranchit presque complètement du critère géographique, en s'adressant aux francophones et aux francophiles du monde entier, pour autant qu'ils se trouvent dans une zone desservie et qu'ils disposent de l'équipement *ad hoc*.

Il n'est pas inutile de préciser que derrière ce projet de promotion de la culture *francophone* se cache, au départ, une initiative française destinée surtout à promouvoir les produits culturels *français* [112]. Relais, dans un premier temps (lancement le 2 janvier 1984), de rediffusions à l'échelle européenne d'émissions réalisées par les cinq partenaires fondateurs [113], l'aventure s'est rapidement étendue vers l'Amérique du Nord en élargissant le cercle des partenaires au *Consortium Télévision Québec-Canada (CTQC)* et s'est employée à produire quelques émissions propres. En 1992, les programmes sont diffusés vers l'Afrique et l'Amérique latine.

Aujourd'hui, *TV5* diffuse 24 heures sur 24 une programmation alternant divertissement, fiction, émissions éducatives et actualité. L'audace réside dans le pari que la communauté linguistique francophone constitue un public suffisamment homogène pour consommer et apprécier des programmes d'origines variées, et pourtant conçus et produits pour un public national particulier.

La prépondérance des productions françaises dans la grille de *TV5* associa à l'excès, dans un premier temps, la francophonie à la France. La réalisation de journaux télévisés propres fut notamment entreprise afin d'atténuer ce *franco-centrisme*. Malheureusement, ces journaux sont élaborés à Paris, par des équipes majoritairement françaises, avec des invités de passage dans la capitale [114], et à partir, entre autres, de reportages fournis (commentaires compris) par les rédactions françaises ; les *flash* d'information sont préparés par l'*Agence France Presse (AFP)*. Remarquons qu'en la matière, notre étude du contenu des journaux télévisés a montré que ceux produits par *TV5* ne correspondent pas à une quelconque « moyenne » de ce qui se fait sur les chaînes partenaires, pas même françaises.

TV5 ne nie pas la diversité de la francophonie, elle la valorise. Mais le panachage des programmes qui en résulte demeure très partiel en regard de la variété des populations ciblées. Un effort d'ouverture vers la francophonie africaine est annoncé depuis bien longtemps afin que l'Afrique puisse alimenter ce forum plutôt que recevoir passivement les productions culturelles de l'Europe et de l'Amérique francophone. Notons d'ailleurs que, selon Patrick Imhaus, alors président de *TV5*, 80 pour cent du public de *TV5* n'est pas, à proprement parler, francophone. Tous pourtant comprennent le français et marquent intérêt et confiance à cette chaîne transnationale de la francophonie.

Outre l'intelligence du positionnement, on peut s'interroger sur la portée réelle et les effets à long terme de cette initiative. Les téléspectateurs fidèles de *TV5* développent sans doute une conscience accrue de la composante francophone de leur identité. Regarder régulièrement des émissions suisses et canadiennes, par exemple, permet d'enrichir la connaissance que l'on a de ces pays, de leurs habitants, de leurs accents et surtout, à travers les émissions d'actualité (fortement représentées), de leurs problèmes et préoccupations.

La programmation de *TV5* offre ainsi une plate-forme unique de rencontre entre cultures disparates, un outil de connaissance réciproque pas seulement des modes de vie, contraintes et autres traits culturels, mais également des perspectives sur le monde. Le téléspectateur curieux peut, par exemple, regarder successivement plusieurs journaux télévisés sélectionnant et hiérarchisant différemment l'actualité, abordant diversement son traitement.

La réception par des publics dispersés aux quatre coins du globe de programmes qui ne leur étaient pas destinés au départ n'est pas sans entraîner quelques difficultés pratiques [115] qui peuvent, en s'accumulant, donner conscience au téléspectateur de sa qualité de *public secondaire*.

Sans doute l'ambition de *TV5* de devenir la télévision des francophones et des francophiles du monde entier est-elle quelque peu démesurée. Elle est pourtant basée sur une hypothèse qui rejoint les nôtres, à savoir que partager une langue est une condition nécessaire mais non suffisante à la diffusion de messages médiatisés. La communauté linguistique rend possible, mais aussi suscite la communication entre ses membres.

7. Approche régionale transnationale

L'espace régional, appelé, pour certains, à devenir la référence d'appartenance principale [116], constitue un terrain fertile pour le développement de supports médiatiques, juste milieu entre le local, peu rentable ; le national, saturé ; et le transnational à grande échelle, sclérosé par les contraintes inhérentes à la diversité culturelle. Michel Bassand étudia, fin des années quatre-vingt, la régionalisation de la télévision. Il observe que les exemples de réussite en la matière sont le fait des pays fédéraux ou en voie de fédéralisation : Allemagne, Belgique, Espagne et Suisse. Il ajoute que, pour les trois derniers, « la question linguistique est une explication-clé du succès de la décentralisation de la télévision » [117].

En marge de cette approche régionale avérée, une piste alliant référence régionale et diffusion transnationale semble offrir un potentiel considérable. Il s'agit de ce que nous qualifierons d'*approche régionale transnationale* [118].

Cette voie médiane consiste à envisager, sur une zone géographique déterminée, de taille réduite, et transcendant une ou plusieurs frontières nationales, un public dont les intérêts, les attitudes, et les caractéristiques identitaires présentent suffisamment de convergence pour constituer l'auditoire d'un support médiatique d'information. Il s'agit de définir une cible selon les contours d'une région transfrontalière, c'est-à-dire de dépasser la structure rigide des ensembles et sous-ensembles nationaux pour s'adresser à des communautés ignorant, dans une certaine mesure, la ou les limites étatiques qui les traversent. Ce type d'initiative s'avère particulièrement vraisemblable dans des espaces parcourus par des frontières aux tracés souvent modifiés au gré des accords politiques. L'identité des habitants de ces régions démontre une telle inertie qu'il subsiste longtemps des affinités entre entités administrativement distinctes.

Mais cette première catégorie de région transnationale ne constitue souvent qu'un cas particulier, une région subnationale devenue transnationale suite à une modification du tracé de la frontière. D'autres configurations semblent se prêter à ce genre de rapprochement transfrontalier qui peut simplement s'appuyer sur la proximité géographique et culturelle, sur une communauté de ressources, d'activité économique, ou de préoccupations sociales.

C'est dans le domaine des médias d'information, particulièrement sensible à ce critère de proximité, que l'on rencontre les expériences les plus prometteuses en l'espèce. Des accords d'échange existent en effet entre un centre régional de la télévision belge de service public (*RTBF Charleroi*) et son homologue français (*France 3 Nord-Pas-de-Calais-Picardie*), ou entre un autre centre régional, *France 3 Rhône-Alpes* et la télévision suisse romande (*TSR*).

Ces structures de collaboration dénotent l'existence de centres d'*intérêts communs* et pas nécessairement de *communauté d'intérêts*. La nuance est de taille. Les mouvements transfrontaliers de personnes, que ce soit pour des raisons professionnelles ou privées (achats, loisirs), justifient à eux seuls quelque curiosité pour les événements se déroulant dans les régions contiguës. Mais lorsque le champ des préoccupations communes s'élargit et se double d'affinités culturelles fortes, et d'une communauté linguistique, la simple relation d'échange peut se renforcer jusqu'à développer des supports communs.

Ainsi, en *radio*, en septembre 1991, les liens unissant *Fréquence Nord* (radio régionale du Nord-Pas-de-Calais, France) et la *RTBF Hainaut* (radio régionale d'une province belge contiguë), débouchèrent sur la création d'une émission coproduite intitulée « Europe à deux ». Réalisée en alternance à Mons et à Lille, et diffusée tous les jours de la semaine, l'émission s'appuie sur le fonds commun des deux régions (folklore, culture, industrie, etc.) et comprend un journal parlé de six minutes. Une initiative similaire rassemble *Radio France Savoie* et la *Radio Suisse Romande*. Encore à l'état de projet, une radio et une agence de presse de l'*Euregio Meuse-*

Rhin [119] sont destinées, selon leurs promoteurs, à renforcer chez les 3,7 millions d'habitants de l'entité le sentiment d'appartenance à cette communauté [120].

En *télévision*, les centres régionaux de *France 3* couvrant une zone frontalière ont développé, depuis plusieurs années, de nombreuses opérations, de longévité variable, de coopération active avec leurs homologues étrangers des régions contiguës. « Euro 3 » demeure l'une des entreprises les plus achevées en la matière ; si le nombre et l'identité des partenaires ont évolué au fil du temps, le programme diffusé en France et en Belgique à partir d'une collaboration avec, en outre, un partenaire anglais, maintient une périodicité mensuelle [121]. D'autres émissions transfrontalières impliquent les entités régionales de *France 3* : « Les gens d'à côté » (avec la télévision suisse) [122], « Méditerraneo » (avec des partenaires en Italie et à Malte) [123], « Regards voisins » (avec la télévision belge) [124]. Ces quelques exemples témoignent de la pertinence de l'approche, même si certains revers (changements de partenaires ou disparitions d'émissions) en signalent la fragilité.

En *presse écrite*, les cas d'espèce abondent également, et n'ont pas attendu l'avènement de l'Europe institutionnelle. Notons que la plupart des titres sont diffusés transnationalement à l'issue d'une évolution fortuite ou par une volonté délibérée d'élargir le lectorat ; peu ont été conçus d'emblée avec ce dessein. Ainsi, *Nord-Eclair*, quotidien régional du nord de la France (siège à Roubaix) est, depuis les années 1950, largement diffusé dans le Hainaut contigu (avec trois éditions belges, on frôle aujourd'hui les 40 000 exemplaires sur un tirage total de 130 000 [125]) et a même créé une filiale belge, en 1968, démontrant l'existence d'une *aire régionale transnationale*. De plus, le désir affiché par certains annonceurs belges de voir figurer leurs publicités dans les éditions françaises de *Nord-Eclair* [126] montre, entre autres, que les populations situées des deux côtés de la frontière présentent des habitudes de consommation très similaires. *La Voix du Nord*, grand concurrent de *Nord Eclair*, édite, quant à lui, un supplément commun avec le *Kent Messenger* anglais. Ce groupe de Lille est également entré dans le capital du groupe belge *Vers l'Avenir*, avec l'intention avouée de développer des synergies, pourquoi pas des produits, avec la Belgique. Les projets actuels concernent surtout les insertions publicitaires.

Remarquons que certains organes de presse de l'Est de la France proposent des éditions bilingues ou allemandes, mais davantage dans le but de satisfaire certains lecteurs français (l'allemand est encore très pratiqué dans ces régions) que de permettre quelque débordement de diffusion vers l'Allemagne. Les *Dernières Nouvelles d'Alsace*, par exemple, publient treize de leurs trente-deux éditions selon une formule bilingue, soit près de 35 000 exemplaires sur les 260 000 diffusés [127].

Les lecteurs du Grand-Duché du Luxembourg sont l'objet de bien des convoitises de la part des éditeurs de journaux des régions contiguës. *Le Républicain Lorrain* (Metz) propose une édition destinée au grand-duché, comme le faisait, jadis, *La Meuse* (Liège). *El Punt*, quotidien régional catalan déborde largement de l'autre côté de la frontière et particulièrement à Perpignan.

La *presse magazine* connaît également des cas intéressants tels le *Sud-Est Magazine*, mensuel de la culture et du tourisme diffusé sur le pourtour méditerranéen de l'Espagne à l'Italie, ou *Normandie Magazine*, qui a relevé le défi du bilinguisme avec une publication rédigée pour moitié en français et pour moitié en anglais, destinée aux habitants de Normandie française, des Iles Anglo-normandes et du Sud-Est de l'Angleterre.

8. Médias et nations : la relation circulaire

Nous avons observé, études de contenus et littérature scientifique à l'appui, que derrière des apparences semblables et des schémas de construction hérités d'une tradition commune, les médias d'information d'Europe occidentale manifestent une incontestable diversité aux niveaux de la forme aussi bien que du fond. De même, notre étude de l'attitude des publics à leur égard a démontré sa variété, plus ou moins importante selon le média, mais profondément marquée tant géographiquement que *transversalement* (suivant les critères sociodémographiques).

Nous avons pu mettre à jour des groupes (définis en termes géographiques ou sociodémographiques) présentant une certaine convergence de comportement envers les médias d'information, condition nécessaire, mais non suffisante, pour en faire autant de cibles potentielles pour d'éventuels médias *transnationaux* d'information.

D'autre part, un certain nombre de paramètres se sont révélés comme indices, même ténus, de l'existence de vastes communautés distinctes des groupes nationaux : clivages entre nord et sud de l'Europe ; cohérences des familles de langues romanes ou germaniques, ou de telle langue en particulier.

Composer avec la diversité culturelle est envisageable pour qui sait la reconnaître avant d'en prendre la mesure et de distinguer, parmi les dimensions culturelles identifiées comme facteurs de dissemblance et vecteurs d'hétérogénéité, celles qui pourraient se révéler rédhibitoires pour le type de message envisagé. En tout état de cause, nous avons établi que chaque démarche transnationale peut être décomposée selon trois dimensions : géographique, sociodémographique et langagière.

Les observations rassemblées dans cet ouvrage indiquent l'impossibilité d'organiser, dans le cadre des médias traditionnels, un support médiatique à contenu non thématique, qui serait destiné à l'ensemble de la population européenne. Le journal, la radio ou la télévision généraliste des Européens se révèle inconcevable tant les contraintes imposées notamment par la diversité culturelle, et particulièrement linguistique, constituent un obstacle insurmontable.

Ce n'est certainement pas un hasard si les rares supports transnationaux existant relèvent du genre *thématique*, souvent pointu. Même les autorités européennes ont dû s'y résoudre, comme en atteste le cheminement du concept de *télévision européenne* qui, de programme complet qu'il était dans le projet initial du Parlement européen [128], aboutit, en 1992, à la création d'*Euronews*, chaîne thématique exclusivement consacrée à l'actualité.

Parmi les expériences réussies (ou en tout cas persévérantes), nous constatons avec intérêt que nombreuses sont celles qui s'adressent principalement à des publics que nos travaux ont identifiés comme cohérents. Même *Euronews*, initiative des télévisions de service public, fut conçue, de l'aveu même de ses géniteurs (*UER*), comme support destiné à un segment réduit et élitiste des décideurs et des classes moyennes et supérieures [129]. Cadres, revenus élevés ou classes sociales supérieures, autant de groupes que notre étude signale comme présentant des signes d'homogénéité à travers l'Europe, et qui se trouvent ciblés par un nombre croissant de médias transnationaux dont la vocation thématique s'oriente résolument vers l'actualité plus spécifiquement *économique et financière.*

La barrière de la langue est unanimement reconnue comme l'entrave majeure à la diffusion médiatique transnationale. Mais les médias d'information font face à un obstacle supplémentaire matérialisé par les frontières d'Etats. Nous avons évoqué de nombreuses études selon lesquelles les consommateurs de nouvelles sont friands d'une perspective nationale sur l'actualité, d'une *domestication* du discours informatif, fût-il basé sur des images et des dépêches standardisées et communes à la plupart des médias à travers l'Europe. Rappelons également notre extrapolation aux produits d'actualité des théories indiquant une sensibilité marquée des biens de consommation non durables.

Les indices accumulés dans notre revue de la littérature, dans notre étude de contenus et dans notre analyse de publics convergent pour attester de *la prééminence, en la matière, de la référence nationale comme force structurante.*

Le rôle des médias dans le développement et l'affirmation de l'unité des nations et du sentiment national fut, et demeure, considérable. Chronologiquement, l'expansion de l'imprimerie, la diffusion d'ouvrages puis de journaux précèdent l'avènement de la nation moderne en Europe. Selon Benedict Anderson, la circulation de l'imprimé, d'une part, contribua à instaurer les langues vernaculaires et, d'autre part, permit aux individus de prendre conscience de l'espace national et de leurs relations aux autres grâce à l'affranchissement de la contrainte temporelle, puisque les journaux, notamment, informaient sur ce qui se passait dans le pays (ou la région) simultanément, à un moment donné [130]. Anderson attribue d'ailleurs à la consommation médiatique un rôle qui se rapproche du rituel, de la cérémonie, chacun ayant conscience du caractère collectif du comportement [131]. Morley reconnaît cette fonction rituelle plus précisément aux journaux télévisés [132], suivi en cela par Larsen qui estime que regarder un journal télévisé, c'est réaffirmer sa position comme membre de la communauté nationale [133].

Les médias d'aujourd'hui portent encore clairement l'empreinte de leur héritage historique. Les pouvoirs publics ont toujours affiché une volonté marquée de soumettre les médias à leur contrôle, et les exemples d'initiatives en ce sens abondent : privilège, droit de timbre, censure. Les gouvernements attachent une importance particulière à la maîtrise des *nouvelles* [134]. Dans cette trajectoire, les pouvoirs publics conservèrent longtemps le monopole du développement de la radio et de la télévision, sous prétexte, notamment, du manque de bandes de fréquences disponibles pour la diffusion et de la nécessité de n'émettre que dans des conditions techniques très strictes, mais également en se souvenant de l'utilisation que firent de la radio l'Allemagne et l'Italie fascistes, et en réaction, à l'échelle européenne, contre le modèle commercial développé aux États-Unis [135]. Et même l'essor, plus tard, du secteur privé s'accompagna de l'organisation d'instances de régulation.

Bien que *globalisation, marché unique et convergence culturelle* envahissent les discours politique et scientifique, la nation demeure l'échelle de référence [136]. Les fulgurantes évolutions, au niveau tant technique que des structures économiques des secteurs concernés, n'ont, jusqu'ici, provoqué que peu de bouleversements dans l'agencement des médias traditionnels, qui restent avant tout organisés selon des ensembles découpés en fonction des Etats-nations ou de sous-ensembles de ces entités.

Cette convergence de structure entre entités politiques (Etats, régions) et organes médiatiques entretient une relation que l'on pourrait, en simplifiant, qualifier de *circulaire.*

Les médias conçoivent le contenu de leurs productions en intégrant, dans une certaine mesure, le substrat commun de leurs publics-cibles, à savoir les goûts, valeurs et habitudes associés au critère premier de leur agrégation, c'est-à-dire leur appartenance à la communauté nationale ou sous-nationale concernée. Michel Bassand parle de *texture socioculturelle* [137]. La consommation massive de cette production culturelle marquée par les traits supposés du public ciblé va engendrer un effet d'affirmation de ces caractères. Un tel processus entraîne un effet d'entretien ou d'amplification de l'identité nationale (ou régionale) en appuyant des perspectives et une mémoire sociale et culturelle communes, et en renforçant, par conséquent, la différenciation et la conscience de groupe.

Le rôle des médias d'information se révèle particulièrement crucial dans ce processus tant les productions relatives à l'actualité s'imprègnent spectaculairement des valeurs, traditions et marqueurs propres à une communauté, aussi bien dans la sélection que dans le traitement des sujets [138]. Les journalistes ont abondamment recours à la mémoire collective de leur auditoire, aux images qui y sont associées [139], comme en témoigne, par exemple, l'effort extra-linguistique nécessaire à la compréhension des titres qui, dans la presse anglo-saxonne, regorgent de jeux de mots et d'allusions difficilement accessibles à l'étranger, non par carence de vocabulaire, mais par manque de bagage culturel [140]. Les messages médiatiques de tous bords entretiennent et renforcent les stéréotypes relatifs à un pays donné, mais aussi relatifs à l'image qu'on s'y fait des autres pays [141].

La variété des domaines évoqués et la crédibilité dont bénéficient les médias induisent un affermissement de l'identité nationale et des attributs qui y sont associés. Egalement accrues sont l'homogénéité du public et sa différenciation par rapport aux autres groupes. Conséquence immédiate de ce mécanisme : la légitimité de la structure nationale des médias et la satisfaction que procure leur perspective sur l'actualité se trouvent consolidées, assurant la pérennité du système.

Le raisonnement peut être appliqué à rebours. L'existence supposée d'un groupe important d'individus proclamant un degré suffisant d'unité et revendiquant d'être reconnu comme communauté, peut justifier un projet ou le développement de supports propres, lesquels, s'ils sont abondamment consommés, maintiendront, renforceront, voire créeront une conscience de groupe, une identité légitimant toujours davantage l'existence d'une communauté et l'autorité de ses dirigeants politiques [142].

En outre, les structures légales [143] (attribution des fréquences, par exemple), le rôle toujours prépondérant des systèmes politiques nationaux [144], les dispositifs de politique culturelle [145], l'homogénéité supposée du public (identité culturelle nationale) et l'organisation des réseaux de distribution s'imposent comme autant de garants de l'agencement des médias par nation [146]. Ceci explique peut-être l'apparente pérennité des médias nationaux, en dépit de ce que certains décrivent comme la crise actuelle du concept même d'*Etat-nation*, accompagnée d'une pression grandissante d'ensembles subnationaux aspirant à une plus grande autonomie [147].

La fonction rituelle de la consommation médiatique esquissée par Anderson et par Morley (voir p. 228) peut également contribuer à ce mécanisme lorsqu'un grand nombre d'individus relevant de l'univers de diffusion (c'est-à-dire, nous l'avons vu, la nation ou la communauté) se trouvent simultanément exposés aux mêmes supports.

La sélection même des faits d'actualité intervient de façon déterminante. Ainsi, dans leur analyse des journaux télévisés et de l'influence de la concentration des sources d'images (plus particulièrement du recours aux échanges *EVN*), Gurevitch, Levy et Roeh ont mis en évidence qu'une nouvelle ne pouvait être retenue, *sélectionnée*, par une rédaction que si elle s'inscrivait dans le *cadre narratif habituel* et connu du journaliste et de son public. Leurs conclusions appuient notre *théorie de circularité* : « Les événements sont alors exposés en recourant à ces cadres stables et connus, contribuant ainsi à la stabilité de cette culture » [148]. David Morley insiste également sur le rôle prépondérant des médias nationaux comme agents centraux de la culture nationale, notamment en ce qu'ils contribuent à construire un passé commun [149]. Il est rejoint en cela par Eli Noam [150]. En outre, Dominique Wolton, estime que

> « la communication assurée par la télévision au sein d'un Etat-Nation constitue un facteur de cohésion sociale et culturel (*sic*) parce que les publics partagent les mêmes valeurs, les mêmes références, les mêmes représentations et les mêmes souvenirs » [151].

Le potentiel des médias en la matière était déjà évoqué dans les années cinquante. Karl Deutsch mentionnait, dans son étude des médias et du nationalisme, la fonction mobilisatrice des journaux et de la radio [152] et insistait sur le rôle déterminant de la communication (au sens large, y compris interpersonnelle) sur la formation et le maintien de la cohérence des sociétés, dont les communautés nationales [153]. Keith Stamm a analysé en détails le rôle prépondérant des journaux dans les *community ties* qui fondent les communautés urbaines ou locales [154]. Jonathan Friedman attribue à la télévision une place dans ce qu'il qualifie de tendance à l'ethnification, soit la résurgence d'identités ethniques ou régionales anciennes [155]. Todd Gitlin considère la télévision comme un des systèmes de reproduction de l'ordre culturel et des pratiques sociales [156]. Thomas Fitzgerald relève le rôle des médias, et de la télévision en particulier, dans la définition et l'homogénéisation des identités sociales [157]. Abraham Moles voit même la culture comme le résultat des phénomènes de communication de masse [158]. Dans le contexte européen, Dominique Wolton relève que « la tentation d'utiliser la télévision pour accroître une conscience européenne, de plus en plus insaisissable au fur et à mesure de la construction politique de l'Europe, est évidente » [159]. Philip Schlesinger note également l'importance des phénomènes de communication sociale dans la construction des identités nationales [160], rejoint en cela par bien d'autres [161].

Mike Featherstone souligne l'importance, dans le processus de construction d'une conscience nationale, de l'existence d'une culture imprimée (et, en extrapolant, de médias) qui puissent « interconnecter les individus » [162]. Il insiste, d'autre part, sur la nécessité de l'expérience commune médiatisée [163]. La communauté nationale étant trop grande et trop abstraite pour être vécue directement par les individus (qui s'identifient à la même nation sans pour autant se connaître [164]), la représentation des événements produite par les médias peut permettre à un public atomisé de s'unir en partageant l'expérience médiatique.

Schlesinger appuie notre thèse du rôle prépondérant de l'échelle nationale en matière de médias d'information lorsqu'il note que

> « *la dernière citadelle* d'originalité nationale est le journal télévisé national du soir, consacré avant tout aux activités des personnages politiques nationaux dans le style ethnocentrique universellement admis » [165].

La jeune histoire des médias transnationaux d'information démontre tant de vigueur, d'inventivité et d'audace qu'il serait bien hasardeux de prétendre augurer de leur avenir. On peut toutefois relever que, dans l'état actuel des choses, il semble improbable que de tels supports subrogent leurs homologues d'envergure traditionnelle (confinés à la nation ou à une région subnationale).

Le salut de l'approche transnationale se profilerait dans la *voie de la complémentarité* plus que dans celle de la substitution. Nous avons identifié deux pistes qui pourraient, dans un futur proche, constituer un vivier de projets ambitieux.

Premièrement, le champ *thématique* des médias d'information pourrait se concentrer sur des aspects plus *pointus*, notamment en se restreignant, à l'image de récentes initiatives en télévision, à l'actualité économique et financière, dont le public potentiel a montré des signes d'homogénéité à travers l'Europe et dispose des capacités linguistiques permettant le recours à une langue véhiculaire.

Deuxièmement, l'approche *régionale transnationale*, déjà titillée par des initiatives limitées mais prometteuses, peut engendrer des supports à destination de publics plus localisés, mais appartenant à une palette plus large du spectre sociodémographique.

En dehors de ces deux pistes, nous croyons en la persistance opiniâtre de la nation comme espace de référence en matière de médias d'information.

Notes

[1] Schiller, 1979, p. 30.

[2] *Dictionnaire historique de la langue française*, Paris, Le Robert, 1992, tome 2, p. 1306.

[3] Habermas, 1992, p. 21.

[4] *Trésors de la langue française, Dictionnaire de la langue du XIXe et du XXe siècle (1789-1960)*, Paris, Gallimard, 1985, tome 12, p. 3.

[5] *Le Grand Larousse de la langue française,* Paris, Larousse, 1975, vol. 4, p. 3553.

[6] *Le grand Robert de la langue française*, Paris, Le Robert, 1985, vol. 6, p. 692 ; *Le Grand Larousse de la langue française*, Paris, Larousse, 1975, vol. 4, p. 3553.

[7] Gellner, 1989, p. 86.

[8] Anderson, 1983, p. 46.

[9] Gellner, 1987, p. 6.

[10] Hofstede, 1991, p. 12.

[11] Gellner, 1989, p. 18.

[12] Featherstone, 1990, p. 12.

[13] *Dictionnaire Quillet de la langue française*, Bruxelles, Quillet, 1975, tome 3. Le *Dictionnaire historique de la langue française*, Paris, Le Robert, 1992, tome 2, p. 1306, attribue à ce sens une connotation péjorative.

[14] *Trésors de la langue française, Dictionnaire de la langue du XIXe et du XXe siècle (1789-1960)*, Paris, Gallimard, 1985, tome 12, p. 3. Cette valeur d'emploi est qualifiée de « vieillie ou littéraire ».

[15] *Le petit Robert, Dictionnaire de la langue française*, Paris, Le Robert, 1992, p. 1256.

[16] Schnapper, 1994, p. 28.

[17] Propos recueillis par Olivier Salvatori, *Le Monde des débats*, n° 1, 1992, p. 4.

[18] *Le grand Robert de la langue française*, Paris, Le Robert, 1985, vol. 9, p. 444.

[19] *Le grand Robert de la langue française*, Paris, Le Robert, 1985, vol. 5, p. 682.

[20] *Le petit Robert de la langue française*, Paris, Le Robert, 1992, p. 1891.

[21] McQuail, 1994, p. 112 & 113.

[22] Agee, Ault & Emery, 1989, p. 623.

[23] Robert, 1988, p. 3.

[24] Robert, 1988, p. 6-7.

[25] Barrett & Maslin-Bird, 1992, p. 5.

[26] Ferry, 1992, p. 178.

[27] Capron, 1990, p. 42.

[28] Pour reprendre la distinction que fait Anthony Smith entre caractères accidentel et intentionnel du transnational. Smith, 1991, p. 6.

[29] Cohen & Roeh, 1992, p. 24.

[30] Smith, 1990, p. 180.

[31] Archer, 1990, p. 99.

[32] Levitt, 1983, p. 92, notre traduction de « *Companies must learn to operate as if the world were one large market — ignoring superficial regional and national differences* ».

[33] Levitt, 1983, p. 96.

[34] Pour un historique du débat sur la publicité standardisée, voir Ryans & Ratz, 1987, p. 146-147.

[35] Voir notamment Winski & Wentz, 1986.

[36] Usunier, 1992, p. 163-164.

[37] Cité dans Papcke, 1992, p. 68 ainsi que dans Bassand, 1990, p. 1.

[38] Commission des Communautés européennes, 1984, p. 2.

[39] European Parliament, *Mass media regulation and the Community*, 1992, p. i, notre traduction de « *there is no such a thing as a European media market or a European public opinion* ».

[40] Imbert, 1993, p. 33.

[41] *Eurobaromètre* n° 40.

[42] Ce bond spectaculaire doit être tempéré à la lumière d'un changement méthodologique intervenu entre les deux sondages, le second n'excluant plus des échantillons nationaux les résidants provenant d'autres pays membres, pour autant qu'ils maîtrisent suffisamment la langue de leur pays d'accueil pour comprendre les questions. Ces individus sont indiscutablement enclins à être ouverts au concept d'identité européenne. Les chiffres de l'*EB 40* indiquaient seulement une légère hausse par rapport à ceux de l'*EB 37* qui avait déjà posé la question.

[43] Pondération en fonction de la taille des populations respectives des différents pays.

[44] Pondération en fonction de la taille des populations respectives des différents pays.

[45] Wolton, 1990, p. 104.

[46] Agee, Ault & Emery, 1989, p. 636-637.

[47] Voir notamment Burgelman & Pauwels, 1992, p. 171 ; Sreberny-Mohammadi, 1991, p. 123-126.

[48] McQuail, 1994, p. 134.

[49] Smith, 1991, p. 1.

[50] Commission des Communautés européennes, 1992, p. 27.

[51] Matsumoto, Wallbott & Scherer, 1989, p. 226 et suivantes. Une telle hypothèse était déjà avancée par Ekman & Friesen, 1971.

[52] Snyder, Willenborg & Watt, 1991, p. 444.

[53] Usunier, 1992, p. 226.

[54] Usunier, 1992, p. 319.

[55] Wolton, 1990, p. 13.

[56] Hoffmann-Riem & Vesting, 1994.

[57] Usunier, 1992, p. 204.

[58] Jules Gritti évoque ces deux tendances dès les années soixante (Gritti, 1967, p. 31-36).

[59] Selon l'expression de Michel Bassand, 1990, p. 151.

[60] Voir notamment Regourd, 1994, p. 73 ; Sreberny-Mohammadi, 1991, p. 128.

[61] Straubhaar, 1991, p. 39 & 55.

[62] Michel, 1994, p. 5.

[63] Cohen & Roeh, 1992, p. 24.

[64] Regourd, 1994, p. 73.

[65] The European Cultural Foundation, 1988, p. 37.

[66] Larsen, 1992, p. 125-127.

[67] Lochon et Sánchez-Tabernero, 1991, p. 34 ; Gurevitch, 1989, p. 223.

[68] Le succès de *France Info* est exemplaire pour une radio thématique d'actualité. L'étude d'audience du printemps 1995 lui attribue plus de 4,5 millions d'auditeurs, soit, pour la première fois, plus que la chaîne généraliste *Europe 1.* (selon *Micro 4, Lettre d'information de la Communauté des radios publiques de langue française*, n° 183, septembre 1995).

[69] Stevenson, 1995, p. 206, notre traduction de « *an emerging European identity in respect of media cultures* ».

[70] A l'exception des politiques délibérées d'obstruction aux débordements d'émissions hertziennes venant de l'étranger, soit par brouillage actif, soit, comme nous l'avons évoqué, en adoptant un standard de diffusion distinct afin de rendre les équipements nationaux de réception incapables de capter les émissions étrangères.

[71] Permettant la réception avec un minimum d'infrastructure, accessible de ce fait aux ménages.

[72] Fitzgerald, 1991, p. 194.

[73] MacBride, 1981, p. 50 ; Daniel Katz, rapporté par Tafoya, 1983, p. 209 ; Giles & Franklyn-Stokes, 1989, p. 118 et suivantes ; Gudykunst, Ting-Toomey, Hall & Schmidt, 1989, p. 145 et suivantes ; Smith, 1990, p. 175 ; Usunier, 1992, p. 166 ; Michel, 1994, p. 5.

[74] Schlesinger, 1993, p. 12.

[75] Nous avons évoqué l'importance du rôle de la langue pour appuyer et promouvoir les identités nationales.

[76] Selon le *Bureau européen pour les langues moins répandues*, Bruxelles.

[77] Giles & Franklyn-Stokes, 1989, p. 130.

[78] Luyken, 1991, p. 3 et suivantes.

[79] Commission européenne, *Eurobaromètre*, n° 41, p. A38-A39.

[80] Luyken, 1991, p. 26. Le test portait sur la traduction de la phrase « *You don't really need to have the gift of tongues in order to learn English, but French is a completely different cup of tea* ».

[81] La version française lancée en 1998 constitue une publication à part entière et à destination d'un public français et non une simple adaptation de l'édition et du contenu rédactionnel de la version anglaise.

[82] Gonzalez, 1989, p. 484, notre traduction de « *the interpretation of verbal signs by the verbal signs of another language* ».

[83] Notre traduction de la locution « *language transfer* » introduite par Luyken, 1991, p. 11, qui parle aussi de « *language conversion* ».

[84] Selon les termes exposés dans les brochures de *RFI.*

[85] Selon la brochure éditée par *Deutsche Welle* pour son 40e anniversaire, en 1993.

[86] Le programme, qui disposait d'une ligne budgétaire de dix millions d'ECU pour les années 1991 à 1995, est géré par les structures du plan MEDIA de la Commission européenne. Voir Yvane, 1993.

[87] Selon la brochure éditée par *Deutsche Welle* pour son 40e anniversaire, en 1993.

[88] *Le Soir*, 17 octobre 1994, p. 5.

[89] *Libération*, le 10 novembre 1994.

[90] *L'Express*, 4 février 1993.

[91] Michel, 1994, p. 5.

[92] The European Cultural Foundation, 1988, p. 36.

[93] Gurevitch, 1989, p. 223.

[94] Wilke et Rosenberger, 1994, montrent à quel point les dépêches diffusées en Allemagne par *Associated Press* sont sélectionnées et adaptées (style, éléments de contexte) aux caractéristiques supposées de ce pays.

[95] Facorro & de Fleur, 1993, p. 599.

[96] Stevenson, 1995, p. 206.

[97] Le succès, même relatif, sporadique (marqué en cas de crise) et inattendu de *CNN* a engendré une série impressionnante de projets similaires, au premier rang desquels *Euronews* et *BBC World*, mais également *MSNBC*, un projet similaire d'*ABC*, etc.

[98] Meyrowitz, 1985, p. 69, notre traduction de « *The potency of a new medium emanates not only from its own uses and inherent characteristics, but also from the ways in which it offsets or bypasses the uses and characteristics of earlier media* ».

[99] Morley, 1992, p. 81.

[100] Usunier, 1992, p. 166.

[101] Les chaînes membres de ce groupe sont *Arte, BBC TV World Ltd, RAISAT, Deutsche Welle TV, RTVE Int.* (Espagne), *TRT Int.* (Turquie), *Euronews, RTP Int.* (Portugal), *3SAT, TV5, DUNA TV* (Hongrie) et *TVP-TV Polonia* (Pologne). Notons que ces chaînes ne sont pas toutes *transnationales* au sens strict de notre définition.

[102] Propos rapportés par *La Lettre de l'audiovisuel et des médias*, n° 1726 du 21 février 1995, p. 3.

[103] The European Cultural Foundation, 1988, p. 37.

[104] Schlesinger, 1993, p. 6, notre traduction de « *To try to communicate on the European plane is first and foremost to acknowledge the fact of considerable diversity* »

[105] Wolton, 1990, p. 245.

[106] Wolton, 1990, p. 302.

[107] Selon Christine Simon, « Pas d'écran noir pour Euronews ? » *Le Soir,* le 17 octobre 1994, p. 5.

[108] Selon une étude de la Sofres, évoquée par Emmanuelle Walter, « L'info autour de minuit sur *Euronews* et LCI », *Libération*, le 10 novembre 1994.

[109] Remarquons, à ce propos, que la guerre du Golfe a été créditée de tous les maux et de tous les changements intervenus depuis son déroulement. Jochen Zimmer relève, en particulier, que le lancement de nombreuses chaînes d'information en continu a été soi-disant suscité par ce conflit alors qu'il est plutôt le résultat des progrès technologiques, de la dérégulation, etc. (Zimmer, 1993).

[110] Murdock, 1992, p. 38-39.

[111] Selon *L'Echo*, 12 avril 1995, p. 11.

[112] Le concept *TV5* aurait germé en 1983 à la Direction des affaires culturelles du ministère français des Relations extérieures (Gaillard, 1991, p. 16).

[113] *TF1, Antenne 2 et FR3* pour la France, *RTBF* pour la Belgique, et *SSR* pour la Suisse.

[114] Lorsqu'en 1994, on a fêté le millième invité du journal de *TV5*, on a observé qu'à peine un tiers des invités n'étaient pas français.

[115] GAILLARD, 1991, p. 20, évoque notamment comme indices de cette inadéquation l'utilisation de termes comme « chez nous » ou « chez nos voisins », l'expression des valeurs en monnaie nationale ou les invitations à participer (par téléphone ou par minitel), qui se révèlent sans objet.

[116] MOREL, 1993, p. 74.

[117] BASSAND, 1990, p. 156.

[118] Cette appellation vise à distinguer cette approche du procédé transnational « ordinaire » tel que nous l'évoquons par ailleurs, c'est-à-dire associé à de vastes zones de diffusion.

[119] Pour rappel, cette région transnationale regroupe le Limbourg belge, le Sud-Limbourg néerlandais, la Province de Liège et la région d'Aix-la-Chapelle.

[120] Le projet serait entrepris par cinq radios de service public : *Omroep Limburg (*Maastricht), *BRTN* (Hasselt), *WDR* (Aix-la-Chapelle), *BRF* (Eupen) et *RTBF* (Liège). D'après *Le Soir*, 28 décembre 1995, p. 18.

[121] Les partenaires français et belges sont respectivement *F3-Nord-Pas-de-Calais-Picardie* et *RTBF-Charleroi*. Initialement, le partenariat comprenait également une chaîne régionale allemande.

[122] Emission trimestrielle d'une heure coproduite par *F3-Lyon* et la *TSR* (télévision suisse romande).

[123] Emission hebdomadaire de 26 minutes impliquant *F3-Marseille*, *F3-Toulouse*, *F3-Ajaccio*, la *RAI* et la télévision de Malte.

[124] Emission mensuelle de 26 minutes impliquant *F3-Nancy* et la *RTBF-Namur*. Cette liste n'est pas exhaustive et est établie sur base des informations transmises par la direction du développement régional et européen, unité programme régions, de *France 3*.

[125] Selon *Média Marketing*, n° 114, décembre 1995-février 1996, p. 65.

[126] Selon les propos de la directrice de la régie publicitaire belge de *Nord-Eclair*, rapportés par *Média Marketing*, n° 114, décembre 1995-février 1996, p. 67.

[127] Chiffres fournis par le service de logistique des *Dernières Nouvelles d'Alsace* en décembre 1995.

[128] « Résolution relative à la radiodiffusion et à la télévision dans la Communauté européenne approuvée le 12 mars 1982 », *Journal officiel des Communautés européennes*, 5 avril 1982, p. C 87/112.

[129] « Rapport du groupe d'action Euronews » de l'UER, Genève, avril 1990, extraits publiés dans *Dossiers de l'audiovisuel*, n° 35, Paris, Institut National de l'Audiovisuel/La Documentation française, 1991.

[130] ANDERSON, 1983, p. 46.

[131] ANDERSON, 1983, p. 39.

[132] MORLEY, 1992, p. 81.

[133] LARSEN, 1992, p. 132.

[134] TUNSTALL, 1977, p. 44.

[135] WOLTON, 1990, p. 21.

[136] Voir notamment STEVENSON, 1995, p. 206.

[137] BASSAND, 1990, p. 151.

[138] L'importance du facteur national est largement avérée dans la sélection des sujets depuis GALTUNG & RUGE (1965), voir aussi WESTERSTÅHL & JOHANSON, 1994 ; et la différenciation internationale dans son traitement est observée par SWANSON & CARLIER, 1993, PENOLODIS, 1984 ; HEINDERYCKX, 1993, 1994 & 1995.

[139] GRABIER, 1990, p. 148.

[140] Jean Dierickx situe l'origine de cette pratique aux Etats-Unis et estime qu'elle est beaucoup plus répandue dans la presse anglo-saxonne car la langue anglaise s'y prête mieux. « Les titres des journaux français sont des phrases, les titres des journaux anglais sont des rébus ! » résume-t-il (DIERICKX, 1979, p. 46 et suivantes).

[141] MERRILL, 1983, p. 7.

[142] L'importance des médias de service public et leurs relations avec les autorités politiques occupent une place déterminante dans ce genre de processus.

[143] Tout le secteur des télécommunication partage cet héritage historique de structuration par Etats-nations en raison des monopoles étatiques (DARTOIS & POUILLOT, 1994, p. 269).

[144] SCHLESINGER, 1993, p. 11.

[145] ANG, 1990, p. 253.

[146] Mœglin, à propos des systèmes nationaux de télévision, parle de « forteresses » (Mœglin, 1992, p. 439).

[147] Hobsbawm, 1995.

[148] Gurevitch, Levy & Roeh, 1991, p. 207, notre traduction de « *The events are then narrated in ways which invoke these familiar, stable frameworks, thus also contributing to the stability of that culture* ».

[149] Morley, 1992, p. 79.

[150] Noam, 1991, p. 25.

[151] Wolton, 1990, p. 6.

[152] Deutsch, 1953, p. 100.

[153] Deutsch, 1953.

[154] Stamm, 1985.

[155] Friedman, 1994, p. 238.

[156] Gitlin, 1979, p. 251.

[157] Fitzgerald, 1991, p. 194.

[158] Moles, 1967, p. 68.

[159] Wolton, 1990, p. 6.

[160] Schlesinger, 1991, p. 158.

[161] Notamment Bassand, 1990, p. 156 ; Agee, Ault & Emery, 1989, p. 628.

[162] Featherstone, 1995, p. 109.

[163] Featherstone, 1995, p. 112.

[164] Gellner, 1987, p. 6.

[165] Schlesinger, 1991, p. 161, notre traduction de « *The last redoubt of national originality is the National Nightly News, devoted in the first instance to the doings of national political figures in the universally accepted ethnocentric manner* ».

Gros consommateurs de médias d'information dans les pays de l'Union européenne

Annexe 1
Médias d'information :
gros consommateurs en Belgique (en pour cent)

	Télévision	Radio	Quotidiens	Cumul
Moyenne nationale	87	70	59	79
Hommes	88	72	65	82
Femmes	85	67	53	76
15-24 ans	73	63	42	65
25-39 ans	85	73	56	78
40-54 ans	91	75	64	83
55 ans et plus	93	66	65	83
Indépendants	85	76	76	83
Cadres supérieurs	91	82	82	87
Autres cadres	88	76	76	84
Manuels	87	70	70	79
Personnes au foyer	90	66	66	77
Etudiants	65	59	40	59
Sans emploi	86	66	43	70
Pensionnés	93	65	65	84
Revenus ++	83	71	64	79
Revenus +	87	69	64	80
Revenus -	86	71	59	78
Revenus - -	87	67	55	77
Milieu rural	88	70	60	79
Petite ville	87	69	58	79
Grande ville	84	69	57	78
Wallonie	85	65	57	75
Bruxelles	83	67	62	77
Flandre	89	73	59	81

F. Heinderyckx, à partir du sondage Eurobaromètre 44.2*bis*, Commission européenne, 1996.

Annexe 2
Médias d'information :
gros consommateurs au Danemark (en pour cent)

	Télévision	Radio	Quotidiens	Cumul
Moyenne nationale	94	83	83	92
Hommes	93	84	84	93
Femmes	94	82	81	92
15-24 ans	83	71	69	81
25-39 ans	93	82	77	90
40-54 ans	96	88	89	97
55 ans et plus	98	88	91	98
Indépendants	96	88	94	98
Cadres supérieurs	95	88	93	86
Autres cadres	95	87	88	96
Manuels	93	84	80	92
Personnes au foyer	91	85	84	93
Etudiants	84	71	69	82
Sans emploi	95	76	69	83
Pensionnés	98	87	89	98
Revenus ++	96	86	92	96
Revenus +	95	85	81	93
Revenus -	93	83	81	90
Revenus - -	92	80	78	92
Milieu rural	95	91	85	95
Petite ville	94	82	81	92
Grande ville	92	81	82	91
Copenhague	92	83	84	93
Sjaeland, Lolland, Falster et Bornholm (sauf Copenhague)	92	85	81	93
Fionie	96	89	86	96
Jutland	94	82	82	91

F. Heinderyckx, à partir du sondage Eurobaromètre 44.2*bis*, Commission européenne, 1996.

Annexe 3
Médias d'information :
gros consommateurs en Allemagne (en pour cent)

	Télévision	Radio	Quotidiens	Cumul
Moyenne nationale	89	72	83	88
Hommes	91	74	85	90
Femmes	88	71	81	86
15-24 ans	75	68	65	74
25-39 ans	88	73	80	87
40-54 ans	92	77	89	92
55 ans et plus	95	71	89	92
Indépendants	89	75	90	92
Cadres supérieurs	93	80	89	94
Autres cadres	89	76	86	89
Manuels	87	72	79	85
Personnes au foyer	90	66	79	84
Etudiants	73	65	68	72
Sans emploi	88	69	76	83
Pensionnés	97	71	90	94
Revenus ++	91	74	87	90
Revenus +	90	75	86	90
Revenus -	92	72	83	88
Revenus - -	87	68	76	84
Milieu rural	90	73	85	89
Petite ville	89	71	82	86
Grande ville	90	73	83	88
Schleswig-Holstein, Hambourg, Basse-Saxe, Brême	91	72	85	90
Rhénanie du Nord-Westphalie	89	69	81	85
Hesse	92	80	84	92
Rhénanie-Palatinat et Sarre	91	63	77	86
Bade-Wurtemberg	85	68	80	84
Bavière	88	74	84	87
Berlin Ouest	88	73	80	90
Berlin Est	89	69	82	88
Mecklenbourg	92	90	87	93
Brandebourg	87	74	82	86
Saxe-Anhalt	93	76	89	92
Thuringe	89	75	86	86
Saxe	92	79	87	92

F. Heinderyckx, à partir du sondage Eurobaromètre 44.2*bis*, Commission européenne, 1996.

Annexe 4
Médias d'information :
gros consommateurs en Grèce (en pour cent)

	Télévision	Radio	Quotidiens	Cumul
Moyenne nationale	93	31	44	55
Hommes	93	36	56	68
Femmes	92	27	33	46
15-24 ans	87	28	37	48
25-39 ans	93	35	49	61
40-54 ans	94	36	50	62
55 ans et plus	94	27	40	51
Indépendants	92	36	52	63
Cadres supérieurs	96	46	74	83
Autres cadres	91	38	52	61
Manuels	91	29	39	51
Personnes au foyer	95	25	29	44
Etudiants	85	22	39	47
Sans emploi	90	35	42	58
Pensionnés	94	25	37	47
Revenus ++	94	41	56	67
Revenus +	92	30	47	57
Revenus -	92	30	39	52
Revenus - -	93	21	31	41
Milieu rural	91	23	38	56
Petite ville	95	24	47	54
Grande ville	92	43	47	63
Nord	95	17	47	53
Centre	91	39	42	58
Iles du sud et de l'est	91	33	44	49

F. Heinderyckx, à partir du sondage Eurobaromètre 44.2*bis*, Commission européenne, 1996.

Annexe 5
Médias d'information :
gros consommateurs en Espagne (en pour cent)

	Télévision	Radio	Quotidiens	Cumul
Moyenne nationale	90	53	50	67
Hommes	90	56	59	73
Femmes	89	50	41	62
15-24 ans	83	51	45	62
25-39 ans	90	55	59	72
40-54 ans	92	58	57	73
55 ans et plus	92	49	41	61
Indépendants	88	57	63	73
Cadres supérieurs	89	65	79	87
Autres cadres	92	59	72	81
Manuels	88	55	52	68
Personnes au foyer	93	49	34	60
Etudiants	84	48	43	60
Sans emploi	88	49	46	63
Pensionnés	93	51	39	61
Revenus ++	91	61	65	78
Revenus +	91	54	52	69
Revenus -	92	49	44	63
Revenus - -	90	45	31	53
Milieu rural	90	49	45	62
Petite ville	90	56	53	70
Grande ville	89	54	54	70
Galice	93	58	64	76
Nord	95	60	66	82
Nord-Est	87	69	66	79
Aragon-La Rioja	92	59	47	69
Madrid	90	57	48	69
Centre	89	45	46	60
Catalogne	93	52	59	73
Est	90	50	41	61
Sud	89	53	41	62
Canaries	72	36	41	49

F. Heinderyckx, à partir du sondage Eurobaromètre 44.2*bis*, Commission européenne, 1996.

Annexe 6
Médias d'information :
gros consommateurs en Finlande (en pour cent)

	Télévision	Radio	Quotidiens	Cumul
Moyenne nationale	93	65	84	89
Hommes	95	67	87	92
Femmes	91	62	81	86
15-24 ans	85	41	67	73
25-39 ans	93	61	85	89
40-54 ans	94	70	89	93
55 ans et plus	95	76	86	93
Indépendants	96	75	91	96
Cadres supérieurs	94	68	94	95
Autres cadres	95	69	89	92
Manuels	94	65	84	89
Personnes au foyer	90	63	80	85
Etudiants	85	43	75	77
Sans emploi	91	55	71	80
Pensionnés	94	75	84	93
Revenus ++	97	68	93	94
Revenus +	94	65	88	92
Revenus -	93	65	82	87
Revenus - -	87	63	71	82
Milieu rural	93	69	83	90
Petite ville	92	64	83	87
Grande ville	93	57	87	91
Uusimaa	93	58	85	89
Sud	93	67	83	89
Est	94	68	83	91
Ouest	93	68	86	89
Nord	87	63	84	86

F. Heinderyckx, à partir du sondage Eurobaromètre 44.2*bis*, Commission européenne, 1996.

Annexe 7
Médias d'information :
gros consommateurs en France (en pour cent)

	Télévision	Radio	Quotidiens	Cumul
Moyenne nationale	79	48	54	63
Hommes	78	50	57	65
Femmes	80	46	51	61
15-24 ans	69	33	38	45
25-39 ans	73	48	47	57
40-54 ans	81	53	58	68
55 ans et plus	90	52	66	76
Indépendants	76	53	63	69
Cadres supérieurs	73	62	60	70
Autres cadres	79	51	51	63
Manuels	77	45	49	58
Personnes au foyer	83	43	46	58
Etudiants	70	37	35	44
Sans emploi	76	34	50	53
Pensionnés	90	51	66	77
Revenus ++	82	58	60	71
Revenus +	80	48	53	64
Revenus -	80	46	52	62
Revenus - -	77	42	50	59
Milieu rural	82	50	56	67
Petite ville	80	45	51	61
Grande ville	75	48	54	62
Ile-de-France	71	43	51	56
Bassin Parisien	83	49	55	67
Nord-Pas-de-Calais	83	50	49	62
Est	79	55	61	70
Ouest	86	55	65	74
Sud-Ouest	82	45	50	61
Centre-Est	76	45	50	59
Méditerranée	77	44	47	58

F. Heinderyckx, à partir du sondage Eurobaromètre 44.2*bis*, Commission européenne, 1996.

Annexe 8
Médias d'information :
gros consommateurs en Irlande (en pour cent)

	Télévision	Radio	Quotidiens	Cumul
Moyenne nationale	89	87	74	89
Hommes	89	87	76	89
Femmes	89	86	73	89
15-24 ans	71	74	62	73
25-39 ans	91	88	77	91
40-54 ans	97	90	83	96
55 ans et plus	95	93	76	95
Indépendants	92	94	77	94
Cadres supérieurs	97	91	91	96
Autres cadres	94	90	88	94
Manuels	88	87	79	89
Personnes au foyer	93	90	74	93
Etudiants	68	70	58	68
Sans emploi	84	79	63	83
Pensionnés	96	91	76	96
Revenus ++	92	85	89	91
Revenus +	93	90	81	94
Revenus -	89	87	73	90
Revenus - -	90	85	64	88
Milieu rural	89	88	69	89
Petite ville	90	85	72	89
Grande ville	88	86	81	89
Dublin	87	84	80	86
Leinster (sauf Dublin)	89	84	71	88
Munster	89	89	77	90
Connaught et Ulster	90	90	66	91

F. Heinderyckx, à partir du sondage Eurobaromètre 44.2*bis*, Commission européenne, 1996.

Annexe 9
Médias d'information :
gros consommateurs en Italie (en pour cent)

	Télévision	Radio	Quotidiens	Cumul
Moyenne nationale	95	34	64	70
Hommes	96	39	73	78
Femmes	95	30	55	63
15-24 ans	91	37	55	66
25-39 ans	95	38	69	75
40-54 ans	96	33	72	74
55 ans et plus	97	31	58	66
Indépendants	95	42	75	80
Cadres supérieurs	97	43	84	88
Autres cadres	95	40	78	82
Manuels	95	33	64	70
Personnes au foyer	96	24	50	55
Etudiants	92	35	57	66
Sans emploi	95	34	55	65
Pensionnés	97	28	55	63
Revenus ++	97	43	81	85
Revenus +	97	36	70	76
Revenus -	94	31	61	67
Revenus - -	94	27	44	54
Milieu rural	95	32	59	67
Petite ville	95	35	65	71
Grande ville	95	39	73	79
Nord-Ouest	96	40	75	79
Lombardie	95	39	73	80
Nord-Est	96	43	75	81
Emilie-Romagne	96	33	72	78
Centre	95	26	61	67
Latium	95	45	66	74
Abruzesi-Molise	97	33	62	67
Campanie	95	31	44	55
Sud	95	24	46	54
Sicile	95	23	54	59
Sardaigne	93	32	66	71

F. Heinderyckx, à partir du sondage Eurobaromètre 44.2*bis*, Commission européenne, 1996.

Annexe 10
Médias d'information :
gros consommateurs au Luxembourg (en pour cent)

	Télévision	Radio	Quotidiens	Cumul
Moyenne nationale	87	77	79	86
Hommes	87	77	79	86
Femmes	87	78	78	85
15-24 ans	76	71	63	76
25-39 ans	88	75	74	83
40-54 ans	87	80	84	90
55 ans et plus	93	81	89	92
Indépendants	89	82	90	92
Cadres supérieurs	84	88	90	89
Autres cadres	89	76	86	92
Manuels	85	59	71	82
Personnes au foyer	92	78	81	88
Etudiants	78	70	51	74
Sans emploi	71	80	65	71
Pensionnés	93	82	89	90
Revenus ++	85	85	88	92
Revenus +	90	74	77	83
Revenus -	91	79	78	90
Revenus - -	82	67	70	76
Milieu rural	87	81	75	85
Petite ville	88	76	83	88
Grande ville	84	69	74	81
Centre	84	76	78	84
Sud	89	77	76	85
Nord	86	77	80	84
Est	91	83	88	94

F. Heinderyckx, à partir du sondage Eurobaromètre 44.2*bis*, Commission européenne, 1996.

Annexe 11
Médias d'information :
gros consommateurs aux Pays Bas (en pour cent)

	Télévision	Radio	Quotidiens	Cumul
Moyenne nationale	94	71	83	91
Hommes	94	79	86	93
Femmes	93	65	80	89
15-24 ans	91	71	76	88
25-39 ans	93	72	80	89
40-54 ans	95	72	88	93
55 ans et plus	95	70	86	93
Indépendants	91	72	90	93
Cadres supérieurs	97	80	93	97
Autres cadres	94	80	82	93
Manuels	94	71	82	91
Personnes au foyer	95	64	78	88
Etudiants	91	64	72	82
Sans emploi	84	57	78	80
Pensionnés	96	69	85	93
Revenus ++	95	76	91	95
Revenus +	95	74	88	95
Revenus -	95	73	82	92
Revenus - -	92	63	72	83
Milieu rural	93	74	86	93
Petite ville	94	71	82	80
Grande ville	94	66	80	89
Nord	96	76	86	92
Est	95	74	83	92
Ouest	94	71	84	91
Sud	92	69	81	89

F. Heinderyckx, à partir du sondage Eurobaromètre 44.2*bis*, Commission européenne, 1996.

Annexe 12
Médias d'information :
gros consommateurs en Autriche (en pour cent)

	Télévision	Radio	Quotidiens	Cumul
Moyenne nationale	91	87	84	93
Hommes	90	86	83	93
Femmes	91	88	85	93
15-24 ans	84	82	78	86
25-39 ans	88	88	83	92
40-54 ans	92	88	88	94
55 ans et plus	96	88	84	96
Indépendants	90	91	87	95
Cadres supérieurs	90	86	89	93
Autres cadres	88	86	83	92
Manuels	89	86	85	92
Personnes au foyer	94	87	79	93
Etudiants	79	82	75	80
Sans emploi	91	93	82	98
Pensionnés	97	88	84	96
Revenus ++	88	84	86	92
Revenus +	92	88	86	94
Revenus -	92	86	84	93
Revenus - -	92	89	77	91
Milieu rural	92	90	80	93
Petite ville	91	87	87	94
Grande ville	89	82	87	91
Vorarlberg et Tyrol	84	80	78	86
Salzbourg et Carynthie	92	90	88	93
Haute-Autriche	86	83	71	88
Styrie	92	94	90	96
Basse-Autriche et Burgenland	93	80	84	96
Vienne	94	83	90	95

F. Heinderyckx, à partir du sondage Eurobaromètre 44.2*bis*, Commission européenne, 1996.

Annexe 13
Médias d'information :
Gros consommateurs au Portugal (en pour cent)

	Télévision	Radio	Quotidiens	Cumul
Moyenne nationale	94	55	41	66
Hommes	95	61	53	74
Femmes	92	50	30	58
15-24 ans	94	64	47	74
25-39 ans	96	58	50	72
40-54 ans	95	55	43	67
55 ans et plus	90	48	27	55
Indépendants	92	57	46	69
Cadres supérieurs	98	67	63	83
Autres cadres	98	64	55	82
Manuels	95	55	41	65
Personnes au foyer	91	44	17	48
Etudiants	95	62	50	76
Sans emploi	93	53	43	66
Pensionnés	89	45	22	51
Revenus ++	95	66	59	79
Revenus +	96	59	51	75
Revenus -	93	54	34	63
Revenus - -	87	40	12	41
Milieu rural	90	51	31	58
Petite ville	94	56	44	68
Grande ville	97	61	51	76
Nord	92	56	43	67
Centre	93	52	30	59
Lisbonne et Vallée du Tage	96	58	43	68
Alentejo, Algarve, Açores et Madeire	91	50	42	65

F. Heinderyckx, à partir du sondage Eurobaromètre 44.2*bis*, Commission européenne, 1996.

Annexe 14
Médias d'information :
gros consommateurs en Suède (en pour cent)

	Télévision	Radio	Quotidiens	Cumul
Moyenne nationale	91	77	89	92
Hommes	92	77	91	92
Femmes	90	76	88	91
15-24 ans	77	63	75	77
25-39 ans	87	72	87	90
40-54 ans	96	83	95	96
55 ans et plus	97	81	94	96
Indépendants	94	83	93	94
Cadres supérieurs	96	79	96	97
Autres cadres	90	80	94	94
Manuels	89	79	89	92
Personnes au foyer	88	77	83	83
Etudiants	80	59	77	78
Sans emploi	87	66	79	83
Pensionnés	97	81	93	96
Revenus ++	93	81	95	95
Revenus +	94	78	92	95
Revenus -	92	76	89	91
Revenus - -	89	74	85	89
Milieu rural	90	79	87	90
Petite ville	92	75	90	93
Grande ville	90	76	91	91
Stockholm	90	74	92	92
Östra Mellansverige	94	77	92	94
Småland Med Öarna	91	78	86	92
Sydsverige	89	75	87	89
Västsverige	90	78	85	89
Norra Mellansverige	94	78	92	93
Mellersta Norrland + Övre Norrland	88	77	93	92

F. Heinderyckx, à partir du sondage Eurobaromètre 44.2*bis*, Commission européenne, 1996.

Annexe 15
Médias d'information :
gros consommateurs au Royaume-Uni (en pour cent)

	Télévision	Radio	Quotidiens	Cumul
Moyenne nationale	92	65	74	85
Hommes	92	70	79	88
Femmes	93	61	69	82
15-24 ans	85	59	67	76
25-39 ans	91	67	70	83
40-54 ans	94	68	78	88
55 ans et plus	97	65	79	89
Indépendants	92	72	72	87
Cadres supérieurs	95	79	79	92
Autres cadres	91	69	73	86
Manuels	91	64	76	85
Personnes au foyer	93	56	70	81
Etudiants	85	60	61	75
Sans emploi	91	57	68	79
Pensionnés	96	61	77	87
Revenus ++	93	74	79	90
Revenus +	95	71	75	89
Revenus -	93	65	75	85
Revenus - -	92	58	68	81
Milieu rural	93	68	74	87
Petite ville	93	64	74	84
Grande ville	92	66	74	85
Ecosse	93	68	86	91
Nord, Yorkshire & Humberside et Nord-Ouest	94	63	74	84
Midlands et Est Angleterre	92	64	71	83
Pays de Galles	92	56	71	82
Londres	92	69	74	87
Sud Angleterre	93	65	71	83
Irlande du Nord	93	59	70	79

F. Heinderyckx, à partir du sondage Eurobaromètre 44.2*bis*, Commission européenne, 1996.

Pistes bibliographiques

AGEE, Warren K, AULT, Philip H. & EMERY, Edwin. *Introduction aux communications de masse*, Bruxelles, De Boeck-Wesmael, 1989.

ANDERSON, Benedict. *Imagined communities : reflections on the origins and spread of nationalism*, Londres, Verso Editions/New Left Books, 1983.

ANG, Ien. « Culture and communication : Towards an ethnographic critique of media consumption in the transnational media system », *European Journal of Communication*, vol. 5, n° 2-3, Londres, Sage, 1990, p. 239-260.

ARCHER, Margaret S. « Theory, culture and post-industrial society », dans Mike Featherstone, *Global Culture : Nationalism, Globalization and Modernity*, Londres, Sage, 1990, p. 97-119.

ASANTE, Molefi Kete & GUDYKUNST, William B. *Handbook of International and Intercultural Communication*, Londres, Sage, 1989.

BARDIN, Laurence. *L'analyse de contenu*, Paris, Presses Universitaires de France, 1993.

BARRETT, Martyn & MASLIN-BIRD, Jenny. « English Children's Knowledge of and Attitudes towards Europe and Being European », Paper presented at the 5th European Conference on Developmental Psychology, Séville, septembre 1992, 9 p.

BASSAND, Michel. *Culture et régions d'Europe*, Lausanne, Presses Polytechniques et Universitaires Romandes, 1990.

BERELSON, Bernard. *Content analysis in communication research*, Glencoe, The Free Press, 1952.

— & LAZARSFELD, Paul. *The analysis of communication content*, Chicago/New York, University of Chicago/University of Columbia, 1948.

BERGER, Arthur Asa. *Media Analysis Techniques*, Newbury Park, Sage, 1991.

BESSON, Jean-Louis (dir.). *La cité des chiffres ou l'illusion des statistiques*, Paris, Editions Autrement, 1992.

BILTEREYST, Daniel. « Language and Culture as Ultimate Barriers ? An Analysis of the Circulation, Consumption and Popularity of Fiction in Small European Countries », *European Journal of Communication*, vol. 7, n° 4, Londres, Sage, 1992, p. 517-540.

—. « Qualitative audience research and transnational media effects », *European Journal of Communication*, vol. 10, n° 2, Londres, Sage, 1995, p. 245-270.

BODDEWYN, J. J., SOEHL, Robin & PICARD, Jacques. « Standardization in international marketing : Is Ted Leavit right ? », *Business Horizons*, vol. 29, n° 6, Bloomington,

Indiana, Indiana University, Graduate School of Business/Bureau of Business Research, nov.-déc. 1986, p. 69-75.

BOUILLIN-DARTEVELLE, Roselyne. *La génération éclatée : loisirs et communication des adolescents*, Bruxelles, Editions de l'Université de Bruxelles, 1984.

—, THOVERON, Gabriel & NOEL, Françoise. *Temps libre et pratiques culturelles*, Liège, Mardaga, 1991.

BROMBERGER, Christian. « L'ethnologie de la France et le problème de l'identité », dans *En quête d'identité, Civilisations,* vol. XLII, n° 2, Bruxelles, ULB-Institut de sociologie, 1993, p. 45-63.

BROSIUS, Hans-Bernd. « Format effects on comprehension of television news », *Journalism Quarterly*, Washington D.C., Association for Education in Journalism and Mass Communication, vol. 68, n° 3, 1991, p. 396-401.

BURGELMAN, Jean-Claude & PAUWELS, Caroline. « Audiovisual Policy and Cultural Identity in Small European States : The Challenge of a Unified Market », *Media, Culture and Society*, vol. 14, n° 2, Londres, Sage, 1992, p. 169-183.

—. « La politique audiovisuelle et l'identité culturelle des petits Etats européens », *Médiaspouvoirs*, n° 20, Paris, Bayard Presse, 1990, p. 105-114.

CAPRON, Henri. « Essai de typologie des régions transfrontalières », dans Centre Interuniversitaire de Formation Permanente (CIFoP), *Les régions et l'Europe : approche transfrontalière*, Charleroi, Centre Interuniversitaire de Formation Permanente, 1990, p. 19-47.

— & THYS-CLEMENT, Françoise. « La frontière : limite spatiale significative ? Quelques réflexions sur les structures démographiques », dans Centre Interuniversitaire de Formation Permanente (CIFoP), *Les régions et l'Europe : approche transfrontalière*, Charleroi, Centre Interuniversitaire de Formation Permanente, 1990, p. 49-62.

CAPUL, Jean-Yves (dir.). *Les médias*, Cahiers français, n° 266, Paris, La Documentation française, 1994.

CARON, André H. *Les télévisions étrangères : leur impact sur nos images politiques et culturelles*, Montréal, Université de Montréal, Département de communication, 1983.

CARTWRIGHT, Dorwin P. « L'analyse du matériel qualitatif », dans Leon Festinger & Daniel Katz, *Les méthodes de recherche dans les sciences sociales*, Paris, Presses Universitaires de France, 1974, p. 481-537.

CASMIR, Fred L. « Mass communication and culture : an epilogue », dans Felipe Korzenny & Stella Ting-Toomey, *Mass Media effects across cultures*, Newbury Park, Sage, 1992, p. 247-262.

—. « Introduction : culture, communication and education », *Communication Education*, vol. 40, n° 3, 1991, p. 229-234.

CAYROL, Roland. « Media use and campaign evaluations : social and political stratification of the European electorate », dans Blumler, Jay G. (éd.). *Communicating to voters : television in the first European parliamentary elections*, Londres, Sage, 1983, p. 163-180.

CAZENEUVE, Jean. *La société de l'ubiquité*, Paris, Denoël/Gonthier, 1972.

CENTRE D'ÉTUDE DES TECHNIQUES DE DIFFUSION COLLECTIVE. *Publics et techniques de la diffusion collective*, Bruxelles, Editions de l'Institut de Sociologie, Université Libre de Bruxelles, 1971.

CENTRE D'INVESTIGACIÓ DE LA COMMUNICACIÓ & UNESCO. *Mass communication, cultural identity, and cross-cultural relations*, Barcelone, Generalitat de Catalunya, 1992.

CENTRE INTERUNIVERSITAIRE DE FORMATION PERMANENTE (CIFoP). *Les régions et l'Europe : approche transfrontalière*, Rapport préparatoire au 9e congrès des économistes belges de langue française, Charleroi, Centre Interuniversitaire de Formation Permanente, 1990.

CHARON, Jean-Marie & SAUVAGEAU, Florian. *L'état des médias*, Paris, La Découverte, Médiaspouvoirs, CFPJ, 1991.

CLARK, Harold F. Jr. « Consumer and corporate values : yet another view on global marketing », *International Journal of Advertising*, vol. 6, n° 1, Londres, Cassel Educational, 1987, p. 29-42.

CLAUSSE, Roger. *L'information à la recherche d'un statut*, Bruxelles, Les Cahiers de l'Institut de Sociologie Solvay de l'Université Libre de Bruxelles, Les éditions de la Librairie encyclopédique, 1951.

COHEN, Akiba & ROEH, Itzhak. « When fiction and news cross over the border : notes on differential readings and effects », dans Felipe Korzenny & Stella Ting-Toomey, *Mass Media effects across cultures*, Newbury Park, Sage, 1992, p. 23-34.

COLLINS, Richard. « The language of advantage: satellite television in Western Europe », *Media, Culture and Society*, vol. 11, n° 3, Londres, Sage, 1989, p. 351-371.

COMMISSION DES COMMUNAUTÉS EUROPÉENNES. *Pluralisme et concentration des médias dans le marché intérieur, Livre vert de la Commission*, COM(92) 480 final, Bruxelles, Office des publications officielles des Communautés européennes, 1992.

—. *Rapport intérimaire sur réalités et tendances de la télévision en Europe : perspectives et options (rapport de la Commission au Parlement européen)*, COM(83) 229 final, Bruxelles, Office des publications officielles des Communautés européennes, 1983.

—. *Télévision sans frontières, Livre Vert sur l'établissement du marché commun de la radiodiffusion, notamment par satellite et par câble (communication de la Commission au Conseil)*, COM(84) 300 final, Bruxelles, Office des publications officielles des Communautés européennes, 1984.

COMTE, Maurice. « Le flou et le dur », dans Jean-Louis Besson, *La cité des chiffres ou l'illusion des statistiques*, Paris, Editions Autrement, 1992, p. 160-171.

CURRAN, James & GUREVITCH, Michael (ed.). *Mass media and society*, Londres, Edward Arnold, 1991.

DARTOIS, O. & POUILLOT, D. « Globalization in the telecommunications sector », dans Ulgur Muldur & Riccardo Petrella (éd.), *The European Community and the globalization of technology and the economy*, Luxembourg, Office for Official Publications of the European Communities, 1994, p. 267-287.

DE MARET, Pierre. *Anthropologie sociale*, Bruxelles, Presses universitaires de Bruxelles, 1991.

DESROSIERES, Alain. « Entre la science universelle et les traditions nationales », dans Jean-Louis Besson (dir.), *La cité des chiffres ou l'illusion des statistiques*, Paris, Editions Autrement, 1992, p. 146-159.

DE SWAAN, Abram. « Notes on the emerging global language system : regional, national and supernational », *Media, Culture and Society*, vol. 13, n° 3, Londres, Sage, 1991, p. 309-323.

DEUTSCH, Karl W. *Nationalism and social communication: an inquiry into the foundations of nationality*, New York, John Wiley/Massachusetts Institute of Technology, 1953.

DIERICKX, Jean. *L'anglais du journalisme*, Bruxelles, Editions de l'Université de Bruxelles, 1979.

—. « « Qualitiy » et « Popular » : du contenu au style », dans Centre d'étude des techniques de diffusion collective, *Publics et techniques de la diffusion collective*, Bruxelles, Editions de l'Institut de Sociologie, Université Libre de Bruxelles, 1971, p. 269-277.

DROESBEKE, Jean-Jacques & THOVERON, Gabriel (éd.). *Au royaume des sondages*, Bruxelles, Editions de l'Université de Bruxelles, 1990.

DUBOIS, Claude-Gilbert. « La région comme symbole de médiation : l'exemple aquitain », dans Centre d'études Nord du Portugal-Aquitaine (CENPA), *L'identité régionale : l'idée de région dans l'Europe du Sud-Ouest*, Paris, Editions du CNRS, 1991, p. 11-16.

EKMAN, P. & FRIESEN, W. V. « Constants across cultures in the face and emotion », *Journal of Personality and Social Psychology*, vol. 17, n° 2, Washington, D.C., American Psychological Association, 1971, p. 124-129.

En quête d'identité, *Civilisations*, vol. XLII, n° 2, Bruxelles, ULB-Institut de sociologie, 1993.

The European business readership survey 1993, Londres, Financial Times, 1993.

European campaign planner, Londres, Cornhill Publications, n° 7 à 10, 1994 et 1995.

THE EUROPEAN CULTURAL FOUNDATION/THE EUROPEAN INSTITUTE FOR THE MEDIA. *Europe 2000 : what kind of television ? The report of the European television task force*, *Media Monograph*, n° 11, Manchester, European Institute for the Media, 1988.

European Newspaper & Magazine minibook 1992, Londres, Carat, 1992.

EUROPEAN PARLIAMENT, Directorate General for Research. *Mass media regulation and the Community*, Working document, Economic Series W2, EN-8-1992, s.l., European Parliament, 1992.

FACORRO, Luis Buceta & DE FLEUR, Melvin L. « A cross-cultural experiment on how well audiences remember news stories from newspapers, computer, television, and radio sources », *Journalism Quarterly*, vol. 70, n° 3, Columbia, Association for Education in Journalism and Mass Communication, 1993, p. 585-601.

FEATHERSTONE, Mike. *Global culture : nationalism, globalization and modernity*, Londres, Sage, 1990.

—. *Undoing culture : globalization, postmodernism and identity*, Londres, Sage, 1995.

FERGUSON, Marjorie. « The mythology about globalization », *European Journal of Communication*, vol. 7, n° 1, Londres, Sage, 1992, p. 69-93.

FERRY, Jean-Marc. « Identité et citoyenneté européennes : à propos du sommet de Maastricht », dans Jacques Lenoble & Nicole Dewandre, *L'Europe au soir du siècle : identité et démocratie*, Paris, Esprit, 1992, p. 177-188.

FITZGERALD, Thomas K. « Media and changing metaphor of ethnicity and identity », *Media, Culture and Society*, vol. 13, n° 2, Londres, Sage, 1991, p. 193-214.

FRANKLIN, Mark N. & MACKIE, Thomas T. « The use of Eurobarometer data in a study of electoral change », dans Karlheinz Reif & Ronald Inglehart (éd.), *Eurobarometer : The dynamics of European Public Opinion*, Londres, MacMillan, 1991, p. 245-255.

FRANSEN, Chris. « Nieuws : men kan het geloven of niet... », *Communicatie*, vol.23, n° 4, 1993-1994, p. 27-43.

FRIEDMAN, Jonathan. *Cultural identity and global process*, Londres, Sage, 1994.

GAILLARD, Florence. « TV5 Europe, une nouvelle race de télévision ? », *Médiaspouvoirs*, n° 21, Paris, Bayard Presse, janvier-mars 1991, p. 15-22

GELLNER, Ernest. *Culture, identity and politics*, Cambridge, Cambridge University Press, 1987.

—. *Nations et nationalisme*, Paris, Payot, 1989.

GHIGLIONE, Rodolphe & BLANCHET, Alain. *Analyse de contenu et contenus d'analyses*, Paris, Dunod, 1991.

GILES, Howard & FRANKLYN-STOKES, Arlene. « Communicator characteristics », dans Molefi Kete Asante & William B. Gudykunst, *Handbook of International and Intercultural Communication*, Londres, Sage, 1989, p. 117-144.

GITLIN, Todd. « Prime time ideology : the hegemonic process in television entertainment », *Social Problems*, vol. 26, n° 3, Worcester, 1979, p. 251-266.

GONZALEZ, Christiane F. « Translation », dans Molefi Kete Asante & William B. Gudykunst, *Handbook of International and Intercultural Communication*, Londres, Sage, 1989, p. 484-501.

GRABIER, Doris A. « Content and meaning : what's it all about ? », dans Mike Featherstone, *Global Culture : Nationalism, Globalization and Modernity*, Londres, Sage, 1990, p. 144-152.

GRITTI, Jules. *Culture et techniques de masse*, Tournai, Casterman, 1967.

GRYSPEERDT, Axel. *Analyse des constellations des intérêts culturels : regroupement des intérêts culturels des membres d'une population en milieu urbanisé et industriel*, Dissertation doctorale, Université Catholique de Louvain, *s.d.*.

—. *Sociologie des intérêts culturels : analyse de constellations culturelles*, Bruxelles, Vie Ouvrière, 1974.

GUDYKUNST, William B. *Intercultural communication theory*, Beverly Hills, California, Sage, 1983.

— & GUMBS, Lauren I. « Social cognition and intergroup communication », dans Molefi Kete Asante & William B. Gudykunst, *Handbook of International and Intercultural Communication*, Londres, Sage, 1989, p. 204-224.

—, TING-TOOMEY, Stella, HALL, Bradford J. & SCHMIDT, Karen L. « Language and intergroup communication », dans Molefi Kete Asante & William B. Gudykunst, *Handbook of International and Intercultural Communication*, Londres, Sage, 1989, p. 145-162.

GUREVITCH, Michael. « Comparative research on television news : problems and challenges », *American Behavioral Scientist*, vol. 33, n° 2, Newbury Park, Sage, 1989, p. 221-229.

—, LEVY, Mark R. & ROEH Itzhak. « The global newsroom : convergences and diversities in the globalization of television news », dans Peter Dahlgren & Colin Sparks (éd.), *Communication and citizenship : journalism and the public sphere in the new media age*, Londres, Routledge, 1991, p. 195-216.

HABERMAS, Jürgen. « Citoyenneté et identité nationale : réflexions sur l'avenir de l'Europe », dans Jacques Lenoble & Nicole Dewandre, *L'Europe au soir du siècle : identité et démocratie*, Paris, Esprit, 1992, p. 17-38.

HALL, Edward T. « The silent language in overseas business », *Harvard Business Review*, vol. 38, n° 3, Boston, Massachusetts, Harvard University, Graduate School of Business Administration, mai-juin 1960, p. 87-96.

—. *Au-delà de la culture*, Paris, Seuil, 1979.

HARVIE, Christopher. *The rise of regional Europe*, Londres, Routledge, 1994.

HECHT, Michael L., ANDERSEN, Peter A. & RIBEAU, Sidney A. « The cultural dimensions of nonverbal communication », dans Molefi Kete Asante & William B. Gudykunst, *Handbook of International and Intercultural Communication*, Londres, Sage, 1989, p. 163-185.

HEINDERYCKX, François. « Les quotidiens « de qualité » en Europe occidentale », *Réseaux*, Paris, CNRS-CNET, n° 64, mars-avril 1994, p. 163-174.

—. « Les quotidiens économiques en Europe occidentale », *Réseaux*, Paris, CNRS-CNET, n° 70, mai-juin 1995, p. 191-198.

—. « Television News Programmes in Western Europe: A comparative study », *European Journal of Communication*, Londres, Sage, vol. 8, n° 4, p. 425-450.

HOBSBAWM, Eric. *The new world disorder*, Rapport introductif au colloque international « dialogues européens », Bruxelles, Université Libre de Bruxelles, 1995.

HOFFMANN-RIEM, Wolfgang & VESTING, Thomas. « Ende der massenkommunikation ? », *Media Perspektiven*, n° 8/94, Francfort-sur-Main, ARD-Werbegesellschaften, 1994, p. 382-391.

HOFSTEDE, Geert. *Cultures and organizations : software of the mind*, Londres, McGraw-Hill, 1991.

—. « National cultures in four dimensions: a research-based theory of cultural differences among nations », *International Studies of Management and Organization*, vol. 13, n° 1-2, White Plains, New York, International Arts and Sciences Press, 1983, p. 46-74.

IMBERT, Claude. « Identité européenne : le complexe de Prométhée », dans Michel Albert et *al.*, *Les nouvelles frontières de l'Europe*, Paris, Economica, 1993, p. 33-41.

INGLEHART, Ronald. « Trust between nations: primordial ties, societal learning and economic development », dans Karlheinz Reif & Ronald Inglehart (éd.), *Eurobarometer : The dynamics of European Public Opinion*, Londres, MacMillan, 1991, p. 145-185.

— & REIF, Karlheinz. « Analyzing trends in West European opinion : the role of the Eurobarometer surveys », dans Karlheinz Reif & Ronald Inglehart (éd.), *Eurobarometer : The dynamics of European Public Opinion*, Londres, MacMillan, 1991, p. 1-26.

JANKOWSKI, Nick, PREHN, Ole & STAPPERS, James. (ed.). *The people's voice : local radio and television in Europe*, Londres, John Libbey, 1992.

JAVEAU, Claude. « L'identité culturelle de l'Europe à l'heure de la culture dite « planétaire » », dans *Notre Europe,* Edition spéciale de *La Revue Générale*, Ottignies, Editions J. Dieu-Brichart, 1994, p. 71-75.

KATZ, Elihu & LIEBES, Tamar. *The exportation of meaning : cross-cultural reading of Dallas*, Oxford, University Press, 1991.

KAYSER, Jacques. *Le quotidien français*, Paris, Armand Colin, 1963.

—. *Une semaine dans le monde, étude comparée de 17 grands quotidiens pendant 7 jours*, Paris, Unesco, 1953.

KERKHOFS, Jan. « Values and the challenging of Europe's identity », dans Karlheinz Reif & Ronald Inglehart (éd.), *Eurobarometer : The dynamics of European Public Opinion*, Londres, MacMillan, 1991, p. 377-384.

KIM, Young Yun & GUDYKUNST, William B. *Cross cultural adaptation : current approaches*, Newbury Park, California, Sage, 1988.

KLEINNIJENHUIS, Jan. « Newspaper complexity and the knowledge gap », *European Journal of Communication*, vol. 6, n° 4, Londres, Sage, 1991, p. 499-522.

KONINGS, Michèle. « Flux d'échanges : de l'approche internationale à l'analyse régionale et transfrontalière », dans Centre Interuniversitaire de Formation Permanente (CIFoP), *Les régions et l'Europe : approche transfrontalière*, Charleroi, Centre Interuniversitaire de Formation Permanente, 1990, p. 169-197.

KORZENNY, Felipe & TING-TOOMEY, Stella. *Mass media effects across cultures*, Newbury Park, California, Sage, 1992.

KRIPPENDORFF, Klaus. *Content analysis : an introduction to its methodology*, Londres, Sage, 1980.

LABASSE, Jean. *L'Europe des régions*, Paris, Flammarion, 1991.

LARSEN, Peter. « More than just images : the whole picture. News in the multi-channel universe », dans Michael Skovmand & Kim Christian Schrøder, *Media cultures : Reappraising transnational media*, Londres, New York, Routledge, 1992, p. 124-141.

LASK, Tomke. *Identité et frontière : analyse interdisciplinaire. Le cas de Leidinger/Leiding en Sart-Lorraine*, Thèse de doctorat en anthropologie de la communication, Liège, Université de Liège, 1995.

LAZAR, Judith. *Sociologie de la communication de masse*, Paris, Armand Collin, 1991.

LENOBLE, Jacques & DEWANDRE, Nicole (dir.). *L'Europe au soir du siècle : identité et démocratie*, Paris, Esprit, 1992.

LEVITT, Theodore. « The globalization of markets », *Harvard Business Review*, vol. 61, n° 3, Boston, Massachusetts, Harvard University, Graduate School of Business Administration, mai-juin 1983, p. 92-102.

LIEBES, Tamar & KATZ, Elihu. « Patterns of involvement in television fiction : a comparative analysis », *European Journal of Communication*, vol.1, n° 2, Londres, Sage, 1986, p. 151-171.

LOCHON, Pierre-Yves, SANCHEZ-TABERNERO, Alfonso. « Concentration des médias européens : le double visage », *Médiaspouvoirs*, n° 24, Paris, Bayard Presse, 1991, p. 31-38

LUYKEN, Georg Michael. *Overcoming language barriers in television*, Manchester, European Institute for the Media, 1991.

MATSUMOTO, David, WALLBOTT, Harald G. & SCHERER, Klaus R. « Emotions in intercultural communication », dans Molefi Kete Asante & William B. Gudykunst, *Handbook of International and Intercultural Communication*, Londres, Sage, 1989, p. 225-246.

MATTELART, Armand. *Les nouveaux scénarios de la communication internationale*, Barcelone, Centre d'investigació de la communicació, 1994.

—, DELCOURT, Xavier & MATTELART, Michèle. *La culture contre la démocratie ? L'audiovisuel à l'heure du transnational*, Paris, La Découverte, 1983.

MCLUHAN, Marshall & POWERS, Bruce. *The global village : transformations in world life and media in the 21st Century*, Oxford, University Press, 1989.

MCQUAIL, Denis. *Mass communication theory*, Londres, Sage, 1994.

MERRILL, John C. *Global journalism : a survey of the world's mass media*, New York, Longman, 1983.

—, FISHER, Harold A. *The world's great dailies : profiles of fifty newspapers*, New York, Hastings House, 1980.

MEYROWITZ, Joshua. *No sense of place : the impact of electronic media on social behavior*, New York, Oxford University Press, 1985.

MICHEL, Hervé. *Les télévisions en Europe*, Paris, Presses Universitaires de France, 1994.

MŒGLIN, Pierre. « Television and Europe: more questions than answers », *Canadian Journal of Communication*, vol. 17, 1992, p. 437-460.

MOLES, Abraham André. *Sociodynamique de la culture*, Paris/La Haye, Mouton, 1967.

MOREL, Alain. « Usages sociaux du patrimoine », dans *En quête d'identité, Civilisations,* vol. XLII, n° 2, Bruxelles, ULB-Institut de sociologie, 1993, p. 65-75.

MORIN, Edgar. *Penser l'Europe*, Paris, Gallimard, 1987.

MORLEY, David. « Electronic communities and domestic rituals : cultural consumption and the production of European cultural identities », dans Michael Skovmand & Kim Christian Schrøder, *Media cultures : Reappraising transnational media*, Londres, New York, Routledge, 1992, p. 65-83.

MURDOCK, Graham. « Citizens, consumers and public culture », dans Michael Skovmand & Kim Christian Schrøder, *Media cultures : Reappraising transnational media*, Londres, New York, Routledge, 1992, p. 17-41.

NELSON, Brian, ROBERTS, David & VEIT, Walter. *The idea of Europe : problems of national and transnational identity*, New York, Oxford, Berg, 1992.

NOAM, Eli. *Television in Europe*, New York, Oxford University Press, 1991.

NORDENSTRENG, Kaarle & SCHILLER, Herbert I. (éd.). *National sovereignty and international communication*, Norwood, Ablex, 1979.

OLNECK, Michael R. « Americanization and the education of immigrants, 1900-1925 : an analysis of symbolic action », *American Journal of Education*, vol. 97, n° 4, 1989, p. 398-423.

ØSTERGAARD, Bernt Stubbe (dir.), EUROMEDIA RESEARCH GROUP. *The media in Western Europe*, Londres, Sage, 1992.

Pan European Survey 5, Londres, Research Services, 1992.

PAPCKE, Sven. « Who needs European identity and what could it be ? », dans Brian Nelson, David Roberts & Walter Veit, *The idea of Europe. Problems of national and transnational identity*, New York, Oxford, Berg, 1992, p. 61-74.

PENOLIDIS, Tina. *Image de la femme dans les télévisions de la CEE*, Bruxelles, Institut de Sociologie de l'ULB, 1984.

PETIT, Michel (dir.). *L'Europe interculturelle : mythe ou réalité ?*, Paris, Editions d'Organisation, 1991.

RABIER, Jacques-René. « L'étude des publics européens et l'intégration de l'Europe », dans Jean Beaufays, *Sondage et opinion politique, actes de la IIe rencontre interuniversitaire des politistes francophones, Liège, 22 avril 1975, Etudes et Recherches,* n° 9, Liège, Université de Liège, 1975, p. 101-108.

—. « L'utilisation comparative et diachronique des données d'enquêtes par sondage », dans Daniel Derivry (éd.), *Les enquêtes d'opinion et la recherche en sciences sociales : hommage à Jean Stoetzel*, Paris, L'Harmattan, 1989.

Radio audience 1992, European Key Facts, Paris, Information et Publicité (IP), 1992.

REGOURD, Serge. « Programmes et identité nationale », dans Jean-Yves Capul (dir.), *dans Les médias*, Cahiers français, n° 266, Paris, La Documentation française, 1994, p. 73.

REIF, Karlheinz & INGLEHART, Ronald (éd.). *Eurobarometer : the dynamics of European public opinion*, Londres, MacMillan, 1991.

ROBERT, Jean. *Le phénomène transnational*, Paris, LGDJ/Editions de l'AFA, 1988.

ROBERTSON, Roland. « Mapping the global condition: globalization as the central concept », dans Mike Featherstone, *Global Culture: Nationalism, Globalization and Modernity*, Londres, Sage, 1990, p. 15-30.

RYANS, John K. & RATZ, David G. « Advertising standardization : a re-examination », *International Journal of Advertising*, vol. 6, n° 2, Londres, Cassel Educational, 1987, p. 145-158.

SCARDIGLI, Victor (dir.). *L'Europe de la diversité : la dynamique des identités régionales*, Paris, CNRS Editions, 1993.

SCHILLER, Herbert I. « Transnational media and national development », dans Nordenstreng, Kaarle & Schiller, Herbert I. (éd.), *National sovereignty and international communication*, Norwood, Ablex, 1979, p. 21-32.

SCHLESINGER, Philip. *Media, state and nation : political violence and collective identities*, Londres, Sage, 1991.

—. « Wishful thinking : cultural politics, media, and collective identities in Europe », *Journal of Communication*, vol. 43, n° 2, Austin, Annenberg School Press, 1993, p. 6-17.

SCHNAPPER, Dominique. *La communauté des citoyens : l'idée moderne de la nation*, Paris, Gallimard, 1994.

SELIGMANN, François. « Quelle place pour l'information à la télévision ? », dans Jean-Marie Charon (dir.), *L'état des médias*, Paris, La Découverte/Médiaspouvoirs/CFPJ, 1991, p. 48-50.

SKOVMAND, Michael & SCHRØDER, Kim Christian (éd.). *Media cultures : reappraising transnational media*, Londres, New York, Routledge, 1992.

SMITH, Anthony. *The age of behemoths : the globalization of mass media firms*, New York, Priority Press Publications, 1991.

—. « Towards a global culture ? », dans Mike Featherstone, *Global Culture : Nationalism, Globalization and Modernity*, Londres, Sage, 1990, p. 171-191.

SMOLICZ, J. J. « Tradition, core values and intercultural development in plural societies », *Ethnic and Racial Studies*, vol. 11, n° 4, Londres, 1988, p. 387-410.

SNYDER, Leslie B., WILLENBORG, Bartjan & WATT, James. « Advertising and cross-cultural convergence in Europe, 1953-89 », *European Journal of Communication*, vol. 6, n° 4, Londres, Sage, 1991, p. 441-468.

SPARKS, Colin & CAMPBELL, Michelle. « The « inscribed reader » of the British quality press », *European Journal of Communication*, vol. 2, n° 4, Londres, Sage, 1987, p. 455-472.

SREBERNY-MOHAMMADI, Annabelle. « The global and the local in international communications », dans James Curran & Michael Gurevitch (ed.), *Mass media and society*, Londres, Edward Arnold, 1991, p. 118-138.

STAMM, Keith R. *Newspaper use and community ties : toward a dynamic theory*, Norwood, Ablex, 1985.

STEVENSON, Nick. *Understanding media cultures : Social theory and mass communication*, Londres, Sage, 1995.

STOETZEL, Jean. *Les valeurs du temps présent*, Paris, Presses universitaires de France, 1983.

STRAUBHAAR, Joseph. « Beyond media imperialism : asymmetrical interdependence and cultural proximity », *Critical Studies in Mass Communication*, vol. 8, n° 1, Annondale, Speech Communication Association, 1991, p. 39-59.

—, HEETER, Carrie, GREENBERG, Bradley, FERREIRA, Leonardo, WICKS, Robert & LAU, Tuen-Yu. « What makes news : Western, socialist, and Third World television newscasts compared in eight countries », dans Felipe Korzenny & Stella Ting-Toomey, *Mass Media effects across cultures*, Newbury Park, Sage, 1992, p. 89-109.

SWANSON, David L. & CARRIER, R. A. « Global picutres, local stories: the beginning of Desert Storm as constructed by television news around the world » dans T. A. McCain & L. Shyles (éd.), *The 1,000 hour war : communication in the Gulf*, Westport, Greenwood, 1993, p. 129-146.

TAFOYA, Dennis W. « The roots of conflict : a theory and typology » dans William B. Gudykunst, *Intercultural communication theory*, Beverly Hills, California, Sage, 1983, p. 205-238.

Television 94, European key facts, Neuilly-sur-Seine, IP International, 1994.

TEYSSIER, Paul. « Langues, dialectes et parlers comme éléments des identités régionales (domaine portuguais, galicien, brésilien et luso-africain) », dans Centre d'études Nord du Portugal-Aquitaine (CENPA), *L'identité régionale : l'idée de région dans l'Europe du Sud-Ouest*, Paris, Editions du CNRS, 1991, p. 17-25.

THOVERON, Gabriel. *La communication politique aujourd'hui*, Bruxelles, De Boeck-Wesmael, 1990.

—. « Médias, de l'opinion au divertissement », *Etudes de radio-télévision*, n° 28, Bruxelles, RTBF, 1980, p. 113-119.

—. « Quality/popular : intraduisibles en français ? », dans Gilbert Debusscher & Jean-Pierre van Noppen (éd.), *Communiquer et traduire*, Bruxelles, Editions de l'Université de Bruxelles, 1985, p. 79-84.

—, DELEPELEIRE, Marc & OLYFF, Michel. *Les médias à découvert*, Bruxelles, Vie Ouvrière, 1988.

— & NOBRE-CORREIA, José-Manuel. « Concentration de presse et contenu du journal », *La Revue Nouvelle*, vol. 46, n° 9, Bruxelles, La Revue Nouvelle, 1977, p. 174-180.

TOMLINSON, John. *Cultural imperialism: a critical introduction*, Londres, Pinter, 1994.

TORDIÖRN, Ingemar. « Culture barriers as a social psychological construct : an empirical validation », dans Yun Young Kim & William B. Gudykunst, *Cross cultural adaptation : current approaches*, Newbury Park, California, Sage, 1988, p. 168-190.

TUNSTALL, Jeremy. *The media are American : Anglo-American media in the world*, New York/ Londres, Columbia University Press/Constable, 1977.

UNESCO. *Many voices, one world : Towards a new more just and more efficient world information and communication order*, Londres, Kogan Page, 1981.

USUNIER, Jean-Claude. *Commerce entre cultures : une approche culturelle du marketing international*, Paris, Presses universitaires de France, 1992.

VOYENNE, Bernard. *La presse dans la société contemporaine*, Paris, Armand Colin, 1962.

WARE, William & DUPAGNE, Michel. « Effects of U.S. television programs on foreign audiences : a meta-analysis », *Journalism Quarterly*, Washington D.C., Association for Education in Journalism and Mass Communication, vol. 71, n° 4, 1994, p. 947-959.

WEBER, Robert Philip. *Basic content analysis*, Londres, Sage, 1990.

WESTERSTÅHL, Jörgen & JOHANSSON, Folke. « Foreign news : news values and ideologies », *European Journal of Communication*, vol. 9, n° 1, Londres, Sage, 1994, p. 71-89.

WHORF, Benjamin Lee. *Language, thought and reality*, New York/Londres, The Technology Press of Massachusetts Institute of Technology & John Wiley/Chapman & Hall, 1956.

WILKE, Jürgen & ROSENBERGER, Bernhard. « Importing foreign news : a case study of the German service of Associated Press », *Journalism Quarterly*, Washington D.C., Association for Education in Journalism and Mass Communication, vol. 71, n° 2, 1994, p. 421-432.

WINKIN, Yves. *Rapport sur la structuration du champ de la recherche en communication interculturelle*, Paris, CNRS, Programme de recherche sur les sciences de la communication, novembre 1992.

WINSKI, Joseph & WENTZ, Laurel. « Parker Pen : what went wrong ? », *Advertising Age*, vol. 57, n° 33, Chicago, Illinois, Crain Communication, 1986, p. 1, 60-61, 71.

WOLTON, Dominique. *Eloge du grand public : une théorie critique de la télévision*, Paris, Flammarion, 1990.

The World's news media, Essex, Harvey Drost, 1991.

YVANE, Jean. « Les clés de BABEL », *Diffusion*, UER, été 1993, p. 12-15.

ZIMMER, Jochen. « Ware nachrichten », *Media Perspektiven*, n° 6/93, Francfort-sur-Main, ARD-Werbegesellschaften, 1993, p. 278-289.

Index

Table des matières